PORTOGHESE

VOCABOLARIO

PER STUDIO AUTODIDATTICO

ITALIANO
PORTOGHESE

Le parole più utili
Per ampliare il proprio lessico e affinare
le proprie abilità linguistiche

7000 parole

Vocabolario Italiano-Portoghese Brasiliano per studio autodidattico - 7000 parole

Di Andrey Taranov

I vocabolari T&P Books si propongono come strumento di aiuto per apprendere, memorizzare e revisionare l'uso di termini stranieri. Il dizionario si divide in vari argomenti che includono la maggior parte delle attività quotidiane, tra cui affari, scienza, cultura, ecc.

Il processo di apprendimento delle parole attraverso i dizionari divisi in liste tematiche della collana T&P Books offre i seguenti vantaggi:

- Le fonti d'informazione correttamente raggruppate garantiscono un buon risultato nella memorizzazione delle parole
- La possibilità di memorizzare gruppi di parole con la stessa radice (piuttosto che memorizzarle separatamente)
- Piccoli gruppi di parole facilitano il processo di apprendimento per associazione, utile al potenziamento lessicale
- Il livello di conoscenza della lingua può essere valutato attraverso il numero di parole apprese

T&P Books Publishing
www.tpbooks.com

ISBN: 978-1-78767-461-5

Questo libro è disponibile anche in formato e-book.
Visitate il sito www.tpbooks.com o le principali librerie online.

VOCABOLARIO PORTOGHESE BRASILIANO
per studio autodidattico

I vocabolari T&P Books si propongono come strumento di aiuto per apprendere, memorizzare e revisionare l'uso di termini stranieri. Il vocabolario contiene oltre 7000 parole di uso comune ordinate per argomenti.

- Il vocabolario contiene le parole più comunemente usate
- È consigliato in aggiunta ad un corso di lingua
- Risponde alle esigenze degli studenti di lingue straniere sia essi principianti o di livello avanzato
- Pratico per un uso quotidiano, per gli esercizi di revisione e di autovalutazione
- Consente di valutare la conoscenza del proprio lessico

Caratteristiche specifiche del vocabolario:

- Le parole sono ordinate secondo il proprio significato e non alfabeticamente
- Le parole sono riportate in tre colonne diverse per facilitare il metodo di revisione e autovalutazione
- I gruppi di parole sono divisi in sottogruppi per facilitare il processo di apprendimento
- Il vocabolario offre una pratica e semplice trascrizione fonetica per ogni termine straniero

Il vocabolario contiene 198 argomenti tra cui:

Concetti di Base, Numeri, Colori, Mesi, Stagioni, Unità di Misura, Abbigliamento e Accessori, Cibo e Alimentazione, Ristorante, Membri della Famiglia, Parenti, Personalità, Sentimenti, Emozioni, Malattie, Città, Visita Turistica, Acquisti, Denaro, Casa, Ufficio, Lavoro d'Ufficio, Import-export, Marketing, Ricerca di un Lavoro, Sport, Istruzione, Computer, Internet, Utensili, Natura, Paesi, Nazionalità e altro ancora ...

INDICE

GUIDA ALLA PRONUNCIA

Alfabeto fonetico T&P	Esempio portoghese	Esempio italiano

Vocali

[a]	baixo ['baɪʃu]	macchia
[e]	erro ['eʀu]	meno, leggere
[ɛ]	leve ['lɛvə]	centro
[i]	lancil [lãˈsil]	vittoria
[o], [ɔ]	boca, orar ['bokɐ], [ɔ'rar]	notte
[u]	urgente [urˈʒẽtə]	prugno
[ã]	toranja [tuˈrãʒɐ]	[a] nasale
[ẽ]	gente ['ʒẽtə]	[e] nasale
[ĩ]	seringa [sə'ɾĩgɐ]	[i] nasale
[õ]	ponto ['põtu]	[o] nasale
[ũ]	umbigo [ũ'bigu]	[u] nasale

Consonanti

[b]	banco ['bãku]	bianco
[d]	duche ['duʃə]	doccia
[dʒ]	abade [a'badʒi]	piangere
[f]	facto ['faktu]	ferrovia
[g]	gorila [gu'rilɐ]	guerriero
[j]	feira ['fejɾɐ]	New York
[k]	claro ['klaru]	cometa
[l]	Londres ['lõdɾəʃ]	saluto
[ʎ]	molho ['moʎu]	milione
[m]	montanha [mõ'tɐɲɐ]	mostra
[n]	novela [nu'vɛlɐ]	notte
[ɲ]	senhora [sə'ɲoɾɐ]	stagno
[ŋ]	marketing ['marketiŋ]	anche
[p]	prata ['pratɐ]	pieno
[s]	safira [sə'fiɾɐ]	sapere
[ʃ]	texto ['tɛʃtu]	ruscello
[t]	teto ['tɛtu]	tattica
[tʃ]	doente [do'ẽtʃi]	cinque
[v]	alvo ['alvu]	volare
[z]	vizinha [vi'ziɲɐ]	rosa
[ʒ]	juntos ['ʒũtuʃ]	beige
[w]	sequoia [sə'kwɔjɐ]	week-end

ABBREVIAZIONI
usate nel vocabolario

Italiano. Abbreviazioni

agg	-	aggettivo
anim.	-	animato
avv	-	avverbio
cong	-	congiunzione
ecc.	-	eccetera
f	-	sostantivo femminile
f pl	-	femminile plurale
fem.	-	femminile
form.	-	formale
inanim.	-	inanimato
inform.	-	familiare
m	-	sostantivo maschile
m pl	-	maschile plurale
m, f	-	maschile, femminile
masc.	-	maschile
mil.	-	militare
pl	-	plurale
pron	-	pronome
qc	-	qualcosa
qn	-	qualcuno
sing.	-	singolare
v aus	-	verbo ausiliare
vi	-	verbo intransitivo
vi, vt	-	verbo intransitivo, transitivo
vr	-	verbo riflessivo
vt	-	verbo transitivo

Portoghese. Abbreviazioni

f	-	sostantivo femminile
f pl	-	femminile plurale
m	-	sostantivo maschile
m pl	-	maschile plurale
m, f	-	maschile, femminile
pl	-	plurale
v aux	-	verbo ausiliare
vi	-	verbo intransitivo
vi, vt	-	verbo intransitivo, transitivo

vr   -   verbo riflessivo
vt   -   verbo transitivo

CONCETTI DI BASE

Concetti di base. Parte 1

1. Pronomi

io	eu	['ew]
tu	você	[vɔ'se]
lui	ele	['ɛli]
lei	ela	['ɛla]
noi	nós	[nɔs]
voi	vocês	[vɔ'ses]
loro (masc.)	eles	['ɛlis]
loro (fem.)	elas	['ɛlas]

2. Saluti. Convenevoli. Saluti di congedo

Salve!	Oi!	[ɔj]
Buongiorno!	Olá!	[o'la]
Buongiorno! (la mattina)	Bom dia!	[bõ 'dʒia]
Buon pomeriggio!	Boa tarde!	['boa 'tardʒi]
Buonasera!	Boa noite!	['boa 'nojtʃi]
salutare (vt)	cumprimentar (vt)	[kũprimẽ'tar]
Ciao! Salve!	Oi!	[ɔj]
saluto (m)	saudação (f)	[sawda'sãw]
salutare (vt)	saudar (vt)	[saw'dar]
Come sta?	Como você está?	['kɔmu vo'se is'ta]
Come stai?	Como vai?	['kɔmu 'vaj]
Che c'è di nuovo?	E aí, novidades?	[a a'i novi'dadʒis]
Arrivederci!	Tchau!	['tʃaw]
A presto!	Até breve!	[a'tɛ 'brɛvi]
Addio!	Adeus!	[a'dews]
congedarsi (vr)	despedir-se (vr)	[dʒispe'dʒirsi]
Ciao! (A presto!)	Até mais!	[a'tɛ majs]
Grazie!	Obrigado! -a!	[obri'gadu, -a]
Grazie mille!	Muito obrigado! -a!	['mwĩtu obri'gadu, -a]
Prego	De nada	[de 'nada]
Non c'è di che!	Não tem de quê	['nãw tẽj de ke]
Di niente	Não foi nada!	['nãw foj 'nada]
Scusa!	Desculpa!	[dʒis'kuwpa]
Scusi!	Desculpe!	[dʒis'kuwpe]

scusare (vt)	desculpar (vt)	[dʒiskuw'par]
scusarsi (vr)	desculpar-se (vr)	[dʒiskuw'parsi]
Chiedo scusa	Me desculpe	[mi dʒis'kuwpe]
Mi perdoni!	Desculpe!	[dʒis'kuwpe]
perdonare (vt)	perdoar (vt)	[per'dwar]
Non fa niente	Não faz mal	['nãw fajʒ maw]
per favore	por favor	[por fa'vor]
Non dimentichi!	Não se esqueça!	['nãw si is'kesa]
Certamente!	Com certeza!	[kõ ser'teza]
Certamente no!	Claro que não!	['klaru ki 'nãw]
D'accordo!	Está bem! De acordo!	[is'ta bẽj], [de a'kordu]
Basta!	Chega!	['ʃega]

3. Numeri cardinali. Parte 1

zero (m)	zero	['zɛru]
uno	um	[ũ]
due	dois	['dojs]
tre	três	[tres]
quattro	quatro	['kwatru]
cinque	cinco	['sĩku]
sei	seis	[sejs]
sette	sete	['sɛtʃi]
otto	oito	['ojtu]
nove	nove	['nɔvi]
dieci	dez	[dɛz]
undici	onze	['õzi]
dodici	doze	['dozi]
tredici	treze	['trezi]
quattordici	catorze	[ka'torzi]
quindici	quinze	['kĩzi]
sedici	dezesseis	[deze'sejs]
diciassette	dezessete	[dezi'setʃi]
diciotto	dezoito	[dʒi'zojtu]
diciannove	dezenove	[deze'nɔvi]
venti	vinte	['vĩtʃi]
ventuno	vinte e um	['vĩtʃi i ũ]
ventidue	vinte e dois	['vĩtʃi i 'dojs]
ventitre	vinte e três	['vĩtʃi i 'tres]
trenta	trinta	['trĩta]
trentuno	trinta e um	['trĩta i ũ]
trentadue	trinta e dois	['trĩta i 'dojs]
trentatre	trinta e três	['trĩta i 'tres]
quaranta	quarenta	[kwa'rẽta]
quarantuno	quarenta e um	[kwa'rẽta i 'ũ]
quarantadue	quarenta e dois	[kwa'rẽta i 'dojs]
quarantatre	quarenta e três	[kwa'rẽta i 'tres]

cinquanta	cinquenta	[sĩ'kwẽta]
cinquantuno	cinquenta e um	[sĩ'kwẽta i ũ]
cinquantadue	cinquenta e dois	[sĩ'kwẽta i 'dojs]
cinquantatre	cinquenta e três	[sĩ'kwẽta i 'tres]
sessanta	sessenta	[se'sẽta]
sessantuno	sessenta e um	[se'sẽta i ũ]
sessantadue	sessenta e dois	[se'sẽta i 'dojs]
sessantatre	sessenta e três	[se'sẽta i 'tres]
settanta	setenta	[se'tẽta]
settantuno	setenta e um	[se'tẽta i ũ]
settantadue	setenta e dois	[se'tẽta i 'dojs]
settantatre	setenta e três	[se'tẽta i 'tres]
ottanta	oitenta	[oj'tẽta]
ottantuno	oitenta e um	[oj'tẽta i 'ũ]
ottantadue	oitenta e dois	[oj'tẽta i 'dojs]
ottantatre	oitenta e três	[oj'tẽta i 'tres]
novanta	noventa	[no'vẽta]
novantuno	noventa e um	[no'vẽta i 'ũ]
novantadue	noventa e dois	[no'vẽta i 'dojs]
novantatre	noventa e três	[no'vẽta i 'tres]

4. Numeri cardinali. Parte 2

cento	cem	[sẽ]
duecento	duzentos	[du'zẽtus]
trecento	trezentos	[tre'zẽtus]
quattrocento	quatrocentos	[kwatro'sẽtus]
cinquecento	quinhentos	[ki'ɲẽtus]
seicento	seiscentos	[sej'sẽtus]
settecento	setecentos	[sete'sẽtus]
ottocento	oitocentos	[ojtu'sẽtus]
novecento	novecentos	[nove'sẽtus]
mille	mil	[miw]
duemila	dois mil	['dojs miw]
tremila	três mil	['tres miw]
diecimila	dez mil	['dɛz miw]
centomila	cem mil	[sẽ miw]
milione (m)	um milhão	[ũ mi'ʎãw]
miliardo (m)	um bilhão	[ũ bi'ʎãw]

5. Numeri. Frazioni

frazione (f)	fração (f)	[fra'sãw]
un mezzo	um meio	[ũ 'meju]
un terzo	um terço	[ũ 'tersu]
un quarto	um quarto	[ũ 'kwartu]

un ottavo	um oitavo	[ũ oj'tavu]
un decimo	um décimo	[ũ 'dɛsimu]
due terzi	dois terços	['dojs 'tersus]
tre quarti	três quartos	[tres 'kwartus]

6. Numeri. Operazioni aritmetiche di base

sottrazione (f)	subtração (f)	[subtra'sãw]
sottrarre (vt)	subtrair (vi, vt)	[subtra'ir]
divisione (f)	divisão (f)	[dʒivi'zãw]
dividere (vt)	dividir (vt)	[dʒivi'dʒir]

addizione (f)	adição (f)	[adʒi'sãw]
addizionare (vt)	somar (vt)	[so'mar]
aggiungere (vt)	adicionar (vt)	[adʒisjo'nar]
moltiplicazione (f)	multiplicação (f)	[muwtʃiplika'sãw]
moltiplicare (vt)	multiplicar (vt)	[muwtʃipli'kar]

7. Numeri. Varie

cifra (f)	algarismo, dígito (m)	[awga'rizmu], ['dʒiʒitu]
numero (m)	número (m)	['numeru]
numerale (m)	numeral (m)	[nume'raw]
meno (m)	sinal (m) de menos	[si'naw de 'menus]
più (m)	mais (m)	[majs]
formula (f)	fórmula (f)	['fɔrmula]

| calcolo (m) | cálculo (m) | ['kawkulu] |
| contare (vt) | contar (vt) | [kõ'tar] |

| calcolare (vt) | calcular (vt) | [kawku'lar] |
| comparare (vt) | comparar (vt) | [kõpa'rar] |

| Quanto? | Quanto? | ['kwãtu] |
| Quanti? | Quantos? -as? | ['kwãtus, -as] |

somma (f)	soma (f)	['sɔma]
risultato (m)	resultado (m)	[hezuw'tadu]
resto (m)	resto (m)	['hɛstu]

qualche …	alguns, algumas …	[aw'gũs], [aw'gumas]
alcuni, pochi (non molti)	poucos, poucas	['pokus], ['pokas]
poco (non molto)	um pouco …	[ũ 'poku]
resto (m)	resto (m)	['hɛstu]

| uno e mezzo | um e meio | [ũ i 'meju] |
| dozzina (f) | dúzia (f) | ['duzja] |

in due	ao meio	[aw 'meju]
in parti uguali	em partes iguais	[ẽ 'partʃis i'gwais]
metà (f), mezzo (m)	metade (f)	[me'tadʒi]
volta (f)	vez (f)	[vez]

8. I verbi più importanti. Parte 1

accorgersi (vr)	**perceber** (vt)	[perse'ber]
afferrare (vt)	**pegar** (vt)	[pe'gar]
affittare (dare in affitto)	**alugar** (vt)	[alu'gar]
aiutare (vt)	**ajudar** (vt)	[aʒu'dar]
amare (qn)	**amar** (vt)	[a'mar]
andare (camminare)	**ir** (vi)	[ir]
annotare (vt)	**anotar** (vt)	[ano'tar]
appartenere (vi)	**pertencer** (vt)	[pertẽ'ser]
aprire (vt)	**abrir** (vt)	[a'brir]
arrivare (vi)	**chegar** (vi)	[ʃe'gar]
aspettare (vt)	**esperar** (vt)	[ispe'rar]
avere (vt)	**ter** (vt)	[ter]
avere fame	**ter fome**	[ter 'fɔmi]
avere fretta	**apressar-se** (vr)	[apre'sarsi]
avere paura	**ter medo**	[ter 'medu]
avere sete	**ter sede**	[ter 'sedʒi]
avvertire (vt)	**advertir** (vt)	[adʒiver'tʃir]
cacciare (vt)	**caçar** (vi)	[ka'sar]
cadere (vi)	**cair** (vi)	[ka'ir]
cambiare (vt)	**mudar** (vt)	[mu'dar]
capire (vt)	**entender** (vt)	[ẽtẽ'der]
cenare (vi)	**jantar** (vi)	[ʒã'tar]
cercare (vt)	**buscar** (vt)	[bus'kar]
cessare (vt)	**cessar** (vt)	[se'sar]
chiedere (~ aiuto)	**chamar** (vt)	[ʃa'mar]
chiedere (domandare)	**perguntar** (vt)	[pergũ'tar]
cominciare (vt)	**começar** (vt)	[kome'sar]
comparare (vt)	**comparar** (vt)	[kõpa'rar]
confondere (vt)	**confundir** (vt)	[kõfũ'dʒir]
conoscere (qn)	**conhecer** (vt)	[koɲe'ser]
conservare (vt)	**guardar** (vt)	[gwar'dar]
consigliare (vt)	**aconselhar** (vt)	[akõse'ʎar]
contare (calcolare)	**contar** (vt)	[kõ'tar]
contare su ...	**contar com ...**	[kõ'tar kõ]
continuare (vt)	**continuar** (vt)	[kõtʃi'nwar]
controllare (vt)	**controlar** (vt)	[kõtro'lar]
correre (vi)	**correr** (vi)	[ko'her]
costare (vt)	**custar** (vt)	[kus'tar]
creare (vt)	**criar** (vt)	[krjar]
cucinare (vi)	**preparar** (vt)	[prepa'rar]

9. I verbi più importanti. Parte 2

dare (vt)	**dar** (vt)	[dar]
dare un suggerimento	**dar uma dica**	[dar 'uma 'dʒika]

decorare (adornare)	decorar (vt)	[deko'rar]
difendere (~ un paese)	defender (vt)	[defẽ'der]
dimenticare (vt)	esquecer (vt)	[iske'ser]

dire (~ la verità)	dizer (vt)	[dʒi'zer]
dirigere (compagnia, ecc.)	dirigir (vt)	[dʒiri'ʒir]
discutere (vt)	discutir (vt)	[dʒisku'tʃir]
domandare (vt)	pedir (vt)	[pe'dʒir]
dubitare (vi)	duvidar (vt)	[duvi'dar]

entrare (vi)	entrar (vi)	[ẽ'trar]
esigere (vt)	exigir (vt)	[ezi'ʒir]
esistere (vi)	existir (vi)	[ezis'tʃir]
essere (~ a dieta)	estar (vi)	[is'tar]
essere (~ un insegnante)	ser (vi)	[ser]

essere d'accordo	concordar (vi)	[kõkor'dar]
fare (vt)	fazer (vt)	[fa'zer]
fare colazione	tomar café da manhã	[to'mar ka'fɛ da ma'ɲã]

fare il bagno	ir nadar	[ir na'dar]
fermarsi (vr)	parar (vi)	[pa'rar]
fidarsi (vr)	confiar (vt)	[kõ'fjar]
finire (vt)	acabar, terminar (vt)	[aka'bar], [termi'nar]
firmare (~ un documento)	assinar (vt)	[asi'nar]

giocare (vi)	brincar, jogar (vi, vt)	[brĩ'kar], [ʒo'gar]
girare (~ a destra)	virar (vi)	[vi'rar]
gridare (vi)	gritar (vi)	[gri'tar]
indovinare (vt)	adivinhar (vt)	[adʒivi'ɲar]
informare (vt)	informar (vt)	[ĩfor'mar]

ingannare (vt)	enganar (vt)	[ẽga'nar]
insistere (vi)	insistir (vi)	[ĩsis'tʃir]
insultare (vt)	insultar (vt)	[ĩsuw'tar]
interessarsi di ...	interessar-se (vr)	[ĩtere'sarsi]
invitare (vt)	convidar (vt)	[kõvi'dar]

lamentarsi (vr)	queixar-se (vr)	[kej'ʃarsi]
lasciar cadere	deixar cair (vt)	[dej'ʃar ka'ir]
lavorare (vi)	trabalhar (vi)	[traba'ʎar]
leggere (vi, vt)	ler (vt)	[ler]
liberare (vt)	libertar, liberar (vt)	[liber'tar], [libe'rar]

10. I verbi più importanti. Parte 3

mancare le lezioni	faltar a ...	[faw'tar a]
mandare (vt)	enviar (vt)	[ẽ'vjar]
menzionare (vt)	mencionar (vt)	[mẽsjo'nar]
minacciare (vt)	ameaçar (vt)	[amea'sar]
mostrare (vt)	mostrar (vt)	[mos'trar]

nascondere (vt)	esconder (vt)	[iskõ'der]
nuotare (vi)	nadar (vi)	[na'dar]

obiettare (vt)	objetar (vt)	[obʒe'tar]
occorrere (vimp)	ser necessário	[ser nese'sarju]
ordinare (~ il pranzo)	pedir (vt)	[pe'dʒir]
ordinare (mil.)	ordenar (vt)	[orde'nar]
osservare (vt)	observar (vt)	[obser'var]
pagare (vi, vt)	pagar (vt)	[pa'gar]
parlare (vi, vt)	falar (vi)	[fa'lar]
partecipare (vi)	participar (vi)	[partʃisi'par]
pensare (vi, vt)	pensar (vi, vt)	[pẽ'sar]
perdonare (vt)	perdoar (vt)	[per'dwar]
permettere (vt)	permitir (vt)	[permi'tʃir]
piacere (vi)	gostar (vt)	[gos'tar]
piangere (vi)	chorar (vi)	[ʃo'rar]
pianificare (vt)	planejar (vt)	[plane'ʒar]
possedere (vt)	possuir (vt)	[po'swir]
potere (v aus)	poder (vi)	[po'der]
pranzare (vi)	almoçar (vi)	[awmo'sar]
preferire (vt)	preferir (vt)	[prefe'rir]
pregare (vi, vt)	rezar, orar (vi)	[he'zar], [o'rar]
prendere (vt)	pegar (vt)	[pe'gar]
prevedere (vt)	prever (vt)	[pre'ver]
promettere (vt)	prometer (vt)	[prome'ter]
pronunciare (vt)	pronunciar (vt)	[pronũ'sjar]
proporre (vt)	propor (vt)	[pro'por]
punire (vt)	punir (vt)	[pu'nir]
raccomandare (vt)	recomendar (vt)	[hekomẽ'dar]
ridere (vi)	rir (vi)	[hir]
rifiutarsi (vr)	negar-se (vt)	[ne'garsi]
rincrescere (vi)	arrepender-se (vr)	[ahepẽ'dersi]
ripetere (ridire)	repetir (vt)	[hepe'tʃir]
riservare (vt)	reservar (vt)	[hezer'var]
rispondere (vi, vt)	responder (vt)	[hespõ'der]
rompere (spaccare)	quebrar (vt)	[ke'brar]
rubare (~ i soldi)	roubar (vt)	[ho'bar]

11. I verbi più importanti. Parte 4

salvare (~ la vita a qn)	salvar (vt)	[saw'var]
sapere (vt)	saber (vt)	[sa'ber]
sbagliare (vi)	errar (vi)	[e'har]
scavare (vt)	cavar (vt)	[ka'var]
scegliere (vt)	escolher (vt)	[isko'ʎer]
scendere (vi)	descer (vi)	[de'ser]
scherzare (vi)	brincar (vi)	[brĩ'kar]
scrivere (vt)	escrever (vt)	[iskre'ver]
scusare (vt)	desculpar (vt)	[dʒiskuw'par]
scusarsi (vr)	desculpar-se (vr)	[dʒiskuw'parsi]

sedersi (vr)	**sentar-se** (vr)	[sẽ'tarsi]
seguire (vt)	**seguir ...**	[se'gir]
sgridare (vt)	**ralhar, repreender** (vt)	[ha'ʎar], [heprjẽ'der]
significare (vt)	**significar** (vt)	[signifi'kar]
sorridere (vi)	**sorrir** (vi)	[so'hir]
sottovalutare (vt)	**subestimar** (vt)	[subestʃi'mar]
sparare (vi)	**disparar, atirar** (vi)	[dʒispa'rar], [atʃi'rar]
sperare (vi, vt)	**esperar** (vi, vt)	[ispe'rar]
spiegare (vt)	**explicar** (vt)	[ispli'kar]
studiare (vt)	**estudar** (vt)	[istu'dar]
stupirsi (vr)	**surpreender-se** (vr)	[surprjẽ'dersi]
tacere (vi)	**ficar em silêncio**	[fi'kar ẽ si'lẽsju]
tentare (vt)	**tentar** (vt)	[tẽ'tar]
toccare (~ con le mani)	**tocar** (vt)	[to'kar]
tradurre (vt)	**traduzir** (vt)	[tradu'zir]
trovare (vt)	**encontrar** (vt)	[ẽkõ'trar]
uccidere (vt)	**matar** (vt)	[ma'tar]
udire (percepire suoni)	**ouvir** (vt)	[o'vir]
unire (vt)	**unir** (vt)	[u'nir]
uscire (vi)	**sair** (vi)	[sa'ir]
vantarsi (vr)	**gabar-se** (vr)	[ga'barsi]
vedere (vt)	**ver** (vt)	[ver]
vendere (vt)	**vender** (vt)	[vẽ'der]
volare (vi)	**voar** (vi)	[vo'ar]
volere (desiderare)	**querer** (vt)	[ke'rer]

12. Colori

colore (m)	**cor** (f)	[kɔr]
sfumatura (f)	**tom** (m)	[tõ]
tono (m)	**tonalidade** (m)	[tonali'dadʒi]
arcobaleno (m)	**arco-íris** (m)	['arku 'iris]
bianco (agg)	**branco**	['brãku]
nero (agg)	**preto**	['pretu]
grigio (agg)	**cinza**	['sĩza]
verde (agg)	**verde**	['verdʒi]
giallo (agg)	**amarelo**	[ama'rɛlu]
rosso (agg)	**vermelho**	[ver'meʎu]
blu (agg)	**azul**	[a'zuw]
azzurro (agg)	**azul claro**	[a'zuw 'klaru]
rosa (agg)	**rosa**	['hɔza]
arancione (agg)	**laranja**	[la'rãʒa]
violetto (agg)	**violeta**	[vjo'leta]
marrone (agg)	**marrom**	[ma'hõ]
d'oro (agg)	**dourado**	[do'radu]
argenteo (agg)	**prateado**	[pra'tʃjadu]

beige (agg)	bege	['bɛʒi]
color crema (agg)	creme	['krɛmi]
turchese (agg)	turquesa	[tur'keza]
rosso ciliegia (agg)	vermelho cereja	[ver'meʎu se'reʒa]
lilla (agg)	lilás	[li'las]
rosso lampone (agg)	carmim	[kah'mĩ]
chiaro (agg)	claro	['klaru]
scuro (agg)	escuro	[is'kuru]
vivo, vivido (agg)	vivo	['vivu]
colorato (agg)	de cor	[de kɔr]
a colori	a cores	[a 'kores]
bianco e nero (agg)	preto e branco	['pretu i 'brãku]
in tinta unita	de uma só cor	[de 'uma sɔ kɔr]
multicolore (agg)	multicolor	[muwtʃiko'lor]

13. Domande

Chi?	Quem?	[kẽj]
Che cosa?	O que?	[u ki]
Dove? (in che luogo?)	Onde?	['õdʒi]
Dove? (~ vai?)	Para onde?	['para 'õdʒi]
Di dove?, Da dove?	De onde?	[de 'õdʒi]
Quando?	Quando?	['kwãdu]
Perché? (per quale scopo?)	Para quê?	['para ke]
Perché? (per quale ragione?)	Por quê?	[por 'ke]
Per che cosa?	Para quê?	['para ke]
Come?	Como?	['kɔmu]
Che? (~ colore è?)	Qual?	[kwaw]
Quale?	Qual?	[kwaw]
A chi?	A quem?	[a kẽj]
Di chi?	De quem?	[de kẽj]
Di che cosa?	Do quê?	[du ke]
Con chi?	Com quem?	[kõ kẽj]
Quanti?	Quantos? -as?	['kwãtus, -as]
Quanto?	Quanto?	['kwãtu]
Di chi?	De quem?	[de kẽj]

14. Parole grammaticali. Avverbi. Parte 1

Dove?	Onde?	['õdʒi]
qui (in questo luogo)	aqui	[a'ki]
lì (in quel luogo)	lá, ali	[la], [a'li]
da qualche parte (essere ~)	em algum lugar	[ẽ aw'gũ lu'gar]
da nessuna parte	em lugar nenhum	[ẽ lu'gar ne'ɲũ]
vicino a ...	perto de ...	['pɛrtu de]
vicino alla finestra	perto da janela	['pɛrtu da ʒa'nɛla]

Dove?	**Para onde?**	['para 'õdʒi]
qui (vieni ~)	**aqui**	[a'ki]
ci (~ vado stasera)	**para lá**	['para la]
da qui	**daqui**	[da'ki]
da lì	**de lá, dali**	[de la], [da'li]
vicino, accanto (avv)	**perto**	['pɛrtu]
lontano (avv)	**longe**	['lõʒi]
vicino (~ a Parigi)	**perto de …**	['pɛrtu de]
vicino (qui ~)	**à mão, perto**	[a mãw], ['pɛrtu]
non lontano	**não fica longe**	['nãw 'fika 'lõʒi]
sinistro (agg)	**esquerdo**	[is'kerdu]
a sinistra (rimanere ~)	**à esquerda**	[a is'kerda]
a sinistra (girare ~)	**para a esquerda**	['para a is'kerda]
destro (agg)	**direito**	[dʒi'rejtu]
a destra (rimanere ~)	**à direita**	[a dʒi'rejta]
a destra (girare ~)	**para a direita**	['para a dʒi'rejta]
davanti	**em frente**	[ẽ 'frẽtʃi]
anteriore (agg)	**da frente**	[da 'frẽtʃi]
avanti	**adiante**	[a'dʒjãtʃi]
dietro (avv)	**atrás de …**	[a'trajs de]
da dietro	**de trás**	[de trajs]
indietro	**para trás**	['para trajs]
mezzo (m), centro (m)	**meio (m), metade (f)**	['meju], [me'tadʒi]
in mezzo, al centro	**no meio**	[nu 'meju]
di fianco	**do lado**	[du 'ladu]
dappertutto	**em todo lugar**	[ẽ 'todu lu'gar]
attorno	**por todos os lados**	[por 'todus os 'ladus]
da dentro	**de dentro**	[de 'dẽtru]
da qualche parte (andare ~)	**para algum lugar**	['para aw'gũ lu'gar]
dritto (direttamente)	**diretamente**	[dʒireta'mẽtʃi]
indietro	**de volta**	[de 'vɔwta]
da qualsiasi parte	**de algum lugar**	[de aw'gũ lu'gar]
da qualche posto (veniamo ~)	**de algum lugar**	[de aw'gũ lu'gar]
in primo luogo	**em primeiro lugar**	[ẽ pri'mejru lu'gar]
in secondo luogo	**em segundo lugar**	[ẽ se'gũdu lu'gar]
in terzo luogo	**em terceiro lugar**	[ẽ ter'sejru lu'gar]
all'improvviso	**de repente**	[de he'pẽtʃi]
all'inizio	**no início**	[nu i'nisju]
per la prima volta	**pela primeira vez**	['pɛla pri'mejra 'vez]
molto tempo prima di…	**muito antes de …**	['mwĩtu 'ãtʃis de]
di nuovo	**de novo**	[de 'novu]
per sempre	**para sempre**	['para 'sẽpri]
mai	**nunca**	['nũka]

ancora	de novo	[de 'novu]
adesso	agora	[a'gɔra]
spesso (avv)	frequentemente	[frekwẽtʃi'mẽtʃi]
allora	então	[ẽ'tãw]
urgentemente	urgentemente	[urʒẽte'mẽtʃi]
di solito	normalmente	[nɔrmaw'mẽtʃi]

a proposito, ...	a propósito, ...	[a pro'pɔzitu]
è possibile	é possível	[ɛ po'sivew]
probabilmente	provavelmente	[provavɛw'mẽtʃi]
forse	talvez	[taw'vez]
inoltre ...	além disso, ...	[a'lẽj 'dʒisu]
ecco perché ...	por isso ...	[por 'isu]
nonostante (~ tutto)	apesar de ...	[ape'zar de]
grazie a ...	graças a ...	['grasas a]

che cosa (pron)	que	[ki]
che (cong)	que	[ki]
qualcosa (qualsiasi cosa)	algo	[awgu]
qualcosa (le serve ~?)	alguma coisa	[aw'guma 'kojza]
niente	nada	['nada]

chi (pron)	quem	[kẽj]
qualcuno (annuire a ~)	alguém	[aw'gẽj]
qualcuno (dipendere da ~)	alguém	[aw'gẽj]

nessuno	ninguém	[nĩ'gẽj]
da nessuna parte	para lugar nenhum	['para lu'gar ne'ɲũ]
di nessuno	de ninguém	[de nĩ'gẽj]
di qualcuno	de alguém	[de aw'gẽj]

così (era ~ arrabbiato)	tão	[tãw]
anche (penso ~ a ...)	também	[tã'bẽj]
anche, pure	também	[tã'bẽj]

15. Parole grammaticali. Avverbi. Parte 2

Perché?	Por quê?	[por 'ke]
per qualche ragione	por alguma razão	[por aw'guma ha'zãw]
perché ...	porque ...	[por'ke]
per qualche motivo	por qualquer razão	[por kwaw'ker ha'zãw]

e (cong)	e	[i]
o (sì ~ no?)	ou	['o]
ma (però)	mas	[mas]
per (~ me)	para	['para]

troppo	muito, demais	['mwĩtu], [dʒi'majs]
solo (avv)	só, somente	[sɔ], [sɔ'mẽtʃi]
esattamente	exatamente	[ɛzata'mẽtʃi]
circa (~ 10 dollari)	cerca de ...	['serka de]

| approssimativamente | aproximadamente | [aprosimada'mẽti] |
| approssimativo (agg) | aproximado | [aprosi'madu] |

23

quasi	quase	['kwazi]
resto	resto (m)	['hɛstu]

l'altro (~ libro)	o outro	[u 'otru]
altro (differente)	outro	['otru]
ogni (agg)	cada	['kada]
qualsiasi (agg)	qualquer	[kwaw'ker]
molti	muitos, muitas	['mwĩtos], ['mwĩtas]
molto (avv)	muito	['mwĩtu]
molta gente	muitas pessoas	['mwĩtas pe'soas]
tutto, tutti	todos	['todus]

in cambio di ...	em troca de ...	[ẽ 'trɔka de]
in cambio	em troca	[ẽ 'trɔka]
a mano (fatto ~)	à mão	[a mãw]
poco probabile	pouco provável	['poku pro'vavew]

probabilmente	provavelmente	[provavɛw'mẽtʃi]
apposta	de propósito	[de pro'pɔzitu]
per caso	por acidente	[por asi'dẽtʃi]

molto (avv)	muito	['mwĩtu]
per esempio	por exemplo	[por e'zẽplu]
fra (~ due)	entre	['ẽtri]
fra (~ più di due)	entre, no meio de ...	['ẽtri], [nu 'meju de]
tanto (quantità)	tanto	['tãtu]
soprattutto	especialmente	[ispesjal'mẽte]

Concetti di base. Parte 2

16. Contrari

ricco (agg)	rico	['hiku]
povero (agg)	pobre	['pɔbri]
malato (agg)	doente	[do'ẽtʃi]
sano (agg)	bem	[bẽj]
grande (agg)	grande	['grãdʒi]
piccolo (agg)	pequeno	[pe'kenu]
rapidamente	rapidamente	[hapida'mẽtʃi]
lentamente	lentamente	[lẽta'mẽtʃi]
veloce (agg)	rápido	['hapidu]
lento (agg)	lento	['lẽtu]
allegro (agg)	alegre, feliz	[a'lɛgri], [fe'liz]
triste (agg)	triste	['tristʃi]
insieme	juntos	['ʒũtus]
separatamente	separadamente	[separada'mẽtʃi]
ad alta voce (leggere ~)	em voz alta	[ẽ vɔz 'awta]
in silenzio	para si	['para si]
alto (agg)	alto	['awtu]
basso (agg)	baixo	['baɪʃu]
profondo (agg)	profundo	[pro'fũdu]
basso (agg)	raso	['hazu]
sì	sim	[sĩ]
no	não	[nãw]
lontano (agg)	distante	[dʒis'tãtʃi]
vicino (agg)	próximo	['prɔsimu]
lontano (avv)	longe	['lõʒi]
vicino (avv)	perto	['pɛrtu]
lungo (agg)	longo	['lõgu]
corto (agg)	curto	['kurtu]
buono (agg)	bom, bondoso	[bõ], [bõ'dozu]
cattivo (agg)	mal	[maw]

sposato (agg)	casado	[ka'zadu]
celibe (agg)	solteiro	[sow'tejru]
vietare (vt)	proibir (vt)	[proi'bir]
permettere (vt)	permitir (vt)	[permi'tʃir]
fine (f)	fim (m)	[fī]
inizio (m)	início (m)	[i'nisju]
sinistro (agg)	esquerdo	[is'kerdu]
destro (agg)	direito	[dʒi'rejtu]
primo (agg)	primeiro	[pri'mejru]
ultimo (agg)	último	['uwtʃimu]
delitto (m)	crime (m)	['krimi]
punizione (f)	castigo (m)	[kas'tʃigu]
ordinare (vt)	ordenar (vt)	[orde'nar]
obbedire (vi)	obedecer (vt)	[obede'ser]
dritto (agg)	reto	['hɛtu]
curvo (agg)	curvo	['kurvu]
paradiso (m)	paraíso (m)	[para'izu]
inferno (m)	inferno (m)	[ĩ'fɛrnu]
nascere (vi)	nascer (vi)	[na'ser]
morire (vi)	morrer (vi)	[mo'her]
forte (agg)	forte	['fɔrtʃi]
debole (agg)	fraco, débil	['fraku], ['debiw]
vecchio (agg)	velho, idoso	['vɛʎu], [i'dozu]
giovane (agg)	jovem	['ʒovē]
vecchio (agg)	velho	['vɛʎu]
nuovo (agg)	novo	['novu]
duro (agg)	duro	['duru]
morbido (agg)	macio	[ma'siu]
caldo (agg)	quente	['kētʃi]
freddo (agg)	frio	['friu]
grasso (agg)	gordo	['gordu]
magro (agg)	magro	['magru]
stretto (agg)	estreito	[is'trejtu]
largo (agg)	largo	['largu]
buono (agg)	bom	[bõ]
cattivo (agg)	mau	[maw]
valoroso (agg)	valente, corajoso	[va'lētʃi], [kora'ʒozu]
codardo (agg)	covarde	[ko'vardʒi]

17. Giorni della settimana

lunedì (m)	segunda-feira (f)	[se'gũda-'fejra]
martedì (m)	terça-feira (f)	['tersa 'fejra]
mercoledì (m)	quarta-feira (f)	['kwarta-'fejra]
giovedì (m)	quinta-feira (f)	['kĩta-'fejra]
venerdì (m)	sexta-feira (f)	['sesta-'fejra]
sabato (m)	sábado (m)	['sabadu]
domenica (f)	domingo (m)	[do'mĩgu]
oggi (avv)	hoje	['oʒi]
domani	amanhã	[ama'ɲã]
dopodomani	depois de amanhã	[de'pojs de ama'ɲã]
ieri (avv)	ontem	['õtẽ]
l'altro ieri	anteontem	[ãtʃi'õtẽ]
giorno (m)	dia (m)	['dʒia]
giorno (m) lavorativo	dia (m) de trabalho	['dʒia de tra'baʎu]
giorno (m) festivo	feriado (m)	[fe'rjadu]
giorno (m) di riposo	dia (m) de folga	['dʒia de 'fɔwga]
fine (m) settimana	fim (m) de semana	[fĩ de se'mana]
tutto il giorno	o dia todo	[u 'dʒia 'todu]
l'indomani	no dia seguinte	[nu 'dʒia se'gĩtʃi]
due giorni fa	há dois dias	[a 'dojs 'dʒias]
il giorno prima	na véspera	[na 'vɛspera]
quotidiano (agg)	diário	['dʒjarju]
ogni giorno	todos os dias	['todus us 'dʒias]
settimana (f)	semana (f)	[se'mana]
la settimana scorsa	na semana passada	[na se'mana pa'sada]
la settimana prossima	semana que vem	[se'mana ke vẽj]
settimanale (agg)	semanal	[sema'naw]
ogni settimana	toda semana	['tɔda se'mana]
due volte alla settimana	duas vezes por semana	['duas 'vezis por se'mana]
ogni martedì	toda terça-feira	['tɔda tersa 'fejra]

18. Ore. Giorno e notte

mattina (f)	manhã (f)	[ma'ɲã]
di mattina	de manhã	[de ma'ɲã]
mezzogiorno (m)	meio-dia (m)	['meju 'dʒia]
nel pomeriggio	à tarde	[a 'tardʒi]
sera (f)	tardinha (f)	[tar'dʒiɲa]
di sera	à tardinha	[a tar'dʒiɲa]
notte (f)	noite (f)	['nojtʃi]
di notte	à noite	[a 'nojtʃi]
mezzanotte (f)	meia-noite (f)	['meja 'nojtʃi]
secondo (m)	segundo (m)	[se'gũdu]
minuto (m)	minuto (m)	[mi'nutu]
ora (f)	hora (f)	['ɔra]

mezzora (f)	meia hora (f)	['meja 'ɔra]
un quarto d'ora	quarto (m) de hora	['kwartu de 'ɔra]
quindici minuti	quinze minutos	['kĩzi mi'nutus]
ventiquattro ore	vinte e quatro horas	['vĩtʃi i 'kwatru 'ɔras]

levata (f) del sole	nascer (m) do sol	[na'ser du sɔw]
alba (f)	amanhecer (m)	[amaɲe'ser]
mattutino (m)	madrugada (f)	[madru'gada]
tramonto (m)	pôr-do-sol (m)	[por du 'sɔw]

di buon mattino	de madrugada	[de madru'gada]
stamattina	esta manhã	['ɛsta ma'ɲã]
domattina	amanhã de manhã	[ama'ɲã de ma'ɲã]

oggi pomeriggio	esta tarde	['ɛsta 'tardʒi]
nel pomeriggio	à tarde	[a 'tardʒi]
domani pomeriggio	amanhã à tarde	[ama'ɲã a 'tardʒi]

| stasera | esta noite, hoje à noite | ['ɛsta 'nojtʃi], ['oʒi a 'nojtʃi] |
| domani sera | amanhã à noite | [ama'ɲã a 'nojtʃi] |

alle tre precise	às três horas em ponto	[as tres 'ɔras ẽ 'põtu]
verso le quattro	por volta das quatro	[por 'vɔwta das 'kwatru]
per le dodici	às doze	[as 'dozi]

fra venti minuti	em vinte minutos	[ẽ 'vĩtʃi mi'nutus]
fra un'ora	em uma hora	[ẽ 'uma 'ɔra]
puntualmente	a tempo	[a 'tẽpu]

un quarto di …	… um quarto para	[… ũ 'kwartu 'para]
entro un'ora	dentro de uma hora	['dẽtru de 'uma 'ɔra]
ogni quindici minuti	a cada quinze minutos	[a 'kada 'kĩzi mi'nutus]
giorno e notte	as vinte e quatro horas	[as 'vĩtʃi i 'kwatru 'ɔras]

19. Mesi. Stagioni

gennaio (m)	janeiro (m)	[ʒa'nejru]
febbraio (m)	fevereiro (m)	[feve'rejru]
marzo (m)	março (m)	['marsu]
aprile (m)	abril (m)	[a'briw]
maggio (m)	maio (m)	['maju]
giugno (m)	junho (m)	['ʒuɲu]

luglio (m)	julho (m)	['ʒuʎu]
agosto (m)	agosto (m)	[a'gostu]
settembre (m)	setembro (m)	[se'tẽbru]
ottobre (m)	outubro (m)	[o'tubru]
novembre (m)	novembro (m)	[no'vẽbru]
dicembre (m)	dezembro (m)	[de'zẽbru]

primavera (f)	primavera (f)	[prima'vɛra]
in primavera	na primavera	[na prima'vɛra]
primaverile (agg)	primaveril	[primave'riw]
estate (f)	verão (m)	[ve'rãw]

in estate	no verão	[nu ve'rãw]
estivo (agg)	de verão	[de ve'rãw]
autunno (m)	outono (m)	[o'tɔnu]
in autunno	no outono	[nu o'tɔnu]
autunnale (agg)	outonal	[oto'naw]
inverno (m)	inverno (m)	[ĩ'vɛrnu]
in inverno	no inverno	[nu ĩ'vɛrnu]
invernale (agg)	de inverno	[de ĩ'vɛrnu]
mese (m)	mês (m)	[mes]
questo mese	este mês	['estʃi mes]
il mese prossimo	mês que vem	['mes ki vẽj]
il mese scorso	no mês passado	[no mes pa'sadu]
un mese fa	um mês atrás	[ũ 'mes a'trajs]
fra un mese	em um mês	[ẽ ũ mes]
fra due mesi	em dois meses	[ẽ dojs 'mezis]
un mese intero	todo o mês	['todu u mes]
per tutto il mese	um mês inteiro	[ũ mes ĩ'tejru]
mensile (rivista ~)	mensal	[mẽ'saw]
mensilmente	mensalmente	[mẽsaw'mẽtʃi]
ogni mese	todo mês	['todu 'mes]
due volte al mese	duas vezes por mês	['duas 'vezis por mes]
anno (m)	ano (m)	['anu]
quest'anno	este ano	['estʃi 'anu]
l'anno prossimo	ano que vem	['anu ki vẽj]
l'anno scorso	no ano passado	[nu 'anu pa'sadu]
un anno fa	há um ano	[a ũ 'anu]
fra un anno	em um ano	[ẽ ũ 'anu]
fra due anni	dentro de dois anos	['dẽtru de 'dojs 'anus]
un anno intero	todo o ano	['todu u 'anu]
per tutto l'anno	um ano inteiro	[ũ 'anu ĩ'tejru]
ogni anno	cada ano	['kada 'anu]
annuale (agg)	anual	[a'nwaw]
annualmente	anualmente	[anwaw'mẽte]
quattro volte all'anno	quatro vezes por ano	['kwatru 'vezis por 'anu]
data (f) (~ di oggi)	data (f)	['data]
data (f) (~ di nascita)	data (f)	['data]
calendario (m)	calendário (m)	[kalẽ'darju]
mezz'anno (m)	meio ano	['meju 'anu]
semestre (m)	seis meses	[sejs 'mezis]
stagione (f) (estate, ecc.)	estação (f)	[ista'sãw]
secolo (m)	século (m)	['sɛkulu]

20. Orario. Varie

tempo (m)	tempo (m)	['tẽpu]
istante (m)	momento (m)	[mo'mẽtu]

momento (m)	instante (m)	[ĩs'tãtʃi]
istantaneo (agg)	instantâneo	[ĩstã'tanju]
periodo (m)	lapso (m) de tempo	['lapsu de 'tẽpu]
vita (f)	vida (f)	['vida]
eternità (f)	eternidade (f)	[eterni'dadʒi]

epoca (f)	época (f)	['ɛpoka]
era (f)	era (f)	['ɛra]
ciclo (m)	ciclo (m)	['siklu]
periodo (m)	período (m)	[pe'riodu]
scadenza (f)	prazo (m)	['prazu]

futuro (m)	futuro (m)	[fu'turu]
futuro (agg)	futuro	[fu'turu]
la prossima volta	da próxima vez	[da 'prɔsima vez]
passato (m)	passado (m)	[pa'sadu]
scorso (agg)	passado	[pa'sadu]
la volta scorsa	na última vez	[na 'uwtʃima 'vez]
più tardi	mais tarde	[majs 'tardʒi]
dopo	depois	[de'pojs]
oggigiorno	atualmente	[atwaw'mẽtʃi]
adesso, ora	agora	[a'gɔra]
immediatamente	imediatamente	[imedʒata'mẽtʃi]
fra poco, presto	em breve	[ẽ 'brɛvi]
in anticipo	de antemão	[de ante'mãw]

tanto tempo fa	há muito tempo	[a 'mwĩtu 'tẽpu]
di recente	recentemente	[hesẽtʃi'mẽtʃi]
destino (m)	destino (m)	[des'tʃinu]
ricordi (m pl)	recordações (f pl)	[hekorda'sõjs]
archivio (m)	arquivo (m)	[ar'kivu]
durante …	durante …	[du'rãtʃi]
a lungo	durante muito tempo	[du'rãtʃi 'mwĩtu 'tẽpu]
per poco tempo	pouco tempo	['poku 'tẽpu]
presto (al mattino ~)	cedo	['sedu]
tardi (non presto)	tarde	['tardʒi]

per sempre	para sempre	['para 'sẽpri]
cominciare (vt)	começar (vt)	[kome'sar]
posticipare (vt)	adiar (vt)	[a'dʒjar]

simultaneamente	ao mesmo tempo	['aw 'mezmu 'tẽpu]
tutto il tempo	permanentemente	[permanẽtʃi'mẽtʃi]
costante (agg)	constante	[kõs'tãtʃi]
temporaneo (agg)	temporário	[tẽpo'rarju]

a volte	às vezes	[as 'vezis]
raramente	raras vezes, raramente	['harus 'vezis]' [hara'mẽtʃi]
spesso (avv)	frequentemente	[frekwẽtʃi'mẽtʃi]

21. Linee e forme

| quadrato (m) | quadrado (m) | [kwa'dradu] |
| quadrato (agg) | quadrado | [kwa'dradu] |

cerchio (m)	círculo (m)	['sirkulu]
rotondo (agg)	redondo	[he'dõdu]
triangolo (m)	triângulo (m)	['trjãgulu]
triangolare (agg)	triangular	[trjãgu'lar]

ovale (m)	oval (f)	[o'vaw]
ovale (agg)	oval	[o'vaw]
rettangolo (m)	retângulo (m)	[he'tãgulu]
rettangolare (agg)	retangular	[hetãgu'lar]

piramide (f)	pirâmide (f)	[pi'ramidʒi]
rombo (m)	losango (m)	[lo'zãgu]
trapezio (m)	trapézio (m)	[tra'pɛzju]
cubo (m)	cubo (m)	['kubu]
prisma (m)	prisma (m)	['prizma]

circonferenza (f)	circunferência (f)	[sirkũfe'rẽsja]
sfera (f)	esfera (f)	[is'fɛra]
palla (f)	globo (m)	['globu]
diametro (m)	diâmetro (m)	['dʒjametru]
raggio (m)	raio (m)	['haju]
perimetro (m)	perímetro (m)	[pe'rimetru]
centro (m)	centro (m)	['sẽtru]

orizzontale (agg)	horizontal	[orizõ'taw]
verticale (agg)	vertical	[vertʃi'kaw]
parallela (f)	paralela (f)	[para'lɛla]
parallelo (agg)	paralelo	[para'lɛlu]

linea (f)	linha (f)	['liɲa]
tratto (m)	traço (m)	['trasu]
linea (f) retta	reta (f)	['hɛta]
linea (f) curva	curva (f)	['kurva]
sottile (uno strato ~)	fino	['finu]
contorno (m)	contorno (m)	[kõ'tornu]

intersezione (f)	interseção (f)	[ĩterse'sãw]
angolo (m) retto	ângulo (m) reto	[ãgulu 'hɛtu]
segmento	segmento (m)	[sɛ'gmẽtu]
settore (m)	setor (m)	[sɛ'tor]
lato (m)	lado (m)	['ladu]
angolo (m)	ângulo (m)	[ãgulu]

22. Unità di misura

peso (m)	peso (m)	['pezu]
lunghezza (f)	comprimento (m)	[kõpri'mẽtu]
larghezza (f)	largura (f)	[lar'gura]
altezza (f)	altura (f)	[aw'tura]
profondità (f)	profundidade (f)	[profũdʒi'dadʒi]
volume (m)	volume (m)	[vo'lumi]
area (f)	área (f)	['arja]
grammo (m)	grama (m)	['grama]
milligrammo (m)	miligrama (m)	[mili'grama]

chilogrammo (m)	quilograma (m)	[kilo'grama]
tonnellata (f)	tonelada (f)	[tune'lada]
libbra (f)	libra (f)	['libra]
oncia (f)	onça (f)	['õsa]

metro (m)	metro (m)	['mɛtru]
millimetro (m)	milímetro (m)	[mi'limetru]
centimetro (m)	centímetro (m)	[sẽ'tʃimetru]
chilometro (m)	quilômetro (m)	[ki'lometru]
miglio (m)	milha (f)	['miʎa]

pollice (m)	polegada (f)	[pole'gada]
piede (f)	pé (m)	[pɛ]
iarda (f)	jarda (f)	['ʒarda]

| metro (m) quadro | metro (m) quadrado | ['mɛtru kwa'dradu] |
| ettaro (m) | hectare (m) | [ek'tari] |

litro (m)	litro (m)	['litru]
grado (m)	grau (m)	[graw]
volt (m)	volt (m)	['vɔwtʃi]
ampere (m)	ampère (m)	[ã'pɛri]
cavallo vapore (m)	cavalo (m) de potência	[ka'valu de po'tẽsja]

quantità (f)	quantidade (f)	[kwãtʃi'dadʒi]
un po' di …	um pouco de …	[ũ 'poku de]
metà (f)	metade (f)	[me'tadʒi]
dozzina (f)	dúzia (f)	['duzja]
pezzo (m)	peça (f)	['pɛsa]

| dimensione (f) | tamanho (m), dimensão (f) | [ta'maɲu], [dʒimẽ'sãw] |
| scala (f) (modello in ~) | escala (f) | [is'kala] |

minimo (agg)	mínimo	['minimu]
minore (agg)	menor, mais pequeno	[me'nɔr], [majs pe'kenu]
medio (agg)	médio	['mɛdʒju]
massimo (agg)	máximo	['masimu]
maggiore (agg)	maior, mais grande	[ma'jɔr], [majs 'grãdʒi]

23. Contenitori

barattolo (m) di vetro	pote (m) de vidro	['pɔtʃi de 'vidru]
latta, lattina (f)	lata (f)	['lata]
secchio (m)	balde (m)	['bawdʒi]
barile (m), botte (f)	barril (m)	[ba'hiw]

catino (m)	bacia (f)	[ba'sia]
serbatoio (m) (per liquidi)	tanque (m)	['tãki]
fiaschetta (f)	cantil (m) de bolso	[kã'tʃiw dʒi 'bowsu]
tanica (f)	galão (m) de gasolina	[ga'lãw de gazo'lina]
cisterna (f)	cisterna (f)	[sis'tɛrna]

| tazza (f) | caneca (f) | [ka'nɛka] |
| tazzina (f) (~ di caffé) | xícara (f) | ['ʃikara] |

piattino (m)	pires (m)	['piris]
bicchiere (m) (senza stelo)	copo (m)	['kɔpu]
calice (m)	taça (f) de vinho	['tasa de 'viɲu]
casseruola (f)	panela (f)	[pa'nɛla]

bottiglia (f)	garrafa (f)	[ga'hafa]
collo (m) (~ della bottiglia)	gargalo (m)	[gar'galu]

caraffa (f)	jarra (f)	['ʒaha]
brocca (f)	jarro (m)	['ʒahu]
recipiente (m)	recipiente (m)	[hesi'pjẽtʃi]
vaso (m) di coccio	pote (m)	['pɔtʃi]
vaso (m) di fiori	vaso (m)	['vazu]

boccetta (f) (~ di profumo)	frasco (m)	['frasku]
fiala (f)	frasquinho (m)	[fras'kiɲu]
tubetto (m)	tubo (m)	['tubu]

sacco (m) (~ di patate)	saco (m)	['saku]
sacchetto (m) (~ di plastica)	sacola (f)	[sa'kɔla]
pacchetto (m) (~ di sigarette, ecc.)	maço (m)	['masu]

scatola (f) (~ per scarpe)	caixa (f)	['kaɪʃa]
cassa (f) (~ di vino, ecc.)	caixote (m)	[kaj'ʃotʃi]
cesta (f)	cesto (m)	['sestu]

24. Materiali

materiale (m)	material (m)	[mate'rjaw]
legno (m)	madeira (f)	[ma'dejra]
di legno	de madeira	[de ma'dejra]

vetro (m)	vidro (m)	['vidru]
di vetro	de vidro	[de 'vidru]

pietra (f)	pedra (f)	['pɛdra]
di pietra	de pedra	[de 'pɛdra]

plastica (f)	plástico (m)	['plastʃiku]
di plastica	plástico	['plastʃiku]

gomma (f)	borracha (f)	[bo'haʃa]
di gomma	de borracha	[de bo'haʃa]

stoffa (f)	tecido, pano (m)	[te'sidu], ['panu]
di stoffa	de tecido	[de te'sidu]

carta (f)	papel (m)	[pa'pɛw]
di carta	de papel	[de pa'pɛw]

cartone (m)	papelão (m)	[pape'lãw]
di cartone	de papelão	[de pape'lãw]
polietilene (m)	polietileno (m)	[poljetʃi'lɛnu]

cellofan (m)	celofane (m)	[selo'fani]
linoleum (m)	linóleo (m)	[li'nɔlju]
legno (m) compensato	madeira (f) compensada	[ma'dejra kõpẽ'sada]

porcellana (f)	porcelana (f)	[porse'lana]
di porcellana	de porcelana	[de porse'lana]
argilla (f)	argila (f), barro (m)	[ar'ʒila], ['bahu]
d'argilla	de barro	[de 'bahu]
ceramica (f)	cerâmica (f)	[se'ramika]
ceramico	de cerâmica	[de se'ramika]

25. Metalli

metallo (m)	metal (m)	[me'taw]
metallico	metálico	[me'taliku]
lega (f)	liga (f)	['liga]

oro (m)	ouro (m)	['oru]
d'oro	de ouro	[de 'oru]
argento (m)	prata (f)	['prata]
d'argento	de prata	[de 'prata]

ferro (m)	ferro (m)	['fɛhu]
di ferro	de ferro	[de 'fɛhu]
acciaio (m)	aço (m)	['asu]
d'acciaio	de aço	[de 'asu]
rame (m)	cobre (m)	['kɔbri]
di rame	de cobre	[de 'kɔbri]

alluminio (m)	alumínio (m)	[alu'minju]
di alluminio, alluminico	de alumínio	[de alu'minju]
bronzo (m)	bronze (m)	['brõzi]
di bronzo	de bronze	[de 'brõzi]

ottone (m)	latão (m)	[la'tãw]
nichel (m)	níquel (m)	['nikew]
platino (m)	platina (f)	[pla'tʃina]
mercurio (m)	mercúrio (m)	[mer'kurju]
stagno (m)	estanho (m)	[is'taɲu]
piombo (m)	chumbo (m)	['ʃũbu]
zinco (m)	zinco (m)	['zĩku]

ESSERE UMANO

Essere umano. Il corpo umano

26. L'uomo. Concetti di base

uomo (m) (essere umano)	ser (m) humano	[ser u'manu]
uomo (m) (adulto maschio)	homem (m)	['ɔmẽ]
donna (f)	mulher (f)	[mu'ʎer]
bambino (m) (figlio)	criança (f)	['krjãsa]
bambina (f)	menina (f)	[me'nina]
bambino (m)	menino (m)	[me'ninu]
adolescente (m, f)	adolescente (m)	[adole'sẽtʃi]
vecchio (m)	velho (m)	['vɛʎu]
vecchia (f)	velha (f)	['vɛʎa]

27. Anatomia umana

organismo (m)	organismo (m)	[orga'nizmu]
cuore (m)	coração (m)	[kora'sãw]
sangue (m)	sangue (m)	['sãgi]
arteria (f)	artéria (f)	[ar'tɛrja]
vena (f)	veia (f)	['veja]
cervello (m)	cérebro (m)	['sɛrebru]
nervo (m)	nervo (m)	['nervu]
nervi (m pl)	nervos (m pl)	['nervus]
vertebra (f)	vértebra (f)	['vɛrtebra]
colonna (f) vertebrale	coluna (f) vertebral	[ko'luna verte'braw]
stomaco (m)	estômago (m)	[is'tomagu]
intestini (m pl)	intestinos (m pl)	[ĩtes'tʃinus]
intestino (m)	intestino (m)	[ĩtes'tʃinu]
fegato (m)	fígado (m)	['figadu]
rene (m)	rim (m)	[hĩ]
osso (m)	osso (m)	['osu]
scheletro (m)	esqueleto (m)	[iske'letu]
costola (f)	costela (f)	[kos'tɛla]
cranio (m)	crânio (m)	['kranju]
muscolo (m)	músculo (m)	['muskulu]
bicipite (m)	bíceps (m)	['biseps]
tricipite (m)	tríceps (m)	['triseps]
tendine (m)	tendão (m)	[tẽ'dãw]
articolazione (f)	articulação (f)	[artʃikula'sãw]

polmoni (m pl)	pulmões (m pl)	[puw'mãws]
genitali (m pl)	órgãos (m pl) genitais	['ɔrgãws ʒeni'tajs]
pelle (f)	pele (f)	['pɛli]

28. Testa

testa (f)	cabeça (f)	[ka'besa]
viso (m)	rosto, cara (f)	['hostu], ['kara]
naso (m)	nariz (m)	[na'riʐ]
bocca (f)	boca (f)	['boka]

occhio (m)	olho (m)	['oʎu]
occhi (m pl)	olhos (m pl)	['oʎus]
pupilla (f)	pupila (f)	[pu'pila]
sopracciglio (m)	sobrancelha (f)	[sobrã'seʎa]
ciglio (m)	cílio (f)	['silju]
palpebra (f)	pálpebra (f)	['pawpebra]

lingua (f)	língua (f)	['lĩgwa]
dente (m)	dente (m)	['dẽtʃi]
labbra (f pl)	lábios (m pl)	['labjus]
zigomi (m pl)	maçãs (f pl) do rosto	[ma'sãs du 'hostu]
gengiva (f)	gengiva (f)	[ʒẽ'ʒiva]
palato (m)	palato (m)	[pa'latu]

narici (f pl)	narinas (f pl)	[na'rinas]
mento (m)	queixo (m)	['kejʃu]
mascella (f)	mandíbula (f)	[mã'dʒibula]
guancia (f)	bochecha (f)	[bo'ʃeʃa]

fronte (f)	testa (f)	['tɛsta]
tempia (f)	têmpora (f)	['tẽpora]
orecchio (m)	orelha (f)	[o'reʎa]
nuca (f)	costas (f pl) da cabeça	['kɔstas da ka'besa]
collo (m)	pescoço (m)	[pes'kosu]
gola (f)	garganta (f)	[gar'gãta]

capelli (m pl)	cabelo (m)	[ka'belu]
pettinatura (f)	penteado (m)	[pẽ'tʃjadu]
taglio (m)	corte (m) de cabelo	['kɔrtʃi de ka'belu]
parrucca (f)	peruca (f)	[pe'ruka]

baffi (m pl)	bigode (m)	[bi'gɔdʒi]
barba (f)	barba (f)	['barba]
portare (~ la barba, ecc.)	ter (vt)	[ter]
treccia (f)	trança (f)	['trãsa]
basette (f pl)	suíças (f pl)	['swisas]

rosso (agg)	ruivo	['hwivu]
brizzolato (agg)	grisalho	[gri'zaʎu]
calvo (agg)	careca	[ka'rɛka]
calvizie (f)	calva (f)	['kawvu]
coda (f) di cavallo	rabo-de-cavalo (m)	['habu-de-ka'valu]
frangetta (f)	franja (f)	['frãʒa]

29. Corpo umano

mano (f)	mão (f)	[mãw]
braccio (m)	braço (m)	['brasu]

dito (m)	dedo (m)	['dedu]
dito (m) del piede	dedo (m) do pé	['dedu du pε]
pollice (m)	polegar (m)	[pole'gar]
mignolo (m)	dedo (m) mindinho	['dedu mĩ'dʒiɲu]
unghia (f)	unha (f)	['uɲa]

pugno (m)	punho (m)	['puɲu]
palmo (m)	palma (f)	['pawma]
polso (m)	pulso (m)	['puwsu]
avambraccio (m)	antebraço (m)	[ãtʃi'brasu]
gomito (m)	cotovelo (m)	[koto'velu]
spalla (f)	ombro (m)	['õbru]

gamba (f)	perna (f)	['pεrna]
pianta (f) del piede	pé (m)	[pε]
ginocchio (m)	joelho (m)	[ʒo'eʎu]
polpaccio (m)	panturrilha (f)	[pãtu'hiʎa]
anca (f)	quadril (m)	[kwa'driw]
tallone (m)	calcanhar (m)	[kawka'ɲar]

corpo (m)	corpo (m)	['korpu]
pancia (f)	barriga (f), ventre (m)	[ba'higa], ['vẽtri]
petto (m)	peito (m)	['pejtu]
seno (m)	seio (m)	['seju]
fianco (m)	lado (m)	['ladu]
schiena (f)	costas (f pl)	['kɔstas]
zona (f) lombare	região (f) lombar	[he'ʒjãw lõ'bar]
vita (f)	cintura (f)	[sĩ'tura]

ombelico (m)	umbigo (m)	[ũ'bigu]
natiche (f pl)	nádegas (f pl)	['nadegas]
sedere (m)	traseiro (m)	[tra'zejru]

neo (m)	sinal (m), pinta (f)	[si'naw], ['pĩta]
voglia (f) (~ di fragola)	sinal (m) de nascença	[si'naw de na'sẽsa]
tatuaggio (m)	tatuagem (f)	[ta'twaʒẽ]
cicatrice (f)	cicatriz (f)	[sika'triz]

Abbigliamento e Accessori

30. Indumenti. Soprabiti

vestiti (m pl)	roupa (f)	['hopa]
soprabito (m)	roupa (f) exterior	['hopa iste'rjor]
abiti (m pl) invernali	roupa (f) de inverno	['hopa de ĩ'vɛrnu]
cappotto (m)	sobretudo (m)	[sobri'tudu]
pelliccia (f)	casaco (m) de pele	[kaz'aku de 'pɛli]
pellicciotto (m)	jaqueta (f) de pele	[ʒa'keta de 'pɛli]
piumino (m)	casaco (m) acolchoado	[ka'zaku akow'ʃwadu]
giubbotto (m), giaccha (f)	casaco (m), jaqueta (f)	[kaz'aku], [ʒa'keta]
impermeabile (m)	impermeável (m)	[ĩper'mjavew]
impermeabile (agg)	a prova d'água	[a 'prɔva 'dagwa]

31. Abbigliamento uomo e donna

camicia (f)	camisa (f)	[ka'miza]
pantaloni (m pl)	calça (f)	['kawsa]
jeans (m pl)	jeans (m)	['dʒins]
giacca (f) (~ di tweed)	paletó, terno (m)	[pale'tɔ], ['tɛrnu]
abito (m) da uomo	terno (m)	['tɛrnu]
abito (m)	vestido (m)	[ves'tʃidu]
gonna (f)	saia (f)	['saja]
camicetta (f)	blusa (f)	['bluza]
giacca (f) a maglia	casaco (m) de malha	[ka'zaku de 'maʎa]
giacca (f) tailleur	casaco, blazer (m)	[ka'zaku], ['blejzer]
maglietta (f)	camiseta (f)	[kami'zɛta]
pantaloni (m pl) corti	short (m)	['ʃortʃi]
tuta (f) sportiva	training (m)	['trejnĩŋ]
accappatoio (m)	roupão (m) de banho	[ho'pãw de 'baɲu]
pigiama (m)	pijama (m)	[pi'ʒama]
maglione (m)	suéter (m)	['swɛter]
pullover (m)	pulôver (m)	[pu'lover]
gilè (m)	colete (m)	[ko'letʃi]
frac (m)	fraque (m)	['fraki]
smoking (m)	smoking (m)	[iz'mokĩs]
uniforme (f)	uniforme (m)	[uni'fɔrmi]
tuta (f) da lavoro	roupa (f) de trabalho	['hopa de tra'baʎu]
salopette (f)	macacão (m)	[maka'kãws]
camice (m) (~ del dottore)	jaleco (m), bata (f)	[ʒa'lɛku], ['bata]

32. Abbigliamento. Biancheria intima

biancheria (f) intima	**roupa** (f) **íntima**	['hopa 'ĩtʃima]
boxer (m pl)	**cueca boxer** (f)	['kwɛka 'bɔkser]
mutandina (f)	**calcinha** (f)	[kaw'siɲa]
maglietta (f) intima	**camiseta** (f)	[kami'zɛta]
calzini (m pl)	**meias** (f pl)	['mejas]
camicia (f) da notte	**camisola** (f)	[kami'zɔla]
reggiseno (m)	**sutiã** (m)	[su'tʃjã]
calzini (m pl) alti	**meias longas** (f pl)	['mejas 'lõgas]
collant (m)	**meias-calças** (f pl)	['mejas 'kalsas]
calze (f pl)	**meias** (f pl)	['mejas]
costume (m) da bagno	**maiô** (m)	[ma'jo]

33. Copricapo

cappello (m)	**chapéu** (m), **touca** (f)	[ʃa'pɛw], ['toka]
cappello (m) di feltro	**chapéu** (m) **de feltro**	[ʃa'pɛw de 'fewtru]
cappello (m) da baseball	**boné** (m) **de beisebol**	[bo'nɛ de bejsi'bɔw]
coppola (f)	**boina** (f)	['bojna]
basco (m)	**boina** (f) **francesa**	['bojna frã'seza]
cappuccio (m)	**capuz** (m)	[ka'puz]
panama (m)	**chapéu panamá** (m)	[ʃa'pɛw pana'ma]
berretto (m) a maglia	**touca** (f)	['toka]
fazzoletto (m) da capo	**lenço** (m)	['lẽsu]
cappellino (m) donna	**chapéu** (m) **feminino**	[ʃa'pɛw femi'ninu]
casco (m) (~ di sicurezza)	**capacete** (m)	[kapa'setʃi]
bustina (f)	**bibico** (m)	[bi'biko]
casco (m) (~ moto)	**capacete** (m)	[kapa'setʃi]
bombetta (f)	**chapéu-coco** (m)	[ʃa'pɛw 'koku]
cilindro (m)	**cartola** (f)	[kar'tɔla]

34. Calzature

calzature (f pl)	**calçado** (m)	[kaw'sadu]
stivaletti (m pl)	**botinas** (f pl), **sapatos** (m pl)	[bo'tʃinas], [sapa'tõjs]
scarpe (f pl)	**sapatos** (m pl)	[sa'patus]
stivali (m pl)	**botas** (f pl)	['bɔtas]
pantofole (f pl)	**pantufas** (f pl)	[pã'tufas]
scarpe (f pl) da tennis	**tênis** (m pl)	['tenis]
scarpe (f pl) da ginnastica	**tênis** (m pl)	['tenis]
sandali (m pl)	**sandálias** (f pl)	[sã'dalias]
calzolaio (m)	**sapateiro** (m)	[sapa'tejru]
tacco (m)	**salto** (m)	['sawtu]

paio (m)	par (m)	[par]
laccio (m)	cadarço (m)	[ka'darsu]
allacciare (vt)	amarrar os cadarços	[ama'har us ka'darsus]
calzascarpe (m)	calçadeira (f)	[kawsa'dejra]
lucido (m) per le scarpe	graxa (f) para calçado	['graʃa 'para kaw'sadu]

35. Tessuti. Stoffe

cotone (m)	algodão (m)	[awgo'dãw]
di cotone	de algodão	[de awgo'dãw]
lino (m)	linho (m)	['liɲu]
di lino	de linho	[de 'liɲu]

seta (f)	seda (f)	['seda]
di seta	de seda	[de 'seda]
lana (f)	lã (f)	[lã]
di lana	de lã	[de lã]

velluto (m)	veludo (m)	[ve'ludu]
camoscio (m)	camurça (f)	[ka'mursa]
velluto (m) a coste	veludo (m) cotelê	[ve'ludu kɔte'le]

nylon (m)	nylon (m)	['najlɔn]
di nylon	de nylon	[de 'najlɔn]
poliestere (m)	poliéster (m)	[po'ljɛster]
di poliestere	de poliéster	[de po'ljɛster]

pelle (f)	couro (m)	['koru]
di pelle	de couro	[de 'koru]
pelliccia (f)	pele (f)	['pɛli]
di pelliccia	de pele	[de 'pɛli]

36. Accessori personali

guanti (m pl)	luva (f)	['luva]
manopole (f pl)	mitenes (f pl)	[mi'tɛnes]
sciarpa (f)	cachecol (m)	[kaʃe'kɔw]

occhiali (m pl)	óculos (m pl)	['ɔkulus]
montatura (f)	armação (f)	[arma'sãw]
ombrello (m)	guarda-chuva (m)	['gwarda 'ʃuva]
bastone (m)	bengala (f)	[bẽ'gala]
spazzola (f) per capelli	escova (f) para o cabelo	[is'kova 'para u ka'belu]
ventaglio (m)	leque (m)	['lɛki]

cravatta (f)	gravata (f)	[gra'vata]
cravatta (f) a farfalla	gravata-borboleta (f)	[gra'vata borbo'leta]
bretelle (f pl)	suspensórios (m pl)	[suspẽ'sɔrjus]
fazzoletto (m)	lenço (m)	['lẽsu]

| pettine (m) | pente (m) | ['pẽtʃi] |
| fermaglio (m) | fivela (f) para cabelo | [fi'vɛla 'para ka'belu] |

forcina (f)	grampo (m)	['grãpu]
fibbia (f)	fivela (f)	[fi'vɛla]

cintura (f)	cinto (m)	['sĩtu]
spallina (f)	alça (f) de ombro	['awsa de 'õbru]

borsa (f)	bolsa (f)	['bowsa]
borsetta (f)	bolsa, carteira (f)	['bowsa], [kar'tejra]
zaino (m)	mochila (f)	[mo'ʃila]

37. Abbigliamento. Varie

moda (f)	moda (f)	['mɔda]
di moda	na moda	[na 'mɔda]
stilista (m)	estilista (m)	[istʃi'lista]

collo (m)	colarinho (m)	[kola'riɲu]
tasca (f)	bolso (m)	['bowsu]
tascabile (agg)	de bolso	[de 'bowsu]
manica (f)	manga (f)	['mãga]
asola (f) per appendere	ganchinho (m)	[gã'ʃiɲu]
patta (f) (~ dei pantaloni)	bragueta (f)	[bra'gwetʃi]

cerniera (f) lampo	zíper (m)	['ziper]
chiusura (f)	colchete (m)	[kow'ʃetʃi]
bottone (m)	botão (m)	[bo'tãw]
occhiello (m)	botoeira (f)	[bo'twejra]
staccarsi (un bottone)	soltar-se (vr)	[sow'tarsi]

cucire (vi, vt)	costurar (vi)	[kostu'rar]
ricamare (vi, vt)	bordar (vt)	[bor'dar]
ricamo (m)	bordado (m)	[bor'dadu]
ago (m)	agulha (f)	[a'guʎa]
filo (m)	fio, linha (f)	['fiu], ['liɲa]
cucitura (f)	costura (f)	[kos'tura]

sporcarsi (vr)	sujar-se (vr)	[su'ʒarsi]
macchia (f)	mancha (f)	['mãʃa]
sgualcirsi (vr)	amarrotar-se (vr)	[amaho'tarse]
strappare (vt)	rasgar (vt)	[haz'gar]
tarma (f)	traça (f)	['trasa]

38. Cura della persona. Cosmetici

dentifricio (m)	pasta (f) de dente	['pasta de 'dẽtʃi]
spazzolino (m) da denti	escova (f) de dente	[is'kova de 'dẽtʃi]
lavarsi i denti	escovar os dentes	[isko'var us 'dẽtʃis]

rasoio (m)	gilete (f)	[ʒi'lɛtʃi]
crema (f) da barba	creme (m) de barbear	['krɛmi de bar'bjar]
rasarsi (vr)	barbear-se (vr)	[bar'bjarsi]
sapone (m)	sabonete (m)	[sabo'netʃi]

shampoo (m)	xampu (m)	[ʃãˈpu]
forbici (f pl)	tesoura (f)	[teˈzora]
limetta (f)	lixa (f) de unhas	[ˈliʃa de ˈuɲas]
tagliaunghie (m)	corta-unhas (m)	[ˈkɔrta ˈuɲas]
pinzette (f pl)	pinça (f)	[ˈpĩsa]

cosmetica (f)	cosméticos (m pl)	[kozˈmɛtʃikus]
maschera (f) di bellezza	máscara (f)	[ˈmaskara]
manicure (m)	manicure (f)	[maniˈkuri]
fare la manicure	fazer as unhas	[faˈzer as ˈuɲas]
pedicure (m)	pedicure (f)	[pediˈkure]

borsa (f) del trucco	bolsa (f) de maquiagem	[ˈbowsa de maˈkjaʒẽ]
cipria (f)	pó (m)	[pɔ]
portacipria (m)	pó (m) compacto	[pɔ kõˈpaktu]
fard (m)	blush (m)	[blaʃ]

profumo (m)	perfume (m)	[perˈfumi]
acqua (f) da toeletta	água-de-colônia (f)	[ˈagwa de koˈlonja]
lozione (f)	loção (f)	[loˈsãw]
acqua (f) di Colonia	colônia (f)	[koˈlonja]

ombretto (m)	sombra (f) de olhos	[ˈsõbra de ˈoʎus]
eyeliner (m)	delineador (m)	[delinjaˈdor]
mascara (m)	máscara (f), rímel (m)	[ˈmaskara], [ˈhimew]

rossetto (m)	batom (m)	[ˈbatõ]
smalto (m)	esmalte (m)	[izˈmawtʃi]
lacca (f) per capelli	laquê (m), spray fixador (m)	[laˈke], [isˈprej fiksaˈdor]
deodorante (m)	desodorante (m)	[dʒizodoˈrãtʃi]

crema (f)	creme (m)	[ˈkrɛmi]
crema (f) per il viso	creme (m) de rosto	[ˈkrɛmi de ˈhostu]
crema (f) per le mani	creme (m) de mãos	[ˈkrɛmi de ˈmãws]
crema (f) antirughe	creme (m) antirrugas	[ˈkrɛmi ãtʃiˈhugas]
crema (f) da giorno	creme (m) de dia	[ˈkrɛmi de ˈdʒia]
crema (f) da notte	creme (m) de noite	[ˈkrɛmi de ˈnojtʃi]
da giorno	de dia	[de ˈdʒia]
da notte	da noite	[da ˈnojtʃi]

tampone (m)	absorvente (m) interno	[absorˈvẽtʃi ĩˈtɛrnu]
carta (f) igienica	papel (m) higiênico	[paˈpɛw iˈʒjeniku]
fon (m)	secador (m) de cabelo	[sekaˈdor de kaˈbelu]

39. Gioielli

gioielli (m pl)	joias (f pl)	[ˈʒɔjas]
prezioso (agg)	precioso	[preˈsjozu]
marchio (m)	marca (f) de contraste	[ˈmarka de kõˈtrastʃi]

anello (m)	anel (m)	[aˈnɛw]
anello (m) nuziale	aliança (f)	[aˈljãsa]
braccialetto (m)	pulseira (f)	[puwˈsejra]
orecchini (m pl)	brincos (m pl)	[ˈbrĩkus]

collana (f)	colar (m)	[ko'lar]
corona (f)	coroa (f)	[ko'roa]
perline (f pl)	colar (m) de contas	[ko'lar de 'kõtas]

diamante (m)	diamante (m)	[dʒja'mãtʃi]
smeraldo (m)	esmeralda (f)	[izme'rawda]
rubino (m)	rubi (m)	[hu'bi]
zaffiro (m)	safira (f)	[sa'fira]
perle (f pl)	pérola (f)	['pɛrola]
ambra (f)	âmbar (m)	[ãbar]

40. Orologi da polso. Orologio

orologio (m) (~ da polso)	relógio (m) de pulso	[he'lɔʒu de 'puwsu]
quadrante (m)	mostrador (m)	[mostra'dor]
lancetta (f)	ponteiro (m)	[põ'tejru]
braccialetto (m)	bracelete (f) em aço	[brase'letʃi ẽ 'asu]
cinturino (m)	bracelete (f) em couro	[brase'letʃi ẽ 'koru]

pila (f)	pilha (f)	['piʎa]
essere scarico	acabar (vi)	[aka'bar]
cambiare la pila	trocar a pilha	[tro'kar a 'piʎa]
andare avanti	estar adiantado	[is'tar adʒjã'tadu]
andare indietro	estar atrasado	[is'tar atra'zadu]

orologio (m) da muro	relógio (m) de parede	[he'lɔʒu de pa'redʒi]
clessidra (f)	ampulheta (f)	[ãpu'ʎeta]
orologio (m) solare	relógio (m) de sol	[he'lɔʒu de sɔw]
sveglia (f)	despertador (m)	[dʒisperta'dor]
orologiaio (m)	relojoeiro (m)	[helo'ʒwejru]
riparare (vt)	reparar (vt)	[hepa'rar]

Cibo. Alimentazione

41. Cibo

carne (f)	carne (f)	['karni]
pollo (m)	galinha (f)	[ga'liɲa]
pollo (m) novello	frango (m)	['frãgu]
anatra (f)	pato (m)	['patu]
oca (f)	ganso (m)	['gãsu]
cacciagione (f)	caça (f)	['kasa]
tacchino (m)	peru (m)	[pe'ru]
maiale (m)	carne (f) de porco	['karni de 'porku]
vitello (m)	carne (f) de vitela	['karni de vi'tɛla]
agnello (m)	carne (f) de carneiro	['karni de kar'nejru]
manzo (m)	carne (f) de vaca	['karni de 'vaka]
coniglio (m)	carne (f) de coelho	['karni de ko'eʎu]
salame (m)	linguiça (f), salsichão (m)	[lĩ'gwisa], [sawsi'ʃãw]
w?rstel (m)	salsicha (f)	[saw'siʃa]
pancetta (f)	bacon (m)	['bejkõ]
prosciutto (m)	presunto (m)	[pre'zũtu]
prosciutto (m) affumicato	pernil (m) de porco	[per'niw de 'porku]
pâté (m)	patê (m)	[pa'te]
fegato (m)	fígado (m)	['figadu]
carne (f) trita	guisado (m)	[gi'zadu]
lingua (f)	língua (f)	['lĩgwa]
uovo (m)	ovo (m)	['ovu]
uova (f pl)	ovos (m pl)	['ɔvus]
albume (m)	clara (f) de ovo	['klara de 'ovu]
tuorlo (m)	gema (f) de ovo	['ʒɛma de 'ovu]
pesce (m)	peixe (m)	['pejʃi]
frutti (m pl) di mare	mariscos (m pl)	[ma'riskus]
crostacei (m pl)	crustáceos (m pl)	[krus'tasjus]
caviale (m)	caviar (m)	[ka'vjar]
granchio (m)	caranguejo (m)	[karã'geʒu]
gamberetto (m)	camarão (m)	[kama'rãw]
ostrica (f)	ostra (f)	['ostra]
aragosta (f)	lagosta (f)	[la'gosta]
polpo (m)	polvo (m)	['powvu]
calamaro (m)	lula (f)	['lula]
storione (m)	esturjão (m)	[istur'ʒãw]
salmone (m)	salmão (m)	[saw'mãw]
ippoglosso (m)	halibute (m)	[ali'butʃi]
merluzzo (m)	bacalhau (m)	[baka'ʎaw]

scombro (m)	cavala, sarda (f)	[ka'vala], ['sarda]
tonno (m)	atum (m)	[a'tũ]
anguilla (f)	enguia (f)	[ẽ'gia]
trota (f)	truta (f)	['truta]
sardina (f)	sardinha (f)	[sar'dʒiɲa]
luccio (m)	lúcio (m)	['lusju]
aringa (f)	arenque (m)	[a'rẽki]
pane (m)	pão (m)	[pãw]
formaggio (m)	queijo (m)	['kejʒu]
zucchero (m)	açúcar (m)	[a'sukar]
sale (m)	sal (m)	[saw]
riso (m)	arroz (m)	[a'hoz]
pasta (f)	massas (f pl)	['masas]
tagliatelle (f pl)	talharim, miojo (m)	[taʎa'rĩ], [mi'oʒu]
burro (m)	manteiga (f)	[mã'tejga]
olio (m) vegetale	óleo (m) vegetal	['ɔlju veʒe'taw]
olio (m) di girasole	óleo (m) de girassol	['ɔlju de ʒira'sɔw]
margarina (f)	margarina (f)	[marga'rina]
olive (f pl)	azeitonas (f pl)	[azej'tɔnas]
olio (m) d'oliva	azeite (m)	[a'zejtʃi]
latte (m)	leite (m)	['lejtʃi]
latte (m) condensato	leite (m) condensado	['lejtʃi kõdẽ'sadu]
yogurt (m)	iogurte (m)	[jo'gurtʃi]
panna (f) acida	creme azedo (m)	['krɛmi a'zedu]
panna (f)	creme (m) de leite	['krɛmi de 'lejtʃi]
maionese (m)	maionese (f)	[majo'nɛzi]
crema (f)	creme (m)	['krɛmi]
cereali (m pl)	grãos (m pl) de cereais	['grãws de se'rjajs]
farina (f)	farinha (f)	[fa'riɲa]
cibi (m pl) in scatola	enlatados (m pl)	[ẽla'tadus]
fiocchi (m pl) di mais	flocos (m pl) de milho	['flɔkus de 'miʎu]
miele (m)	mel (m)	[mɛw]
marmellata (f)	geleia (m)	[ʒe'lɛja]
gomma (f) da masticare	chiclete (m)	[ʃi'klɛtʃi]

42. Bevande

acqua (f)	água (f)	['agwa]
acqua (f) potabile	água (f) potável	['agwa pu'tavɛw]
acqua (f) minerale	água (f) mineral	['agwa mine'raw]
liscia (non gassata)	sem gás	[sẽ gajs]
gassata (agg)	gaseificada	[gazejfi'kadu]
frizzante (agg)	com gás	[kõ gajs]
ghiaccio (m)	gelo (m)	['ʒelu]

con ghiaccio	com gelo	[kõ 'ʒelu]
analcolico (agg)	não alcoólico	[nãw aw'kɔliku]
bevanda (f) analcolica	refrigerante (m)	[hefriʒe'rãtʃi]
bibita (f)	refresco (m)	[he'fresku]
limonata (f)	limonada (f)	[limo'nada]

bevande (f pl) alcoliche	bebidas (f pl) alcoólicas	[be'bidas aw'kɔlikas]
vino (m)	vinho (m)	['viɲu]
vino (m) bianco	vinho (m) branco	['viɲu 'brãku]
vino (m) rosso	vinho (m) tinto	['viɲu 'tʃĩtu]

liquore (m)	licor (m)	[li'kor]
champagne (m)	champanhe (m)	[ʃã'paɲi]
vermouth (m)	vermute (m)	[ver'mutʃi]

whisky	uísque (m)	['wiski]
vodka (f)	vodca (f)	['vɔdʒka]
gin (m)	gim (m)	[ʒĩ]
cognac (m)	conhaque (m)	[ko'ɲaki]
rum (m)	rum (m)	[hũ]

caffè (m)	café (m)	[ka'fɛ]
caffè (m) nero	café (m) preto	[ka'fɛ 'pretu]
caffè latte (m)	café (m) com leite	[ka'fɛ kõ 'lejtʃi]
cappuccino (m)	cappuccino (m)	[kapu'tʃinu]
caffè (m) solubile	café (m) solúvel	[ka'fɛ so'luvew]

latte (m)	leite (m)	['lejtʃi]
cocktail (m)	coquetel (m)	[koke'tɛw]
frullato (m)	batida (f), milkshake (m)	[ba'tʃida], ['milkʃejk]

succo (m)	suco (m)	['suku]
succo (m) di pomodoro	suco (m) de tomate	['suku de to'matʃi]
succo (m) d'arancia	suco (m) de laranja	['suku de la'rãʒa]
spremuta (f)	suco (m) fresco	['suku 'fresku]

birra (f)	cerveja (f)	[ser'veʒa]
birra (f) chiara	cerveja (f) clara	[ser'veʒa 'klara]
birra (f) scura	cerveja (f) preta	[ser'veʒa 'preta]

tè (m)	chá (m)	[ʃa]
tè (m) nero	chá (m) preto	[ʃa 'pretu]
tè (m) verde	chá (m) verde	[ʃa 'verdʒi]

43. Verdure

ortaggi (m pl)	vegetais (m pl)	[veʒe'tajs]
verdura (f)	verdura (f)	[ver'dura]

pomodoro (m)	tomate (m)	[to'matʃi]
cetriolo (m)	pepino (m)	[pe'pinu]
carota (f)	cenoura (f)	[se'nora]
patata (f)	batata (f)	[ba'tata]
cipolla (f)	cebola (f)	[se'bola]

aglio (m)	alho (m)	['aʎu]
cavolo (m)	couve (f)	['kovi]
cavolfiore (m)	couve-flor (f)	['kovi 'flɔr]
cavoletti (m pl) di Bruxelles	couve-de-bruxelas (f)	['kovi de bru'ʃelas]
broccolo (m)	brócolis (m pl)	['brɔkolis]

barbabietola (f)	beterraba (f)	[bete'haba]
melanzana (f)	berinjela (f)	[beɾĩ'ʒɛla]
zucchina (f)	abobrinha (f)	[abo'briɲa]
zucca (f)	abóbora (f)	[a'bobora]
rapa (f)	nabo (m)	['nabu]

prezzemolo (m)	salsa (f)	['sawsa]
aneto (m)	endro, aneto (m)	['ẽdru], [a'netu]
lattuga (f)	alface (f)	[aw'fasi]
sedano (m)	aipo (m)	['ajpu]
asparago (m)	aspargo (m)	[as'pargu]
spinaci (m pl)	espinafre (m)	[ispi'nafri]

pisello (m)	ervilha (f)	[er'viʎa]
fave (f pl)	feijão (m)	[fej'ʒãw]
mais (m)	milho (m)	['miʎu]
fagiolo (m)	feijão (m) roxo	[fej'ʒãw 'hoʃu]

peperone (m)	pimentão (m)	[pimẽ'tãw]
ravanello (m)	rabanete (m)	[haba'netʃi]
carciofo (m)	alcachofra (f)	[awka'ʃofra]

44. Frutta. Noci

frutto (m)	fruta (f)	['fruta]
mela (f)	maçã (f)	[ma'sã]
pera (f)	pera (f)	['pera]
limone (m)	limão (m)	[li'mãw]
arancia (f)	laranja (f)	[la'rãʒa]
fragola (f)	morango (m)	[mo'rãgu]

mandarino (m)	tangerina (f)	[tãʒe'rina]
prugna (f)	ameixa (f)	[a'mejʃa]
pesca (f)	pêssego (m)	['pesegu]
albicocca (f)	damasco (m)	[da'masku]
lampone (m)	framboesa (f)	[frãbo'eza]
ananas (m)	abacaxi (m)	[abaka'ʃi]

banana (f)	banana (f)	[ba'nana]
anguria (f)	melancia (f)	[melã'sia]
uva (f)	uva (f)	['uva]
amarena (f)	ginja (f)	['ʒĩʒa]
ciliegia (f)	cereja (f)	[se'reʒa]
melone (m)	melão (m)	[me'lãw]

pompelmo (m)	toranja (f)	[to'rãʒa]
avocado (m)	abacate (m)	[aba'katʃi]
papaia (f)	mamão (m)	[ma'mãw]

| mango (m) | manga (f) | ['mãga] |
| melagrana (f) | romã (f) | ['homa] |

ribes (m) rosso	groselha (f) vermelha	[[gro'zɛʎa ver'meʎa]
ribes (m) nero	groselha (f) negra	[gro'zɛʎa 'negra]
uva (f) spina	groselha (f) espinhosa	[gro'zɛʎa ispi'ɲoza]
mirtillo (m)	mirtilo (m)	[mih'tʃilu]
mora (f)	amora (f) silvestre	[a'mɔra siw'vɛstri]

uvetta (f)	passa (f)	['pasa]
fico (m)	figo (m)	['figu]
dattero (m)	tâmara (f)	['tamara]

arachide (f)	amendoim (m)	[amẽdo'ĩ]
mandorla (f)	amêndoa (f)	[a'mẽdwa]
noce (f)	noz (f)	[nɔz]
nocciola (f)	avelã (f)	[ave'lã]
noce (f) di cocco	coco (m)	['koku]
pistacchi (m pl)	pistaches (m pl)	[pis'taʃis]

45. Pane. Dolci

pasticceria (f)	pastelaria (f)	[pastela'ria]
pane (m)	pão (m)	[pãw]
biscotti (m pl)	biscoito (m), bolacha (f)	[bis'kojtu], [bo'laʃa]

cioccolato (m)	chocolate (m)	[ʃoko'latʃi]
al cioccolato (agg)	de chocolate	[de ʃoko'latʃi]
caramella (f)	bala (f)	['bala]
tortina (f)	doce (m), bolo (m) pequeno	['dosi], ['bolu pe'kenu]
torta (f)	bolo (m) de aniversário	['bolu de aniver'sarju]

| crostata (f) | torta (f) | ['tɔrta] |
| ripieno (m) | recheio (m) | [he'ʃeju] |

marmellata (f)	geleia (m)	[ʒe'lɛja]
marmellata (f) di agrumi	marmelada (f)	[marme'lada]
wafer (m)	wafers (m pl)	['wafers]
gelato (m)	sorvete (m)	[sor'vetʃi]
budino (m)	pudim (m)	[pu'dʒĩ]

46. Pietanze cucinate

piatto (m) (~ principale)	prato (m)	['pratu]
cucina (f)	cozinha (f)	[ko'ziɲa]
ricetta (f)	receita (f)	[he'sejta]
porzione (f)	porção (f)	[por'sãw]

insalata (f)	salada (f)	[sa'lada]
minestra (f)	sopa (f)	['sopa]
brodo (m)	caldo (m)	['kawdu]
panino (m)	sanduíche (m)	[sand'wiʃi]

uova (f pl) al tegamino	ovos (m pl) fritos	['ɔvus 'fritus]
hamburger (m)	hambúrguer (m)	[ã'burger]
bistecca (f)	bife (m)	['bifi]

contorno (m)	acompanhamento (m)	[akõpaɲa'mẽtu]
spaghetti (m pl)	espaguete (m)	[ispa'geti]
purè (m) di patate	purê (m) de batata	[pu're de ba'tata]
pizza (f)	pizza (f)	['pitsa]
porridge (m)	mingau (m)	[mĩ'gaw]
frittata (f)	omelete (f)	[ome'letʃi]

bollito (agg)	fervido	[fer'vidu]
affumicato (agg)	defumado	[defu'madu]
fritto (agg)	frito	['fritu]
secco (agg)	seco	['seku]
congelato (agg)	congelado	[kõʒe'ladu]
sottoaceto (agg)	em conserva	[ẽ kõ'serva]

dolce (gusto)	doce	['dosi]
salato (agg)	salgado	[saw'gadu]
freddo (agg)	frio	['friu]
caldo (agg)	quente	['kẽtʃi]
amaro (agg)	amargo	[a'margu]
buono, gustoso (agg)	gostoso	[gos'tozu]

cuocere, preparare (vt)	cozinhar em água fervente	[kozi'ɲar ẽ 'agwa fer'vẽtʃi]
cucinare (vi)	preparar (vt)	[prepa'rar]
friggere (vt)	fritar (vt)	[fri'tar]
riscaldare (vt)	aquecer (vt)	[ake'ser]

salare (vt)	salgar (vt)	[saw'gar]
pepare (vt)	apimentar (vt)	[apimẽ'tar]
grattugiare (vt)	ralar (vt)	[ha'lar]
buccia (f)	casca (f)	['kaska]
sbucciare (vt)	descascar (vt)	[dʒiskas'kar]

47. Spezie

sale (m)	sal (m)	[saw]
salato (agg)	salgado	[saw'gadu]
salare (vt)	salgar (vt)	[saw'gar]

pepe (m) nero	pimenta-do-reino (f)	[pi'mẽta-du-hejnu]
peperoncino (m)	pimenta (f) vermelha	[pi'mẽta ver'meʎa]
senape (f)	mostarda (f)	[mos'tarda]
cren (m)	raiz-forte (f)	[ha'iz fɔrtʃi]

condimento (m)	condimento (m)	[kõdʒi'mẽtu]
spezie (f pl)	especiaria (f)	[ispesja'ria]
salsa (f)	molho (m)	['moʎu]
aceto (m)	vinagre (m)	[vi'nagri]

anice (m)	anis (m)	[a'nis]
basilico (m)	manjericão (m)	[mãʒeri'kãw]

chiodi (m pl) di garofano	cravo (m)	['kravu]
zenzero (m)	gengibre (m)	[ʒẽ'ʒibri]
coriandolo (m)	coentro (m)	[ko'ẽtru]
cannella (f)	canela (f)	[ka'nɛla]

sesamo (m)	gergelim (m)	[ʒerʒe'lĩ]
alloro (m)	folha (f) de louro	['foʎaʃ de 'loru]
paprica (f)	páprica (f)	['paprika]
cumino (m)	cominho (m)	[ko'miɲu]
zafferano (m)	açafrão (m)	[asa'frãw]

48. Pasti

| cibo (m) | comida (f) | [ko'mida] |
| mangiare (vi, vt) | comer (vt) | [ko'mer] |

colazione (f)	café (m) da manhã	[ka'fɛ da ma'ɲã]
fare colazione	tomar café da manhã	[to'mar ka'fɛ da ma'ɲã]
pranzo (m)	almoço (m)	[aw'mosu]
pranzare (vi)	almoçar (vi)	[awmo'sar]
cena (f)	jantar (m)	[ʒã'tar]
cenare (vi)	jantar (vi)	[ʒã'tar]

| appetito (m) | apetite (m) | [ape'tʃitʃi] |
| Buon appetito! | Bom apetite! | [bõ ape'tʃitʃi] |

aprire (vt)	abrir (vt)	[a'brir]
rovesciare (~ il vino, ecc.)	derramar (vt)	[deha'mar]
rovesciarsi (vr)	derramar-se (vr)	[deha'marsi]

bollire (vi)	ferver (vi)	[fer'ver]
far bollire	ferver (vt)	[fer'ver]
bollito (agg)	fervido	[fer'vidu]

| raffreddare (vt) | esfriar (vt) | [is'frjar] |
| raffreddarsi (vr) | esfriar-se (vr) | [is'frjarse] |

| gusto (m) | sabor, gosto (m) | [sa'bor], ['gostu] |
| retrogusto (m) | fim (m) de boca | [fĩ de 'boka] |

essere a dieta	emagrecer (vi)	[imagre'ser]
dieta (f)	dieta (f)	['dʒjɛta]
vitamina (f)	vitamina (f)	[vita'mina]
caloria (f)	caloria (f)	[kalo'ria]

| vegetariano (m) | vegetariano (m) | [veʒeta'rjanu] |
| vegetariano (agg) | vegetariano | [veʒeta'rjanu] |

grassi (m pl)	gorduras (f pl)	[gor'duras]
proteine (f pl)	proteínas (f pl)	[prote'inas]
carboidrati (m pl)	carboidratos (m pl)	[karboi'dratus]
fetta (f), fettina (f)	fatia (f)	[fa'tʃia]
pezzo (m) (~ di torta)	pedaço (m)	[pe'dasu]
briciola (f) (~ di pane)	migalha (f), farelo (m)	[mi'gaʎa], [fa'rɛlu]

49. Preparazione della tavola

cucchiaio (m)	colher (f)	[ko'ʎer]
coltello (m)	faca (f)	['faka]
forchetta (f)	garfo (m)	['garfu]
tazza (f)	xícara (f)	['ʃikara]
piatto (m)	prato (m)	['pratu]
piattino (m)	pires (m)	['piris]
tovagliolo (m)	guardanapo (m)	[gwarda'napu]
stuzzicadenti (m)	palito (m)	[pa'litu]

50. Ristorante

ristorante (m)	restaurante (m)	[hestaw'rãtʃi]
caffè (m)	cafeteria (f)	[kafete'ria]
pub (m), bar (m)	bar (m), cervejaria (f)	[bar], [serveʒa'ria]
sala (f) da tè	salão (m) de chá	[sa'lãw de ʃa]
cameriere (m)	garçom (m)	[gar'sõ]
cameriera (f)	garçonete (f)	[garso'netʃi]
barista (m)	barman (m)	[bar'mã]
menù (m)	cardápio (m)	[kar'dapju]
lista (f) dei vini	lista (f) de vinhos	['lista de 'viɲus]
prenotare un tavolo	reservar uma mesa	[hezer'var 'uma 'meza]
piatto (m)	prato (m)	['pratu]
ordinare (~ il pranzo)	pedir (vt)	[pe'dʒir]
fare un'ordinazione	fazer o pedido	[fa'zer u pe'dʒidu]
aperitivo (m)	aperitivo (m)	[aperi'tʃivu]
antipasto (m)	entrada (f)	[ẽ'trada]
dolce (m)	sobremesa (f)	[sobri'meza]
conto (m)	conta (f)	['kõta]
pagare il conto	pagar a conta	[pa'gar a 'kõta]
dare il resto	dar o troco	[dar u 'troku]
mancia (f)	gorjeta (f)	[gor'ʒeta]

Famiglia, parenti e amici

51. Informazioni personali. Moduli

nome (m)	**nome** (m)	['nɔmi]
cognome (m)	**sobrenome** (m)	[sobri'nɔmi]
data (f) di nascita	**data** (f) **de nascimento**	['data de nasi'mẽtu]
luogo (m) di nascita	**local** (m) **de nascimento**	[lo'kaw de nasi'mẽtu]
nazionalità (f)	**nacionalidade** (f)	[nasjonali'dadʒi]
domicilio (m)	**lugar** (m) **de residência**	[lu'gar de hezi'dẽsja]
paese (m)	**país** (m)	[pa'jis]
professione (f)	**profissão** (f)	[profi'sãw]
sesso (m)	**sexo** (m)	['sɛksu]
statura (f)	**estatura** (f)	[ista'tura]
peso (m)	**peso** (m)	['pezu]

52. Membri della famiglia. Parenti

madre (f)	**mãe** (f)	[mãj]
padre (m)	**pai** (m)	[paj]
figlio (m)	**filho** (m)	['fiʎu]
figlia (f)	**filha** (f)	['fiʎa]
figlia (f) minore	**caçula** (f)	[ka'sula]
figlio (m) minore	**caçula** (m)	[ka'sula]
figlia (f) maggiore	**filha** (f) **mais velha**	['fiʎa majs 'vɛʎa]
figlio (m) maggiore	**filho** (m) **mais velho**	['fiʎu majs 'vɛʎu]
fratello (m)	**irmão** (m)	[ir'mãw]
fratello (m) maggiore	**irmão** (m) **mais velho**	[ir'mãw majs 'vɛʎu]
fratello (m) minore	**irmão** (m) **mais novo**	[ir'mãw majs 'novu]
sorella (f)	**irmã** (f)	[ir'mã]
sorella (f) maggiore	**irmã** (f) **mais velha**	[ir'mã majs 'vɛʎa]
sorella (f) minore	**irmã** (f) **mais nova**	[ir'mã majs 'nɔva]
cugino (m)	**primo** (m)	['primu]
cugina (f)	**prima** (f)	['prima]
mamma (f)	**mamãe** (f)	[ma'mãj]
papà (m)	**papai** (m)	[pa'paj]
genitori (m pl)	**pais** (pl)	['pajs]
bambino (m)	**criança** (f)	['krjãsa]
bambini (m pl)	**crianças** (f pl)	['krjãsas]
nonna (f)	**avó** (f)	[a'vo]
nonno (m)	**avô** (m)	[a'vɔ]
nipote (m) (figlio di un figlio)	**neto** (m)	['nɛtu]

nipote (f)	neta (f)	['nɛta]
nipoti (pl)	netos (pl)	['nɛtus]

zio (m)	tio (m)	['tʃiu]
zia (f)	tia (f)	['tʃia]
nipote (m) (figlio di un fratello)	sobrinho (m)	[so'briɲu]
nipote (f)	sobrinha (f)	[so'briɲa]

suocera (f)	sogra (f)	['sɔgra]
suocero (m)	sogro (m)	['sogru]
genero (m)	genro (m)	['ʒẽhu]
matrigna (f)	madrasta (f)	[ma'drasta]
patrigno (m)	padrasto (m)	[pa'drastu]

neonato (m)	criança (f) de colo	['krjãsa de 'kɔlu]
infante (m)	bebê (m)	[be'be]
bimbo (m), ragazzino (m)	menino (m)	[me'ninu]

moglie (f)	mulher (f)	[mu'ʎer]
marito (m)	marido (m)	[ma'ridu]
coniuge (m)	esposo (m)	[is'pozu]
coniuge (f)	esposa (f)	[is'poza]

sposato (agg)	casado	[ka'zadu]
sposata (agg)	casada	[ka'zada]
celibe (agg)	solteiro	[sow'tejru]
scapolo (m)	solteirão (m)	[sowtej'rãw]
divorziato (agg)	divorciado	[dʒivor'sjadu]
vedova (f)	viúva (f)	['vjuva]
vedovo (m)	viúvo (m)	['vjuvu]

parente (m)	parente (m)	[pa'rẽtʃi]
parente (m) stretto	parente (m) próximo	[pa'rẽtʃi 'prɔsimu]
parente (m) lontano	parente (m) distante	[pa'rẽtʃi dʒis'tãtʃi]
parenti (m pl)	parentes (m pl)	[pa'rẽtʃis]

orfano (m)	órfão (m)	['ɔrfãw]
orfana (f)	órfã (f)	['ɔrfã]
tutore (m)	tutor (m)	[tu'tor]
adottare (~ un bambino)	adotar (vt)	[ado'tar]
adottare (~ una bambina)	adotar (vt)	[ado'tar]

53. Amici. Colleghi

amico (m)	amigo (m)	[a'migu]
amica (f)	amiga (f)	[a'miga]
amicizia (f)	amizade (f)	[ami'zadʒi]
essere amici	ser amigos	[ser a'migus]

amico (m) (inform.)	amigo (m)	[a'migu]
amica (f) (inform.)	amiga (f)	[a'miga]
partner (m)	parceiro (m)	[par'sejru]
capo (m)	chefe (m)	['ʃɛfi]
capo (m), superiore (m)	superior (m)	[supe'rjor]

proprietario (m)	**proprietário** (m)	[proprje'tarju]
subordinato (m)	**subordinado** (m)	[subordʒi'nadu]
collega (m)	**colega** (m, f)	[ko'lɛga]

conoscente (m)	**conhecido** (m)	[koɲe'sidu]
compagno (m) di viaggio	**companheiro** (m) **de viagem**	[kõpa'ɲejru de 'vjaʒẽ]
compagno (m) di classe	**colega** (m) **de classe**	[ko'lɛga de 'klasi]

vicino (m)	**vizinho** (m)	[vi'ziɲu]
vicina (f)	**vizinha** (f)	[vi'ziɲa]
vicini (m pl)	**vizinhos** (pl)	[vi'ziɲus]

54. Uomo. Donna

donna (f)	**mulher** (f)	[mu'ʎer]
ragazza (f)	**menina** (f)	[me'nina]
sposa (f)	**noiva** (f)	['nojva]

bella (agg)	**bonita, bela**	[bo'nita], ['bɛla]
alta (agg)	**alta**	['awta]
snella (agg)	**esbelta**	[iz'bɛwta]
bassa (agg)	**baixa**	['baɪʃa]

bionda (f)	**loira** (f)	['lojra]
bruna (f)	**morena** (f)	[mo'rena]

da donna (agg)	**de senhora**	[de se'ɲora]
vergine (f)	**virgem** (f)	['virʒẽ]
incinta (agg)	**grávida**	['gravida]

uomo (m) (adulto maschio)	**homem** (m)	['ɔmẽ]
biondo (m)	**loiro** (m)	['lojru]
bruno (m)	**moreno** (m)	[mo'renu]
alto (agg)	**alto**	['awtu]
basso (agg)	**baixo**	['baɪʃu]

sgarbato (agg)	**rude**	['hudʒi]
tozzo (agg)	**atarracado**	[ataha'kadu]
robusto (agg)	**robusto**	[ho'bustu]
forte (agg)	**forte**	['fɔrtʃi]
forza (f)	**força** (f)	['forsa]

grasso (agg)	**gordo**	['gordu]
bruno (agg)	**moreno**	[mo'renu]
snello (agg)	**esbelto**	[iz'bɛwtu]
elegante (agg)	**elegante**	[ele'gãtʃi]

55. Età

età (f)	**idade** (f)	[i'dadʒi]
giovinezza (f)	**juventude** (f)	[ʒuvẽ'tudʒi]
giovane (agg)	**jovem**	['ʒɔvẽ]

| più giovane (agg) | mais novo | [majs 'novu] |
| più vecchio (agg) | mais velho | [majs 'vɛʎu] |

giovane (m)	jovem (m)	['ʒɔvẽ]
adolescente (m, f)	adolescente (m)	[adole'sẽtʃi]
ragazzo (m)	rapaz (m)	[ha'pajz]

| vecchio (m) | velho (m) | ['vɛʎu] |
| vecchia (f) | velha (f) | ['vɛʎa] |

adulto (m)	adulto	[a'duwtu]
di mezza età	de meia-idade	[de meja i'dadʒi]
anziano (agg)	idoso, de idade	[i'dozu], [de i'dade]
vecchio (agg)	velho	['vɛʎu]

pensionamento (m)	aposentadoria (f)	[apozẽtado'ria]
andare in pensione	aposentar-se (vr)	[apozẽ'tarsi]
pensionato (m)	aposentado (m)	[apozẽ'tadu]

56. Bambini

bambino (m), bambina (f)	criança (f)	['krjãsa]
bambini (m pl)	crianças (f pl)	['krjãsas]
gemelli (m pl)	gêmeos (m pl), gêmeas (f pl)	['ʒemjus], ['ʒemjas]

culla (f)	berço (m)	['bersu]
sonaglio (m)	chocalho (m)	[ʃo'kaʎu]
pannolino (m)	fralda (f)	['frawda]

tettarella (f)	chupeta (f), bico (m)	[ʃu'peta], ['biku]
carrozzina (f)	carrinho (m) de bebê	[ka'hiɲu de be'be]
scuola (f) materna	jardim (m) de infância	[ʒar'dʒĩ de ĩ'fãsja]
baby-sitter (f)	babysitter, babá (f)	[bebi'sitter], [ba'ba]

infanzia (f)	infância (f)	[ĩ'fãsja]
bambola (f)	boneca (f)	[bo'nɛka]
giocattolo (m)	brinquedo (m)	[brĩ'kedu]
gioco (m) di costruzione	jogo (m) de montar	['ʒogu de mõ'tar]

educato (agg)	bem-educado	[bẽj edu'kadu]
maleducato (agg)	malcriado	[maw'krjadu]
viziato (agg)	mimado	[mi'madu]

essere disubbidiente	ser travesso	[ser tra'vɛsu]
birichino (agg)	travesso, traquinas	[tra'vɛsu], [tra'kinas]
birichinata (f)	travessura (f)	[trave'sura]
bambino (m) birichino	criança (f) travessa	['krjãsa tra'vɛsa]

| ubbidiente (agg) | obediente | [obe'dʒẽtʃi] |
| disubbidiente (agg) | desobediente | [dʒizobe'dʒjẽtʃi] |

docile (agg)	dócil	['dɔsiw]
intelligente (agg)	inteligente	[ĩteli'ʒẽtʃi]
bambino (m) prodigio	prodígio (m)	[pro'dʒiʒu]

57. Coppie sposate. Vita di famiglia

baciare (vt)	beijar (vt)	[bej'ʒar]
baciarsi (vr)	beijar-se (vr)	[bej'ʒarsi]
famiglia (f)	família (f)	[fa'milja]
familiare (agg)	familiar	[fami'ljar]
coppia (f)	casal (m)	[ka'zaw]
matrimonio (m)	matrimônio (m)	[matri'monju]
focolare (m) domestico	lar (m)	[lar]
dinastia (f)	dinastia (f)	[dʒinas'tʃia]
appuntamento (m)	encontro (m)	[ẽ'kõtru]
bacio (m)	beijo (m)	['bejʒu]
amore (m)	amor (m)	[a'mor]
amare (qn)	amar (vt)	[a'mar]
amato (agg)	amado, querido	[a'madu], [ke'ridu]
tenerezza (f)	ternura (f)	[ter'nura]
dolce, tenero (agg)	afetuoso	[afe'twozu]
fedeltà (f)	fidelidade (f)	[fideli'dadʒi]
fedele (agg)	fiel	[fjɛw]
premura (f)	cuidado (m)	[kwi'dadu]
premuroso (agg)	carinhoso	[kari'ɲozu]
sposi (m pl) novelli	recém-casados (pl)	[he'sẽ-ka'zadus]
luna (f) di miele	lua (f) de mel	['lua de mɛw]
sposarsi (per una donna)	casar-se (vr)	[ka'zarsi]
sposarsi (per un uomo)	casar-se (vr)	[ka'zarsi]
nozze (f pl)	casamento (m)	[kaza'mẽtu]
nozze (f pl) d'oro	bodas (f pl) de ouro	['bodas de 'oru]
anniversario (m)	aniversário (m)	[aniver'sarju]
amante (m)	amante (m)	[a'mãtʃi]
amante (f)	amante (f)	[a'mãtʃi]
adulterio (m)	adultério (m), traição (f)	[aduw'tɛrju], [traj'sãw]
tradire (commettere adulterio)	cometer adultério	[kome'ter aduw'tɛrju]
geloso (agg)	ciumento	[sju'mẽtu]
essere geloso	ser ciumento, -a	[ser sju'mẽtu, -a]
divorzio (m)	divórcio (m)	[dʒi'vɔrsju]
divorziare (vi)	divorciar-se (vr)	[dʒivor'sjarsi]
litigare (vi)	brigar (vi)	[bri'gar]
fare pace	fazer as pazes	[fa'zer as 'pajzis]
insieme	juntos	['ʒũtus]
sesso (m)	sexo (m)	['sɛksu]
felicità (f)	felicidade (f)	[felisi'dadʒi]
felice (agg)	feliz	[fe'liz]
disgrazia (f)	infelicidade (f)	[ĩfelisi'dadʒi]
infelice (agg)	infeliz	[ĩfe'liz]

Personalità. Sentimenti. Emozioni

58. Sentimenti. Emozioni

sentimento (m)	sentimento (m)	[sẽt∫i'mẽtu]
sentimenti (m pl)	sentimentos (m pl)	[sẽt∫i'mẽtus]
sentire (vt)	sentir (vt)	[sẽ't∫ir]
fame (f)	fome (f)	['fɔmi]
avere fame	ter fome	[ter 'fɔmi]
sete (f)	sede (f)	['sedʒi]
avere sete	ter sede	[ter 'sedʒi]
sonnolenza (f)	sonolência (f)	[sono'lẽsja]
avere sonno	estar sonolento	[is'tar sono'lẽtu]
stanchezza (f)	cansaço (m)	[kã'sasu]
stanco (agg)	cansado	[kã'sadu]
stancarsi (vr)	ficar cansado	[fi'kar kã'sadu]
umore (m) (buon ~)	humor (m)	[u'mor]
noia (f)	tédio (m)	['tɛdʒju]
annoiarsi (vr)	entediar-se (vr)	[ẽte'dʒjarsi]
isolamento (f)	reclusão (f)	[heklu'zãw]
isolarsi (vr)	isolar-se (vr)	[izo'larsi]
preoccupare (vt)	preocupar (vt)	[preoku'par]
essere preoccupato	estar preocupado	[is'tar preoku'padu]
agitazione (f)	preocupação (f)	[preokupa'sãw]
preoccupazione (f)	ansiedade (f)	[ãsje'dadʒi]
preoccupato (agg)	preocupado	[preoku'padu]
essere nervoso	estar nervoso	[is'tar ner'vozu]
andare in panico	entrar em pânico	[ẽ'trar ẽ 'paniku]
speranza (f)	esperança (f)	[ispe'rãsa]
sperare (vi, vt)	esperar (vi, vt)	[ispe'rar]
certezza (f)	certeza (f)	[ser'teza]
sicuro (agg)	certo, seguro de ...	['sɛrtu], [se'guru de]
incertezza (f)	indecisão (f)	[ĩdesi'zãw]
incerto (agg)	indeciso	[ĩde'sizu]
ubriaco (agg)	bêbado	['bebadu]
sobrio (agg)	sóbrio	['sɔbrju]
debole (agg)	fraco	['fraku]
fortunato (agg)	feliz	[fe'liz]
spaventare (vt)	assustar (vt)	[asus'tar]
furia (f)	fúria (f)	['furja]
rabbia (f)	ira, raiva (f)	['ira], ['hajva]
depressione (f)	depressão (f)	[depre'sãw]
disagio (m)	desconforto (m)	[dʒiskõ'fortu]

conforto (m)	conforto (m)	[kõ'fortu]
rincrescere (vi)	arrepender-se (vr)	[ahepẽ'dersi]
rincrescimento (m)	arrependimento (m)	[ahepẽʤi'mẽtu]
sfortuna (f)	azar (m), má sorte (f)	[a'zar], [ma 'sɔrtʃi]]
tristezza (f)	tristeza (f)	[tris'teza]
vergogna (f)	vergonha (f)	[ver'goɲa]
allegria (f)	alegria (f)	[ale'gria]
entusiasmo (m)	entusiasmo (m)	[ẽtu'zjazmu]
entusiasta (m)	entusiasta (m)	[ẽtu'zjasta]
mostrare entusiasmo	mostrar entusiasmo	[mos'trar ẽtu'zjazmu]

59. Personalità. Carattere

carattere (m)	caráter (m)	[ka'rater]
difetto (m)	falha (f) de caráter	['faʎa de ka'rater]
mente (f)	mente (f)	['mẽtʃi]
intelletto (m)	razão (f)	[ha'zãw]
coscienza (f)	consciência (f)	[kõ'sjẽsja]
abitudine (f)	hábito, costume (m)	['abitu], [kos'tumi]
capacità (f)	habilidade (f)	[abili'daʤi]
sapere (~ nuotare)	saber (vi)	[sa'ber]
paziente (agg)	paciente	[pa'sjẽtʃi]
impaziente (agg)	impaciente	[ĩpa'sjẽtʃi]
curioso (agg)	curioso	[ku'rjozu]
curiosità (f)	curiosidade (f)	[kurjozi'daʤi]
modestia (f)	modéstia (f)	[mo'dɛstu]
modesto (agg)	modesto	[mo'dɛstu]
immodesto (agg)	imodesto	[imo'dɛstu]
pigrizia (f)	preguiça (f)	[pre'gisa]
pigro (agg)	preguiçoso	[pregi'sozu]
poltrone (m)	preguiçoso (m)	[pregi'sozu]
furberia (f)	astúcia (f)	[as'tusja]
furbo (agg)	astuto	[as'tutu]
diffidenza (f)	desconfiança (f)	[ʤiskõ'fjãsa]
diffidente (agg)	desconfiado	[ʤiskõ'fjadu]
generosità (f)	generosidade (f)	[ʒenerozi'daʤi]
generoso (agg)	generoso	[ʒene'rozu]
di talento	talentoso	[talẽ'tozu]
talento (m)	talento (m)	[ta'lẽtu]
coraggioso (agg)	corajoso	[kora'ʒozu]
coraggio (m)	coragem (f)	[ko'raʒẽ]
onesto (agg)	honesto	[o'nɛstu]
onestà (f)	honestidade (f)	[onestʃi'daʤi]
prudente (agg)	prudente, cuidadoso	[pru'dẽtʃi], [kwida'dozu]
valoroso (agg)	valoroso	[valo'rozu]

| serio (agg) | sério | ['sɛrju] |
| severo (agg) | severo | [se'vɛru] |

deciso (agg)	decidido	[desi'dʒidu]
indeciso (agg)	indeciso	[ĩde'sizu]
timido (agg)	tímido	['tʃĩmidu]
timidezza (f)	timidez (f)	[tʃĩmi'dez]

fiducia (f)	confiança (f)	[kõ'fjãsa]
fidarsi (vr)	confiar (vt)	[kõ'fjar]
fiducioso (agg)	crédulo	['krɛdulu]

sinceramente	sinceramente	[sĩsera'mẽtʃi]
sincero (agg)	sincero	[sĩ'sɛru]
sincerità (f)	sinceridade (f)	[sĩseri'dadʒi]
aperto (agg)	aberto	[a'bɛrtu]

tranquillo (agg)	calmo	['kawmu]
sincero (agg)	franco	['frãku]
ingenuo (agg)	ingênuo	[ĩ'ʒenwu]
distratto (agg)	distraído	[dʒistra'idu]
buffo (agg)	engraçado	[ẽgra'sadu]

avidità (f)	ganância (f)	[ga'nãsja]
avido (agg)	ganancioso	[ganã'sjozu]
avaro (agg)	avarento, sovina	[avar'ẽtu], [so'vina]
cattivo (agg)	mal	[maw]
testardo (agg)	teimoso	[tej'mozu]
antipatico (agg)	desagradável	[dʒizagra'davew]

egoista (m)	egoísta (m)	[ego'ista]
egoistico (agg)	egoísta	[ego'ista]
codardo (m)	covarde (m)	[ko'vardʒi]
codardo (agg)	covarde	[ko'vardʒi]

60. Dormire. Sogni

dormire (vi)	dormir (vi)	[dor'mir]
sonno (m) (stato di sonno)	sono (m)	['sɔnu]
sogno (m)	sonho (m)	['sɔɲu]
sognare (fare sogni)	sonhar (vi)	[so'ɲar]
sonnolento (agg)	sonolento	[sono'lẽtu]

letto (m)	cama (f)	['kama]
materasso (m)	colchão (m)	[kow'ʃãw]
coperta (f)	cobertor (m)	[kuber'tor]
cuscino (m)	travesseiro (m)	[trave'sejru]
lenzuolo (m)	lençol (m)	[lẽ'sɔw]

insonnia (f)	insônia (f)	[ĩ'sonja]
insonne (agg)	sem sono	[sẽ 'sɔnu]
sonnifero (m)	sonífero (m)	[so'niferu]
prendere il sonnifero	tomar um sonífero	[to'mar ũ so'niferu]
avere sonno	estar sonolento	[is'tar sono'lẽtu]

sbadigliare (vi)	bocejar (vi)	[buse'ʒar]
andare a letto	ir para a cama	[ir 'para a 'kama]
fare il letto	fazer a cama	[fa'zer a 'kama]
addormentarsi (vr)	adormecer (vi)	[adorme'ser]
incubo (m)	pesadelo (m)	[peza'delu]
russare (m)	ronco (m)	['hõku]
russare (vi)	roncar (vi)	[hõ'kar]
sveglia (f)	despertador (m)	[dʒisperta'dor]
svegliare (vt)	acordar, despertar (vt)	[akor'dar], [dʒisper'tar]
svegliarsi (vr)	acordar (vi)	[akor'dar]
alzarsi (vr)	levantar-se (vr)	[levã'tarsi]
lavarsi (vr)	lavar-se (vr)	[la'varsi]

61. Umorismo. Risata. Felicità

umorismo (m)	humor (m)	[u'mor]
senso (m) dello humour	senso (m) de humor	['sẽsu de u'mor]
divertirsi (vr)	divertir-se (vr)	[dʒiver'tʃirsi]
allegro (agg)	alegre	[a'lɛgri]
allegria (f)	alegria, diversão (f)	[ale'gria], [dʒiver'sãw]
sorriso (m)	sorriso (m)	[so'hizu]
sorridere (vi)	sorrir (vi)	[so'hir]
mettersi a ridere	começar a rir	[kome'sar a hir]
ridere (vi)	rir (vi)	[hir]
riso (m)	riso (m)	['hizu]
aneddoto (m)	anedota (f)	[ane'dɔta]
divertente (agg)	engraçado	[ẽgra'sadu]
ridicolo (agg)	ridículo, cômico	[hi'dʒikulu], ['komiku]
scherzare (vi)	brincar (vi)	[brĩ'kar]
scherzo (m)	piada (f)	['pjada]
gioia (f) (fare salti di ~)	alegria (f)	[ale'gria]
rallegrarsi (vr)	regozijar-se (vr)	[hegozi'ʒarsi]
allegro (agg)	alegre	[a'lɛgri]

62. Discussione. Conversazione. Parte 1

comunicazione (f)	comunicação (f)	[komunika'sãw]
comunicare (vi)	comunicar-se (vr)	[komuni'karse]
conversazione (f)	conversa (f)	[kõ'vɛrsa]
dialogo (m)	diálogo (m)	['dʒjalogu]
discussione (f)	discussão (f)	[dʒisku'sãw]
dibattito (m)	debate (m)	[de'batʃi]
discutere (vi)	debater (vt)	[deba'ter]
interlocutore (m)	interlocutor (m)	[ĩterloku'tor]
tema (m)	tema (m)	['tɛma]

punto (m) di vista	ponto (m) de vista	['põtu de 'vista]
opinione (f)	opinião (f)	[opi'njãw]
discorso (m)	discurso (m)	[dʒis'kursu]

discussione (f)	discussão (f)	[dʒisku'sãw]
discutere (~ una proposta)	discutir (vt)	[dʒisku'tʃir]
conversazione (f)	conversa (f)	[kõ'vɛrsa]
conversare (vi)	conversar (vi)	[kõver'sar]
incontro (m)	reunião (f)	[heu'njãw]
incontrarsi (vr)	encontrar-se (vr)	[ẽkõ'trarsi]

proverbio (m)	provérbio (m)	[pro'vɛrbju]
detto (m)	ditado, provérbio (m)	[dʒi'tadu], [pro'vɛrbju]
indovinello (m)	adivinha (f)	[adʒi'viɲa]
fare un indovinello	dizer uma adivinha	[dʒi'zer 'uma adʒi'viɲu]
parola (f) d'ordine	senha (f)	['seɲa]
segreto (m)	segredo (m)	[se'gredu]

giuramento (m)	juramento (m)	[ʒura'mẽtu]
giurare (prestare giuramento)	jurar (vi)	[ʒu'rar]
promessa (f)	promessa (f)	[pro'mɛsa]
promettere (vt)	prometer (vt)	[prome'ter]

consiglio (m)	conselho (m)	[kõ'seʎu]
consigliare (vt)	aconselhar (vt)	[akõse'ʎar]
seguire il consiglio	seguir o conselho	[se'gir u kõ'seʎu]
ubbidire (ai genitori)	escutar (vt)	[isku'tar]

notizia (f)	novidade, notícia (f)	[novi'dadʒi], [no'tʃisja]
sensazione (f)	sensação (f)	[sẽsa'sãw]
informazioni (f pl)	informação (f)	[ĩforma'sãw]
conclusione (f)	conclusão (f)	[kõklu'zãw]
voce (f)	voz (f)	[vɔz]
complimento (m)	elogio (m)	[elo'ʒiu]
gentile (agg)	amável, querido	[a'mavew], [ke'ridu]

parola (f)	palavra (f)	[pa'lavra]
frase (f)	frase (f)	['frazi]
risposta (f)	resposta (f)	[hes'pɔsta]

verità (f)	verdade (f)	[ver'dadʒi]
menzogna (f)	mentira (f)	[mẽ'tʃira]

pensiero (m)	pensamento (m)	[pẽsa'mẽtu]
idea (f)	ideia (f)	[i'dɛja]
fantasia (f)	fantasia (f)	[fãta'zia]

63. Discussione. Conversazione. Parte 2

rispettato (agg)	estimado, respeitado	[istʃi'madu], [hespej'tadu]
rispettare (vt)	respeitar (vt)	[hespej'tar]
rispetto (m)	respeito (m)	[hes'pejtu]
Egregio ...	Estimado ..., Caro ...	[istʃi'madu], ['karu]
presentare (~ qn)	apresentar (vt)	[aprezẽ'tar]

fare la conoscenza di …	conhecer (vt)	[koɲe'ser]
intenzione (f)	intenção (f)	[ĩtē'sãw]
avere intenzione	tencionar (vt)	[tẽsjo'nar]
augurio (m)	desejo (m)	[de'zeʒu]
augurare (vt)	desejar (vt)	[deze'ʒar]

sorpresa (f)	surpresa (f)	[sur'preza]
sorprendere (stupire)	surpreender (vt)	[surprjē'der]
stupirsi (vr)	surpreender-se (vr)	[surprjē'dersi]

dare (vt)	dar (vt)	[dar]
prendere (vt)	pegar (vt)	[pe'gar]
rendere (vt)	devolver (vt)	[devow'ver]
restituire (vt)	retornar (vt)	[hetor'nar]

scusarsi (vr)	desculpar-se (vr)	[dʒiskuw'parsi]
scusa (f)	desculpa (f)	[dʒis'kuwpa]
perdonare (vt)	perdoar (vt)	[per'dwar]

parlare (vi, vt)	falar (vi)	[fa'lar]
ascoltare (vi)	escutar (vt)	[isku'tar]
ascoltare fino in fondo	ouvir até o fim	[o'vir a'tɛ u fĩ]
capire (vt)	entender (vt)	[ẽtē'der]

mostrare (vt)	mostrar (vt)	[mos'trar]
guardare (vt)	olhar para …	[ɔ'ʎar 'para]
chiamare (rivolgersi a)	chamar (vt)	[ʃa'mar]
dare fastidio	perturbar, distrair (vt)	[pertur'bar], [dʒistra'ir]
disturbare (vt)	perturbar (vt)	[pertur'bar]
consegnare (vt)	entregar (vt)	[ẽtre'gar]

richiesta (f)	pedido (m)	[pe'dʒidu]
chiedere (vt)	pedir (vt)	[pe'dʒir]
esigenza (f)	exigência (f)	[ezi'ʒēsja]
esigere (vt)	exigir (vt)	[ezi'ʒir]

stuzzicare (vt)	insultar (vt)	[ĩsuw'tar]
canzonare (vt)	zombar (vt)	[zõ'bar]
burla (f), beffa (f)	zombaria (f)	[zõba'ria]
soprannome (m)	alcunha (f), apelido (m)	[aw'kuɲa], [ape'lidu]

allusione (f)	insinuação (f)	[ĩsinwa'sãw]
alludere (vi)	insinuar (vt)	[ĩsi'nwar]
intendere (cosa intendi dire?)	querer dizer	[ke'rer dʒi'zer]

descrizione (f)	descrição (f)	[dʒiskri'sãw]
descrivere (vt)	descrever (vt)	[dʒiskre'ver]
lode (f)	elogio (m)	[elo'ʒiu]
lodare (vt)	elogiar (vt)	[elo'ʒjar]

delusione (f)	desapontamento (m)	[dʒizapõta'mētu]
deludere (vt)	desapontar (vt)	[dʒizapõ'tar]
rimanere deluso	desapontar-se (vr)	[dʒizapõ'tarsi]

supposizione (f)	suposição (f)	[supozi'sãw]
supporre (vt)	supor (vt)	[su'por]

| avvertimento (m) | advertência (f) | [adʒiver'tẽsja] |
| avvertire (vt) | advertir (vt) | [adʒiver'tʃir] |

64. Discussione. Conversazione. Parte 3

| persuadere (vt) | convencer (vt) | [kõvẽ'ser] |
| tranquillizzare (vt) | acalmar (vt) | [akaw'mar] |

silenzio (m) (il ~ è d'oro)	silêncio (m)	[si'lẽsju]
tacere (vi)	ficar em silêncio	[fi'kar ẽ si'lẽsju]
sussurrare (vt)	sussurrar (vi, vt)	[susu'har]
sussurro (m)	sussurro (m)	[su'suhu]

| francamente | francamente | [frãka'mẽtʃi] |
| secondo me ... | na minha opinião ... | [na 'miɲa opi'njãw] |

dettaglio (m)	detalhe (m)	[de'taʎi]
dettagliato (agg)	detalhado	[deta'ʎadu]
dettagliatamente	detalhadamente	[detaʎada'mẽtʃi]

| suggerimento (m) | dica (f) | ['dʒika] |
| suggerire (vt) | dar uma dica | [dar 'uma 'dʒika] |

sguardo (m)	olhar (m)	[ɔ'ʎar]
gettare uno sguardo	dar uma olhada	[dar 'uma o'ʎada]
fisso (agg)	fixo	['fiksu]
battere le palpebre	piscar (vi)	[pis'kar]
ammiccare (vi)	piscar (vt)	[pis'kar]
accennare col capo	acenar com a cabeça	[ase'nar kõ a ka'besa]

sospiro (m)	suspiro (m)	[sus'piru]
sospirare (vi)	suspirar (vi)	[suspi'rar]
sussultare (vi)	estremecer (vi)	[istreme'ser]
gesto (m)	gesto (m)	['ʒɛstu]
toccare (~ il braccio)	tocar (vt)	[to'kar]
afferrare (~ per il braccio)	agarrar (vt)	[aga'har]
picchiettare (~ la spalla)	bater de leve	[ba'ter de 'lɛvi]

Attenzione!	Cuidado!	[kwi'dadu]
Davvero?	Sério?	['sɛrju]
Sei sicuro?	Tem certeza?	[tẽj ser'teza]
Buona fortuna!	Boa sorte!	['boa 'sɔrtʃi]
Capito!	Entendi!	[ẽtẽ'dʒi]
Peccato!	Que pena!	[ki 'pena]

65. Accordo. Rifiuto

accordo (m)	consentimento (m)	[kõsẽtʃi'mẽtu]
essere d'accordo	consentir (vi)	[kõsẽ'tʃir]
approvazione (f)	aprovação (f)	[aprova'sãw]
approvare (vt)	aprovar (vt)	[apro'var]
rifiuto (m)	recusa (f)	[he'kuza]

rifiutarsi (vr)	negar-se a ...	[ne'garsi]
Perfetto!	Ótimo!	['ɔtʃimu]
Va bene!	Tudo bem!	['tudu bẽj]
D'accordo!	Está bem! De acordo!	[is'ta bẽj], [de a'kordu]

vietato, proibito (agg)	proibido	[proi'bidu]
è proibito	é proibido	[ɛ proi'bidu]
è impossibile	é impossível	[ɛ ĩpo'sivew]
sbagliato (agg)	incorreto	[ĩko'hɛtu]

respingere (~ una richiesta)	rejeitar (vt)	[heʒej'tar]
sostenere (~ un'idea)	apoiar (vt)	[apo'jar]
accettare (vt)	aceitar (vt)	[asej'tar]

confermare (vt)	confirmar (vt)	[kõfir'mar]
conferma (f)	confirmação (f)	[kõfirma'sãw]
permesso (m)	permissão (f)	[permi'sãw]
permettere (vt)	permitir (vt)	[permi'tʃir]
decisione (f)	decisão (f)	[desi'zãw]
non dire niente	não dizer nada	['nãw dʒi'zer 'nada]

condizione (f)	condição (f)	[kõdʒi'sãw]
pretesto (m)	pretexto (m)	[pre'testu]
lode (f)	elogio (m)	[elo'ʒiu]
lodare (vt)	elogiar (vt)	[elo'ʒjar]

66. Successo. Fortuna. Fiasco

successo (m)	êxito, sucesso (m)	['ezitu], [su'sɛsu]
con successo	com êxito	[kõ 'ezitu]
ben riuscito (agg)	bem sucedido	[bẽj suse'dʒidu]

fortuna (f)	sorte (f)	['sɔrtʃi]
Buona fortuna!	Boa sorte!	['boa 'sɔrtʃi]
fortunato (giorno ~)	de sorte	[de 'sɔrtʃi]
fortunato (persona ~a)	sortudo, felizardo	[sor'tudu], [feli'zardu]

fiasco (m)	fracasso (m)	[fra'kasu]
disdetta (f)	pouca sorte (f)	['poka 'sɔrtʃi]
sfortuna (f)	azar (m), má sorte (f)	[a'zar], [ma 'sɔrtʃi]

| fallito (agg) | mal sucedido | [maw suse'dʒidu] |
| disastro (m) | catástrofe (f) | [ka'tastrofi] |

orgoglio (m)	orgulho (m)	[or'guʎu]
orgoglioso (agg)	orgulhoso	[orgu'ʎozu]
essere fiero di ...	estar orgulhoso	[is'tar orgu'ʎozu]

vincitore (m)	vencedor (m)	[vẽse'dor]
vincere (vi)	vencer (vi, vt)	[vẽ'ser]
perdere (subire una sconfitta)	perder (vt)	[per'der]
tentativo (m)	tentativa (f)	[tẽta'tʃiva]
tentare (vi)	tentar (vt)	[tẽ'tar]
chance (f)	chance (m)	['ʃãsi]

67. Dispute. Sentimenti negativi

grido (m)	grito (m)	['gritu]
gridare (vi)	gritar (vi)	[gri'tar]
mettersi a gridare	começar a gritar	[kome'sar a gri'tar]
litigio (m)	discussão (f)	[dʒisku'sãw]
litigare (vi)	brigar (vi)	[bri'gar]
lite (f)	escândalo (m)	[is'kãdalu]
dare scandalo (litigare)	criar escândalo	[krjar is'kãdalu]
conflitto (m)	conflito (m)	[kõ'flitu]
fraintendimento (m)	mal-entendido (m)	[mal ẽtẽ'dʒidu]
insulto (m)	insulto (m)	[ĩ'suwtu]
insultare (vt)	insultar (vt)	[ĩsuw'tar]
offeso (agg)	insultado	[ĩsuw'tadu]
offesa (f)	ofensa (f)	[ɔ'fẽsa]
offendere (qn)	ofender (vt)	[ofẽ'der]
offendersi (vr)	ofender-se (vr)	[ofẽ'dersi]
indignazione (f)	indignação (f)	[ĩdʒigna'sãw]
indignarsi (vr)	indignar-se (vr)	[ĩdʒig'narsi]
lamentela (f)	queixa (f)	['kejʃa]
lamentarsi (vr)	queixar-se (vr)	[kej'ʃarsi]
scusa (f)	desculpa (f)	[dʒis'kuwpa]
scusarsi (vr)	desculpar-se (vr)	[dʒiskuw'parsi]
chiedere scusa	pedir perdão	[pe'dʒir per'dãw]
critica (f)	crítica (f)	['kritʃika]
criticare (vt)	criticar (vt)	[kritʃi'kar]
accusa (f)	acusação (f)	[akuza'sãw]
accusare (vt)	acusar (vt)	[aku'zar]
vendetta (f)	vingança (f)	[vĩ'gãsa]
vendicare (vt)	vingar (vt)	[vĩ'gar]
vendicarsi (vr)	vingar-se (vr)	[vĩ'garsi]
disprezzo (m)	desprezo (m)	[dʒis'prezu]
disprezzare (vt)	desprezar (vt)	[dʒispre'zar]
odio (m)	ódio (m)	['ɔdʒju]
odiare (vt)	odiar (vt)	[o'dʒjar]
nervoso (agg)	nervoso	[ner'vozu]
essere nervoso	estar nervoso	[is'tar ner'vozu]
arrabbiato (agg)	zangado	[zã'gadu]
fare arrabbiare	zangar (vt)	[zã'gar]
umiliazione (f)	humilhação (f)	[umiʎa'sãw]
umiliare (vt)	humilhar (vt)	[umi'ʎar]
umiliarsi (vr)	humilhar-se (vr)	[umi'ʎarsi]
shock (m)	choque (m)	['ʃɔki]
scandalizzare (vt)	chocar (vt)	[ʃo'kar]
problema (m) (avere ~i)	aborrecimento (m)	[aboɦesi'mẽtu]

spiacevole (agg)	desagradável	[dʒizagra'davew]
spavento (m), paura (f)	medo (m)	['medu]
terribile (una tempesta ~)	terrível	[te'hivew]
spaventoso (un racconto ~)	assustador	[asusta'dor]
orrore (m)	horror (m)	[o'hor]
orrendo (un crimine ~)	horrível, terrível	[o'hivew], [te'hivew]
cominciare a tremare	começar a tremer	[kome'sar a tre'mer]
piangere (vi)	chorar (vi)	[ʃo'rar]
mettersi a piangere	começar a chorar	[kome'sar a ʃo'rar]
lacrima (f)	lágrima (f)	['lagrima]
colpa (f)	falta (f)	['fawta]
senso (m) di colpa	culpa (f)	['kuwpa]
vergogna (f)	desonra (f)	[dʒi'zõha]
protesta (f)	protesto (m)	[pro'tɛstu]
stress (m)	estresse (m)	[is'trɛsi]
disturbare (vt)	perturbar (vt)	[pertur'bar]
essere arrabbiato	zangar-se com …	[zã'garsi kõ]
arrabbiato (agg)	zangado	[zã'gadu]
porre fine a …	terminar (vt)	[termi'nar]
(~ una relazione)		
rimproverare (vt)	praguejar	[prage'ʒar]
spaventarsi (vr)	assustar-se	[asus'tarsi]
colpire (vt)	golpear (vt)	[gow'pjar]
picchiarsi (vr)	brigar (vi)	[bri'gar]
regolare (~ un conflitto)	resolver (vt)	[hezow'ver]
scontento (agg)	descontente	[dʒiskõ'tẽtʃi]
furioso (agg)	furioso	[fu'rjozu]
Non sta bene!	Não está bem!	['nãw is'ta bẽj]
Fa male!	É ruim!	[ɛ hu'ĩ]

Medicinali

68. Malattie

malattia (f)	doença (f)	[do'ẽsa]
essere malato	estar doente	[is'tar do'ẽtʃi]
salute (f)	saúde (f)	[sa'udʒi]
raffreddore (m)	nariz (m) escorrendo	[na'riz isko'hẽdu]
tonsillite (f)	amigdalite (f)	[amigda'litʃi]
raffreddore (m)	resfriado (m)	[hes'frjadu]
raffreddarsi (vr)	ficar resfriado	[fi'kar hes'frjadu]
bronchite (f)	bronquite (f)	[brõ'kitʃi]
polmonite (f)	pneumonia (f)	[pnewmo'nia]
influenza (f)	gripe (f)	['gripi]
miope (agg)	míope	['miopi]
presbite (agg)	presbita	[pres'bita]
strabismo (m)	estrabismo (m)	[istra'bizmu]
strabico (agg)	estrábico, vesgo	[is'trabiku], ['vezgu]
cateratta (f)	catarata (f)	[kata'rata]
glaucoma (m)	glaucoma (m)	[glaw'koma]
ictus (m) cerebrale	AVC (m), apoplexia (f)	[ave'se], [apople'ksia]
attacco (m) di cuore	ataque (m) cardíaco	[a'taki kar'dʒiaku]
infarto (m) miocardico	enfarte (m) do miocárdio	[ẽ'fartʃi du mjo'kardʒiu]
paralisi (f)	paralisia (f)	[parali'zia]
paralizzare (vt)	paralisar (vt)	[parali'zar]
allergia (f)	alergia (f)	[aler'ʒia]
asma (f)	asma (f)	['azma]
diabete (m)	diabetes (f)	[dʒia'bɛtʃis]
mal (m) di denti	dor (f) de dente	[dor de 'dẽtʃi]
carie (f)	cárie (f)	['kari]
diarrea (f)	diarreia (f)	[dʒia'hɛja]
stitichezza (f)	prisão (f) de ventre	[pri'zãw de 'vẽtri]
disturbo (m) gastrico	desarranjo (m) intestinal	[dʒiza'hãʒu ĩtestʃi'naw]
intossicazione (f) alimentare	intoxicação (f) alimentar	[ĩtoksika'sãw alimẽ'tar]
intossicarsi (vr)	intoxicar-se	[ĩtoksi'karsi]
artrite (f)	artrite (f)	[ar'tritʃi]
rachitide (f)	raquitismo (m)	[haki'tʃizmu]
reumatismo (m)	reumatismo (m)	[hewma'tʃizmu]
aterosclerosi (f)	arteriosclerose (f)	[arterjoskle'rɔzi]
gastrite (f)	gastrite (f)	[gas'tritʃi]
appendicite (f)	apendicite (f)	[apẽdʒi'sitʃi]

colecistite (f)	**colecistite** (f)	[kulesi'stʃitʃi]
ulcera (f)	**úlcera** (f)	['uwsera]
morbillo (m)	**sarampo** (m)	[sa'rãpu]
rosolia (f)	**rubéola** (f)	[hu'bɛola]
itterizia (f)	**icterícia** (f)	[ikte'risja]
epatite (f)	**hepatite** (f)	[epa'tʃitʃi]
schizofrenia (f)	**esquizofrenia** (f)	[iskizofre'nia]
rabbia (f)	**raiva** (f)	['hajva]
nevrosi (f)	**neurose** (f)	[new'rɔzi]
commozione (f) cerebrale	**contusão** (f) **cerebral**	[kõtu'zãw sere'braw]
cancro (m)	**câncer** (m)	['kãser]
sclerosi (f)	**esclerose** (f)	[iskle'rozi]
sclerosi (f) multipla	**esclerose** (f) **múltipla**	[iskle'rozi 'muwtʃipla]
alcolismo (m)	**alcoolismo** (m)	[awko'lizmu]
alcolizzato (m)	**alcoólico** (m)	[aw'kɔliku]
sifilide (f)	**sífilis** (f)	['sifilis]
AIDS (m)	**AIDS** (f)	['ajdʒs]
tumore (m)	**tumor** (m)	[tu'mor]
maligno (agg)	**maligno**	[ma'lignu]
benigno (agg)	**benigno**	[be'nignu]
febbre (f)	**febre** (f)	['fɛbri]
malaria (f)	**malária** (f)	[ma'larja]
cancrena (f)	**gangrena** (f)	[gã'grena]
mal (m) di mare	**enjoo** (m)	[ẽ'ʒou]
epilessia (f)	**epilepsia** (f)	[epile'psia]
epidemia (f)	**epidemia** (f)	[epide'mia]
tifo (m)	**tifo** (m)	['tʃifu]
tubercolosi (f)	**tuberculose** (f)	[tuberku'lɔzi]
colera (m)	**cólera** (f)	['kɔlera]
peste (f)	**peste** (f) **bubônica**	['pɛstʃi bu'bonika]

69. Sintomi. Cure. Parte 1

sintomo (m)	**sintoma** (m)	[sĩ'tɔma]
temperatura (f)	**temperatura** (f)	[tẽpera'tura]
febbre (f) alta	**febre** (f)	['fɛbri]
polso (m)	**pulso** (m)	['puwsu]
capogiro (m)	**vertigem** (f)	[ver'tʃiʒẽ]
caldo (agg)	**quente**	['kẽtʃi]
brivido (m)	**calafrio** (m)	[kala'friu]
pallido (un viso ~)	**pálido**	['palidu]
tosse (f)	**tosse** (f)	['tɔsi]
tossire (vi)	**tossir** (vi)	[to'sir]
starnutire (vi)	**espirrar** (vi)	[ispi'har]
svenimento (m)	**desmaio** (m)	[dʒiz'maju]

svenire (vi)	desmaiar (vi)	[dʒizma'jar]
livido (m)	mancha (f) preta	['mãʃa 'preta]
bernoccolo (m)	galo (m)	['galu]
farsi un livido	machucar-se (vr)	[maʃu'karsi]
contusione (f)	contusão (f)	[kõtu'zãw]
farsi male	machucar-se (vr)	[maʃu'karsi]
zoppicare (vi)	mancar (vi)	[mã'kar]
slogatura (f)	deslocamento (f)	[dʒizloka'mẽtu]
slogarsi (vr)	deslocar (vt)	[dʒizlo'kar]
frattura (f)	fratura (f)	[fra'tura]
fratturarsi (vr)	fraturar (vt)	[fratu'rar]
taglio (m)	corte (m)	['kɔrtʃi]
tagliarsi (vr)	cortar-se (vr)	[kor'tarsi]
emorragia (f)	hemorragia (f)	[emoha'ʒia]
scottatura (f)	queimadura (f)	[kejma'dura]
scottarsi (vr)	queimar-se (vr)	[kej'marsi]
pungere (vt)	picar (vt)	[pi'kar]
pungersi (vr)	picar-se (vr)	[pi'karsi]
ferire (vt)	lesionar (vt)	[lezjo'nar]
ferita (f)	lesão (m)	[le'zãw]
lesione (f)	ferida (f), ferimento (m)	[fe'rida], [feri'mẽtu]
trauma (m)	trauma (m)	['trawma]
delirare (vi)	delirar (vi)	[deli'rar]
tartagliare (vi)	gaguejar (vi)	[gage'ʒar]
colpo (m) di sole	insolação (f)	[insola'sãw]

70. Sintomi. Cure. Parte 2

dolore (m), male (m)	dor (f)	[dor]
scheggia (f)	farpa (f)	['farpa]
sudore (m)	suor (m)	[swɔr]
sudare (vi)	suar (vi)	[swar]
vomito (m)	vômito (m)	['vomitu]
convulsioni (f pl)	convulsões (f pl)	[kõvuw'sõjs]
incinta (agg)	grávida	['gravida]
nascere (vi)	nascer (vi)	[na'ser]
parto (m)	parto (m)	['partu]
essere in travaglio di parto	dar à luz	[dar a luz]
aborto (m)	aborto (m)	[a'bortu]
respirazione (f)	respiração (f)	[hespira'sãw]
inspirazione (f)	inspiração (f)	[ĩspira'sãw]
espirazione (f)	expiração (f)	[ispira'sãw]
espirare (vi)	expirar (vi)	[ispi'rar]
inspirare (vi)	inspirar (vi)	[ĩspi'rar]
invalido (m)	inválido (m)	[ĩ'validu]
storpio (m)	aleijado (m)	[alej'ʒadu]

drogato (m)	**drogado** (m)	[dro'gadu]
sordo (agg)	**surdo**	['surdu]
muto (agg)	**mudo**	['mudu]
sordomuto (agg)	**surdo-mudo**	['surdu-'mudu]
matto (agg)	**louco, insano**	['loku], [ĩ'sanu]
matto (m)	**louco** (m)	['loku]
matta (f)	**louca** (f)	['loka]
impazzire (vi)	**ficar louco**	[fi'kar 'loku]
gene (m)	**gene** (m)	['ʒɛni]
immunità (f)	**imunidade** (f)	[imuni'daʤi]
ereditario (agg)	**hereditário**	[ereʤi'tarju]
innato (agg)	**congênito**	[kõ'ʒenitu]
virus (m)	**vírus** (m)	['virus]
microbo (m)	**micróbio** (m)	[mi'krɔbju]
batterio (m)	**bactéria** (f)	[bak'tɛrja]
infezione (f)	**infecção** (f)	[ĩfek'sãw]

71. Sintomi. Cure. Parte 3

ospedale (m)	**hospital** (m)	[ospi'taw]
paziente (m)	**paciente** (m)	[pa'sjẽtʃi]
diagnosi (f)	**diagnóstico** (m)	[ʤjag'nɔstʃiku]
cura (f)	**cura** (f)	['kura]
trattamento (m)	**tratamento** (m) **médico**	[trata'mẽtu 'mɛʤiku]
curarsi (vr)	**curar-se** (vr)	[ku'rarsi]
curare (vt)	**tratar** (vt)	[tra'tar]
accudire (un malato)	**cuidar** (vt)	[kwi'dar]
assistenza (f)	**cuidado** (m)	[kwi'dadu]
operazione (f)	**operação** (f)	[opera'sãw]
bendare (vt)	**enfaixar** (vt)	[ẽfaj'ʃar]
fasciatura (f)	**enfaixamento** (m)	[bã'daʒãj]
vaccinazione (f)	**vacinação** (f)	[vasina'sãw]
vaccinare (vt)	**vacinar** (vt)	[vasi'nar]
iniezione (f)	**injeção** (f)	[inʒe'sãw]
fare una puntura	**dar uma injeção**	[dar 'uma inʒe'sãw]
attacco (m) (~ epilettico)	**ataque** (m)	[a'taki]
amputazione (f)	**amputação** (f)	[ãputa'sãw]
amputare (vt)	**amputar** (vt)	[ãpu'tar]
coma (m)	**coma** (f)	['kɔma]
essere in coma	**estar em coma**	[is'tar ẽ 'kɔma]
rianimazione (f)	**reanimação** (f)	[hianima'sãw]
guarire (vi)	**recuperar-se** (vr)	[hekupe'rarsi]
stato (f) (del paziente)	**estado** (m)	[i'stadu]
conoscenza (f)	**consciência** (f)	[kõ'sjẽsja]
memoria (f)	**memória** (f)	[me'mɔrja]
estrarre (~ un dente)	**tirar** (vt)	[tʃi'rar]

| otturazione (f) | obturação (f) | [obitura'sãw] |
| otturare (vt) | obturar (vt) | [obitu'rar] |

| ipnosi (f) | hipnose (f) | [ip'nɔzi] |
| ipnotizzare (vt) | hipnotizar (vt) | [ipnotʃi'zar] |

72. Medici

medico (m)	médico (m)	['mɛdʒiku]
infermiera (f)	enfermeira (f)	[ẽfer'mejra]
medico (m) personale	médico (m) pessoal	['mɛdʒiku pe'swaw]

dentista (m)	dentista (m)	[dẽ'tʃista]
oculista (m)	oculista (m)	[oku'lista]
internista (m)	terapeuta (m)	[tera'pewta]
chirurgo (m)	cirurgião (m)	[sirur'ʒjãw]

psichiatra (m)	psiquiatra (m)	[psi'kjatra]
pediatra (m)	pediatra (m)	[pe'dʒjatra]
psicologo (m)	psicólogo (m)	[psi'kɔlogu]
ginecologo (m)	ginecologista (m)	[ʒinekolo'ʒista]
cardiologo (m)	cardiologista (m)	[kardʒjolo'ʒista]

73. Medicinali. Farmaci. Accessori

medicina (f)	medicamento (m)	[medʒika'mẽtu]
rimedio (m)	remédio (m)	[he'mɛdʒju]
prescrivere (vt)	receitar (vt)	[hesej'tar]
prescrizione (f)	receita (f)	[he'sejta]

compressa (f)	comprimido (m)	[kõpri'midu]
unguento (m)	unguento (m)	[ũ'gwẽtu]
fiala (f)	ampola (f)	[ã'pola]
pozione (f)	solução, preparado (m)	[solu'sãw], [prepa'radu]
sciroppo (m)	xarope (m)	[ʃa'rɔpi]
pillola (f)	cápsula (f)	['kapsula]
polverina (f)	pó (m)	[pɔ]

benda (f)	atadura (f)	[ata'dura]
ovatta (f)	algodão (m)	[awgo'dãw]
iodio (m)	iodo (m)	['jodu]

cerotto (m)	curativo (m) adesivo	[kura'tivu ade'zivu]
contagocce (m)	conta-gotas (m)	['kõta 'gotas]
termometro (m)	termômetro (m)	[ter'mometru]
siringa (f)	seringa (f)	[se'rĩga]

| sedia (f) a rotelle | cadeira (f) de rodas | [ka'dejra de 'hɔdas] |
| stampelle (f pl) | muletas (f pl) | [mu'letas] |

| analgesico (m) | analgésico (m) | [anaw'ʒɛziku] |
| lassativo (m) | laxante (m) | [la'ʃãtʃi] |

alcol (m)	álcool (m)	['awkɔw]
erba (f) officinale	ervas (f pl) medicinais	['ɛrvas medʒisi'najs]
d'erbe (infuso ~)	de ervas	[de 'ɛrvas]

74. Fumo. Prodotti di tabaccheria

tabacco (m)	tabaco (m)	[ta'baku]
sigaretta (f)	cigarro (m)	[si'gahu]
sigaro (m)	charuto (m)	[ʃa'rutu]
pipa (f)	cachimbo (m)	[ka'ʃĩbu]
pacchetto (m) (di sigarette)	maço (m)	['masu]

fiammiferi (m pl)	fósforos (m pl)	['fɔsforus]
scatola (f) di fiammiferi	caixa (f) de fósforos	['kaɪʃa de 'fɔsforus]
accendino (m)	isqueiro (m)	[is'kejru]
portacenere (m)	cinzeiro (m)	[sĩ'zejru]
portasigarette (m)	cigarreira (f)	[siga'hejra]

| bocchino (m) | piteira (f) | [pi'tejra] |
| filtro (m) | filtro (m) | ['fiwtru] |

fumare (vi, vt)	fumar (vi, vt)	[fu'mar]
accendere una sigaretta	acender um cigarro	[asẽ'der ũ si'gahu]
fumo (m)	tabagismo (m)	[taba'ʒiʒmu]
fumatore (m)	fumante (m)	[fu'mãtʃi]

cicca (f), mozzicone (m)	bituca (f)	[bi'tuka]
fumo (m)	fumaça (f)	[fu'masa]
cenere (f)	cinza (f)	['sĩza]

HABITAT UMANO

Città

75. Città. Vita di città

città (f)	cidade (f)	[si'daʤi]
capitale (f)	capital (f)	[kapi'taw]
villaggio (m)	aldeia (f)	[aw'deja]
mappa (f) della città	mapa (m) da cidade	['mapa da si'daʤi]
centro (m) della città	centro (m) da cidade	['sẽtru da si'daʤi]
sobborgo (m)	subúrbio (m)	[su'burbju]
suburbano (agg)	suburbano	[subur'banu]
periferia (f)	periferia (f)	[perife'ria]
dintorni (m pl)	arredores (m pl)	[ahe'dɔris]
isolato (m)	quarteirão (m)	[kwartej'rãw]
quartiere residenziale	quarteirão (m) residencial	[kwartej'rãw hezidẽ'sjaw]
traffico (m)	tráfego (m)	['trafegu]
semaforo (m)	semáforo (m)	[se'maforu]
trasporti (m pl) urbani	transporte (m) público	[trãs'pɔrtʃi 'publiku]
incrocio (m)	cruzamento (m)	[kruza'mẽtu]
passaggio (m) pedonale	faixa (f)	['fajʃa]
sottopassaggio (m)	túnel (m)	['tunew]
attraversare (vt)	cruzar, atravessar (vt)	[kru'zar], [atrave'sar]
pedone (m)	pedestre (m)	[pe'dɛstri]
marciapiede (m)	calçada (f)	[kaw'sada]
ponte (m)	ponte (f)	['põtʃi]
banchina (f)	margem (f) do rio	['marʒẽ du 'hiu]
fontana (f)	fonte (f)	['fõtʃi]
vialetto (m)	alameda (f)	[ala'meda]
parco (m)	parque (m)	['parki]
boulevard (m)	bulevar (m)	[bule'var]
piazza (f)	praça (f)	['prasa]
viale (m), corso (m)	avenida (f)	[ave'nida]
via (f), strada (f)	rua (f)	['hua]
vicolo (m)	travessa (f)	[tra'vɛsa]
vicolo (m) cieco	beco (m) sem saída	['beku sẽ sa'ida]
casa (f)	casa (f)	['kaza]
edificio (m)	edifício, prédio (m)	[edʒi'fisju], ['prɛdʒju]
grattacielo (m)	arranha-céu (m)	[a'haɲa-sɛw]
facciata (f)	fachada (f)	[fa'ʃada]
tetto (m)	telhado (m)	[te'ʎadu]

finestra (f)	janela (f)	[ʒa'nɛla]
arco (m)	arco (m)	['arku]
colonna (f)	coluna (f)	[ko'luna]
angolo (m)	esquina (f)	[is'kina]

vetrina (f)	vitrine (f)	[vi'trini]
insegna (f) (di negozi, ecc.)	letreiro (m)	[le'trejru]
cartellone (m)	cartaz (m)	[kar'taz]
cartellone (m) pubblicitario	cartaz (m) publicitário	[kar'taz publisi'tarju]
tabellone (m) pubblicitario	painel (m) publicitário	[paj'nɛw publisi'tarju]

pattume (m), spazzatura (f)	lixo (m)	['liʃu]
pattumiera (f)	lixeira (f)	[li'ʃejra]
sporcare (vi)	jogar lixo na rua	[ʒo'gar 'liʃu na 'hua]
discarica (f) di rifiuti	aterro (m) sanitário	[a'tehu sani'tarju]

cabina (f) telefonica	orelhão (m)	[ore'ʎãw]
lampione (m)	poste (m) de luz	['pɔstʃi de luz]
panchina (f)	banco (m)	['bãku]

poliziotto (m)	polícia (m)	[po'lisja]
polizia (f)	polícia (f)	[po'lisja]
mendicante (m)	mendigo, pedinte (m)	[mẽ'dʒigu], [pe'dʒĩtʃi]
barbone (m)	desabrigado (m)	[dʒizabri'gadu]

76. Servizi cittadini

negozio (m)	loja (f)	['lɔʒa]
farmacia (f)	drogaria (f)	[droga'ria]
ottica (f)	ótica (f)	['ɔtʃika]
centro (m) commerciale	centro (m) comercial	['sẽtru komer'sjaw]
supermercato (m)	supermercado (m)	[supermer'kadu]

panetteria (f)	padaria (f)	[pada'ria]
fornaio (m)	padeiro (m)	[pa'dejru]
pasticceria (f)	pastelaria (f)	[pastela'ria]
drogheria (f)	mercearia (f)	[mersja'ria]
macelleria (f)	açougue (m)	[a'sogi]

| fruttivendolo (m) | fruteira (f) | [fru'tejra] |
| mercato (m) | mercado (m) | [mer'kadu] |

caffè (m)	cafeteria (f)	[kafete'ria]
ristorante (m)	restaurante (m)	[hestaw'rãtʃi]
birreria (f), pub (m)	bar (m)	[bar]
pizzeria (f)	pizzaria (f)	[pitsa'ria]

salone (m) di parrucchiere	salão (m) de cabeleireiro	[sa'lãw de kabelej'rejru]
ufficio (m) postale	agência (f) dos correios	[a'ʒẽsja dus ko'hejus]
lavanderia (f) a secco	lavanderia (f)	[lavãde'ria]
studio (m) fotografico	estúdio (m) fotográfico	[is'tudʒu foto'grafiku]

| negozio (m) di scarpe | sapataria (f) | [sapata'ria] |
| libreria (f) | livraria (f) | [livra'ria] |

negozio (m) sportivo	**loja** (f) **de artigos esportivos**	['lɔʒa de ar'tʃigus ispor'tʃivus]
riparazione (f) di abiti	**costureira** (m)	[kostu'rejra]
noleggio (m) di abiti	**aluguel** (m) **de roupa**	[alu'gɛw de 'hopa]
noleggio (m) di film	**videolocadora** (f)	['vidʒju·loka'dɔra]

circo (m)	**circo** (m)	['sirku]
zoo (m)	**jardim** (m) **zoológico**	[ʒar'dʒĩ zo'lɔʒiku]
cinema (m)	**cinema** (m)	[si'nɛma]
museo (m)	**museu** (m)	[mu'zew]
biblioteca (f)	**biblioteca** (f)	[bibljo'tɛka]

teatro (m)	**teatro** (m)	['tʃjatru]
teatro (m) dell'opera	**ópera** (f)	['ɔpera]
locale notturno (m)	**boate** (f)	['bwatʃi]
casinò (m)	**cassino** (m)	[ka'sinu]

moschea (f)	**mesquita** (f)	[mes'kita]
sinagoga (f)	**sinagoga** (f)	[sina'gɔga]
cattedrale (f)	**catedral** (f)	[kate'draw]
tempio (m)	**templo** (m)	['tẽplu]
chiesa (f)	**igreja** (f)	[i'greʒa]

istituto (m)	**faculdade** (f)	[fakuw'dadʒi]
università (f)	**universidade** (f)	[universi'dadʒi]
scuola (f)	**escola** (f)	[is'kɔla]

prefettura (f)	**prefeitura** (f)	[prefej'tura]
municipio (m)	**câmara** (f) **municipal**	['kamara munisi'paw]
albergo, hotel (m)	**hotel** (m)	[o'tɛw]
banca (f)	**banco** (m)	['bãku]

ambasciata (f)	**embaixada** (f)	[ẽbaj'ʃada]
agenzia (f) di viaggi	**agência** (f) **de viagens**	[a'ʒẽsja de 'vjaʒẽs]
ufficio (m) informazioni	**agência** (f) **de informações**	[a'ʒẽsja de ĩforma'sõjs]
ufficio (m) dei cambi	**casa** (f) **de câmbio**	['kaza de 'kãbju]

metropolitana (f)	**metrô** (m)	[me'tro]
ospedale (m)	**hospital** (m)	[ospi'taw]

distributore (m) di benzina	**posto** (m) **de gasolina**	['postu de gazo'lina]
parcheggio (m)	**parque** (m)	['parki]
	de estacionamento	de istasjona'mẽtu]

77. Mezzi pubblici in città

autobus (m)	**ônibus** (m)	['onibus]
tram (m)	**bonde** (m) **elétrico**	['bõdʒi e'lɛtriku]
filobus (m)	**trólebus** (m)	['trɔlebus]
itinerario (m)	**rota** (f), **itinerário** (m)	['hɔta], [itʃine'rarju]
numero (m)	**número** (m)	['numeru]

andare in ...	**ir de ...**	[ir de]
salire (~ sull'autobus)	**entrar no ...**	[ẽ'trar nu]
scendere da ...	**descer do ...**	[de'ser du]

fermata (f) (~ dell'autobus)	parada (f)	[pa'rada]
prossima fermata (f)	próxima parada (f)	['prɔsima pa'rada]
capolinea (m)	terminal (m)	[termi'naw]
orario (m)	horário (m)	[o'rarju]
aspettare (vt)	esperar (vt)	[ispe'rar]
biglietto (m)	passagem (f)	[pa'saʒẽ]
prezzo (m) del biglietto	tarifa (f)	[ta'rifa]
cassiere (m)	bilheteiro (m)	[biʎe'tejru]
controllo (m) dei biglietti	controle (m) de passagens	[kõ'troli de pa'saʒãjʃ]
bigliettaio (m)	revisor (m)	[hevi'zor]
essere in ritardo	atrasar-se (vr)	[atra'zarsi]
perdere (~ il treno)	perder (vt)	[per'der]
avere fretta	estar com pressa	[is'tar kõ 'prɛsa]
taxi (m)	táxi (m)	['taksi]
taxista (m)	taxista (m)	[tak'sista]
in taxi	de táxi	[de 'taksi]
parcheggio (m) di taxi	ponto (m) de táxis	['põtu de 'taksis]
chiamare un taxi	chamar um táxi	[ʃa'mar ũ 'taksi]
prendere un taxi	pegar um táxi	[pe'gar ũ 'taksi]
traffico (m)	tráfego (m)	['trafegu]
ingorgo (m)	engarrafamento (m)	[ẽgahafa'mẽtu]
ore (f pl) di punta	horas (f pl) de pico	['ɔras de 'piku]
parcheggiarsi (vr)	estacionar (vi)	[istasjo'nar]
parcheggiare (vt)	estacionar (vt)	[istasjo'nar]
parcheggio (m)	parque (m) de estacionamento	['parki de istasjona'mẽtu]
metropolitana (f)	metrô (m)	[me'tro]
stazione (f)	estação (f)	[ista'sãw]
prendere la metropolitana	ir de metrô	[ir de me'tro]
treno (m)	trem (m)	[trẽj]
stazione (f) ferroviaria	estação (f) de trem	[ista'sãw de trẽj]

78. Visita turistica

monumento (m)	monumento (m)	[monu'mẽtu]
fortezza (f)	fortaleza (f)	[forta'leza]
palazzo (m)	palácio (m)	[pa'lasju]
castello (m)	castelo (m)	[kas'tɛlu]
torre (f)	torre (f)	['tohi]
mausoleo (m)	mausoléu (m)	[mawzo'lɛw]
architettura (f)	arquitetura (f)	[arkite'tura]
medievale (agg)	medieval	[medʒje'vaw]
antico (agg)	antigo	[ã'tʃigu]
nazionale (agg)	nacional	[nasjo'naw]
famoso (agg)	famoso	[fa'mozu]
turista (m)	turista (m)	[tu'rista]
guida (f)	guia (m)	['gia]

escursione (f)	excursão (f)	[iskur'sãw]
fare vedere	mostrar (vt)	[mos'trar]
raccontare (vt)	contar (vt)	[kõ'tar]

trovare (vt)	encontrar (vt)	[ẽkõ'trar]
perdersi (vr)	perder-se (vr)	[per'dersi]
mappa (f)	mapa (m)	['mapa]
(~ della metropolitana)		
piantina (f) (~ della città)	mapa (m)	['mapa]

souvenir (m)	lembrança (f), presente (m)	[lẽ'brãsa], [pre'zẽtʃi]
negozio (m) di articoli	loja (f) de presentes	['lɔʒa de pre'zẽtʃis]
da regalo		
fare foto	tirar fotos	[tʃi'rar 'fotus]
fotografarsi	fotografar-se (vr)	[fotogra'farse]

79. Acquisti

comprare (vt)	comprar (vt)	[kõ'prar]
acquisto (m)	compra (f)	['kõpra]
fare acquisti	fazer compras	[fa'zer 'kõpras]
shopping (m)	compras (f pl)	['kõpras]

| essere aperto (negozio) | estar aberta | [is'tar a'bɛrta] |
| essere chiuso | estar fechada | [is'tar fe'ʃada] |

calzature (f pl)	calçado (m)	[kaw'sadu]
abbigliamento (m)	roupa (f)	['hopa]
cosmetica (f)	cosméticos (m pl)	[koz'mɛtʃikus]
alimentari (m pl)	alimentos (m pl)	[ali'mẽtus]
regalo (m)	presente (m)	[pre'zẽtʃi]

| commesso (m) | vendedor (m) | [vẽde'dor] |
| commessa (f) | vendedora (f) | [vẽde'dora] |

cassa (f)	caixa (f)	['kaɪʃa]
specchio (m)	espelho (m)	[is'peʎu]
banco (m)	balcão (m)	[baw'kãw]
camerino (m)	provador (m)	[prova'dor]

provare (~ un vestito)	provar (vt)	[pro'var]
stare bene (vestito)	servir (vi)	[ser'vir]
piacere (vi)	gostar (vt)	[gos'tar]

prezzo (m)	preço (m)	['presu]
etichetta (f) del prezzo	etiqueta (f) de preço	[etʃi'keta de 'presu]
costare (vt)	custar (vt)	[kus'tar]
Quanto?	Quanto?	['kwãtu]
sconto (m)	desconto (m)	[dʒis'kõtu]

no muy caro (agg)	não caro	['nãw 'karu]
a buon mercato	barato	[ba'ratu]
caro (agg)	caro	['karu]
È caro	É caro	[ɛ 'karu]

noleggio (m)	aluguel (m)	[alu'gɛw]
noleggiare (~ un abito)	alugar (vt)	[alu'gar]
credito (m)	crédito (m)	['krɛdʒitu]
a credito	a crédito	[a 'krɛdʒitu]

80. Denaro

soldi (m pl)	dinheiro (m)	[dʒi'ɲejru]
cambio (m)	câmbio (m)	['kãbju]
corso (m) di cambio	taxa (f) de câmbio	['taʃa de 'kãbju]
bancomat (m)	caixa (m) eletrônico	['kaɪʃa ele'troniku]
moneta (f)	moeda (f)	['mwɛda]

| dollaro (m) | dólar (m) | ['dɔlar] |
| euro (m) | euro (m) | ['ewru] |

lira (f)	lira (f)	['lira]
marco (m)	marco (m)	['marku]
franco (m)	franco (m)	['frãku]
sterlina (f)	libra (f) esterlina	['libra ister'linu]
yen (m)	iene (m)	['jɛni]

debito (m)	dívida (f)	['dʒivida]
debitore (m)	devedor (m)	[deve'dor]
prestare (~ i soldi)	emprestar (vt)	[ẽpres'tar]
prendere in prestito	pedir emprestado	[pe'dʒir ẽpres'tadu]

banca (f)	banco (m)	['bãku]
conto (m)	conta (f)	['kõta]
versare (vt)	depositar (vt)	[depozi'tar]
versare sul conto	depositar na conta	[depozi'tar na 'kõta]
prelevare dal conto	sacar (vt)	[sa'kar]

carta (f) di credito	cartão (m) de crédito	[kar'tãw de 'krɛdʒitu]
contanti (m pl)	dinheiro (m) vivo	[dʒi'ɲejru 'vivu]
assegno (m)	cheque (m)	['ʃɛki]
emettere un assegno	passar um cheque	[pa'sar ũ 'ʃɛki]
libretto (m) di assegni	talão (m) de cheques	[ta'lãw de 'ʃɛkis]

portafoglio (m)	carteira (f)	[kar'tejra]
borsellino (m)	niqueleira (f)	[nike'lejra]
cassaforte (f)	cofre (m)	['kɔfri]

erede (m)	herdeiro (m)	[er'dejru]
eredità (f)	herança (f)	[e'rãsa]
fortuna (f)	fortuna (f)	[for'tuna]

affitto (m), locazione (f)	arrendamento (m)	[ahẽda'mẽtu]
canone (m) d'affitto	aluguel (m)	[alu'gɛw]
affittare (dare in affitto)	alugar (vt)	[alu'gar]

prezzo (m)	preço (m)	['presu]
costo (m)	custo (m)	['kustu]
somma (f)	soma (f)	['sɔma]

spendere (vt)	gastar (vt)	[gas'tar]
spese (f pl)	gastos (m pl)	['gastus]
economizzare (vi, vt)	economizar (vi)	[ekonomi'zar]
economico (agg)	econômico	[eko'nomiku]

pagare (vi, vt)	pagar (vt)	[pa'gar]
pagamento (m)	pagamento (m)	[paga'mẽtu]
resto (m) (dare il ~)	troco (m)	['troku]

imposta (f)	imposto (m)	[ĩ'postu]
multa (f), ammenda (f)	multa (f)	['muwta]
multare (vt)	multar (vt)	[muw'tar]

81. Posta. Servizio postale

ufficio (m) postale	agência (f) dos correios	[a'ʒẽsja dus ko'hejus]
posta (f) (lettere, ecc.)	correio (m)	[ko'heju]
postino (m)	carteiro (m)	[kar'tejru]
orario (m) di apertura	horário (m)	[o'rarju]

lettera (f)	carta (f)	['karta]
raccomandata (f)	carta (f) registada	['karta heʒis'tada]
cartolina (f)	cartão (m) postal	[kar'tãw pos'taw]
telegramma (m)	telegrama (m)	[tele'grama]
pacco (m) postale	encomenda (f)	[ẽko'mẽda]
vaglia (m) postale	transferência (f) de dinheiro	[trãsfe'rẽsja de dʒi'ɲejru]

ricevere (vt)	receber (vt)	[hese'ber]
spedire (vt)	enviar (vt)	[ẽ'vjar]
invio (m)	envio (m)	[ẽ'viu]

indirizzo (m)	endereço (m)	[ẽde'resu]
codice (m) postale	código (m) postal	['kɔdʒigu pos'taw]
mittente (m)	remetente (m)	[heme'tẽtʃi]
destinatario (m)	destinatário (m)	[destʃina'tarju]

| nome (m) | nome (m) | ['nɔmi] |
| cognome (m) | sobrenome (m) | [sobri'nɔmi] |

tariffa (f)	tarifa (f)	[ta'rifa]
ordinario (agg)	ordinário	[ordʒi'narju]
standard (agg)	econômico	[eko'nomiku]

peso (m)	peso (m)	['pezu]
pesare (vt)	pesar (vt)	[pe'zar]
busta (f)	envelope (m)	[ẽve'lɔpi]
francobollo (m)	selo (m) postal	['selu pos'taw]
affrancare (vt)	colar o selo	[ko'lar u 'selu]

Abitazione. Casa

82. Casa. Abitazione

casa (f)	casa (f)	['kaza]
a casa	em casa	[ẽ 'kaza]
cortile (m)	pátio (m), quintal (f)	['patʃju], [kĩ'taw]
recinto (m)	cerca, grade (f)	['sɛrka], ['gradʒi]
mattone (m)	tijolo (m)	[tʃi'ʒolu]
di mattoni	de tijolos	[de tʃi'ʒolus]
pietra (f)	pedra (f)	['pɛdra]
di pietra	de pedra	[de 'pɛdra]
beton (m)	concreto (m)	[kõ'krɛtu]
di beton	concreto	[kõ'krɛtu]
nuovo (agg)	novo	['novu]
vecchio (agg)	velho	['vɛʎu]
fatiscente (edificio ~)	decrépito	[de'krɛpitu]
moderno (agg)	moderno	[mo'dɛrnu]
a molti piani	de vários andares	[de 'varjus ã'daris]
alto (agg)	alto	['awtu]
piano (m)	andar (m)	[ã'dar]
di un piano	de um andar	[de ũ ã'dar]
pianoterra (m)	térreo (m)	['tɛhju]
ultimo piano (m)	andar (m) de cima	[ã'dar de 'sima]
tetto (m)	telhado (m)	[te'ʎadu]
ciminiera (f)	chaminé (f)	[ʃami'nɛ]
tegola (f)	telha (f)	['teʎa]
di tegole	de telha	[de 'teʎa]
soffitta (f)	sótão (m)	['sɔtãw]
finestra (f)	janela (f)	[ʒa'nɛla]
vetro (m)	vidro (m)	['vidru]
davanzale (m)	parapeito (m)	[para'pejtu]
imposte (f pl)	persianas (f pl)	[per'sjanas]
muro (m)	parede (f)	[pa'redʒi]
balcone (m)	varanda (f)	[va'rãda]
tubo (m) pluviale	calha (f)	['kaʎa]
su, di sopra	em cima	[ẽ 'sima]
andare di sopra	subir (vi)	[su'bir]
scendere (vi)	descer (vi)	[de'ser]
trasferirsi (vr)	mudar-se (vr)	[mu'darsi]

83. Casa. Ingresso. Ascensore

entrata (f)	entrada (f)	[ẽ'trada]
scala (f)	escada (f)	[is'kada]
gradini (m pl)	degraus (m pl)	[de'graws]
ringhiera (f)	corrimão (m)	[kohi'mãw]
hall (f) (atrio d'ingresso)	hall (m) de entrada	[hɔw de ẽ'trada]
cassetta (f) della posta	caixa (f) de correio	['kaɪʃa de ko'heju]
secchio (m) della spazzatura	lixeira (f)	[li'ʃejra]
scivolo (m) per la spazzatura	calha (f) de lixo	['kaʎa de 'liʃu]
ascensore (m)	elevador (m)	[eleva'dor]
montacarichi (m)	elevador (m) de carga	[eleva'dor de 'karga]
cabina (f) di ascensore	cabine (f)	[ka'bini]
prendere l'ascensore	pegar o elevador	[pe'gar u eleva'dor]
appartamento (m)	apartamento (m)	[aparta'mẽtu]
inquilini (m pl)	residentes (pl)	[hezi'dẽtʃis]
vicino (m)	vizinho (m)	[vi'ziɲu]
vicina (f)	vizinha (f)	[vi'ziɲa]
vicini (m pl)	vizinhos (pl)	[vi'ziɲus]

84. Casa. Porte. Serrature

porta (f)	porta (f)	['pɔrta]
cancello (m)	portão (m)	[por'tãw]
maniglia (f)	maçaneta (f)	[masa'neta]
togliere il catenaccio	destrancar (vt)	[dʒistrã'kar]
aprire (vt)	abrir (vt)	[a'brir]
chiudere (vt)	fechar (vt)	[fe'ʃar]
chiave (f)	chave (f)	['ʃavi]
mazzo (m)	molho (m)	['moʎu]
cigolare (vi)	ranger (vi)	[hã'ʒer]
cigolio (m)	rangido (m)	[hã'ʒidu]
cardine (m)	dobradiça (f)	[dobra'dʒisa]
zerbino (m)	capacho (m)	[ka'paʃu]
serratura (f)	fechadura (f)	[feʃa'dura]
buco (m) della serratura	buraco (m) da fechadura	[bu'raku da feʃa'dura]
chiavistello (m)	barra (f)	['baha]
catenaccio (m)	fecho (m)	['feʃu]
lucchetto (m)	cadeado (m)	[ka'dʒjadu]
suonare (~ il campanello)	tocar (vt)	[to'kar]
suono (m)	toque (m)	['tɔki]
campanello (m)	campainha (f)	[kampa'iɲa]
pulsante (m)	botão (m)	[bo'tãw]
bussata (f)	batida (f)	[ba'tʃida]
bussare (vi)	bater (vi)	[ba'ter]

codice (m)	código (m)	['kɔdʒigu]
serratura (f) a codice	fechadura (f) de código	[feʃa'dura de 'kɔdʒigu]
citofono (m)	interfone (m)	[īter'fɔni]
numero (m) (~ civico)	número (m)	['numeru]
targhetta (f) di porta	placa (f) de porta	['plaka de 'pɔrta]
spioncino (m)	olho (m) mágico	['oʎu 'maʒiku]

85. Casa di campagna

villaggio (m)	aldeia (f)	[aw'deja]
orto (m)	horta (f)	['ɔrta]
recinto (m)	cerca (f)	['serka]
steccato (m)	cerca (f) de piquete	['sɛrka de pi'ketʃi]
cancelletto (m)	portão (f) do jardim	[por'tãw du ʒar'dʒĩ]
granaio (m)	celeiro (m)	[se'lejru]
cantina (f), scantinato (m)	adega (f)	[a'dɛga]
capanno (m)	galpão, barracão (m)	[gaw'pãw], [baha'kãw]
pozzo (m)	poço (m)	['posu]
stufa (f)	fogão (m)	[fo'gãw]
attizzare (vt)	atiçar o fogo	[atʃi'sar u 'fogu]
legna (f) da ardere	lenha (f)	['lɛɲa]
ciocco (m)	lenha (f)	['lɛɲa]
veranda (f)	varanda (f)	[va'rãda]
terrazza (f)	alpendre (m)	[aw'pẽdri]
scala (f) d'ingresso	degraus (m pl) de entrada	[de'graws de ẽ'trada]
altalena (f)	balanço (m)	[ba'lãsu]

86. Castello. Reggia

castello (m)	castelo (m)	[kas'tɛlu]
palazzo (m)	palácio (m)	[pa'lasju]
fortezza (f)	fortaleza (f)	[forta'leza]
muro (m)	muralha (f)	[mu'raʎa]
torre (f)	torre (f)	['tohi]
torre (f) principale	calabouço (m)	[kala'bosu]
saracinesca (f)	grade (f) levadiça	['gradʒi leva'dʒisa]
tunnel (m)	passagem (f) subterrânea	[pa'saʒẽ subite'hanja]
fossato (m)	fosso (m)	['fosu]
catena (f)	corrente, cadeia (f)	[ko'hẽtʃi], [ka'deja]
feritoia (f)	seteira (f)	[se'tejra]
magnifico (agg)	magnífico	[mag'nifiku]
maestoso (agg)	majestoso	[maʒes'tozu]
inespugnabile (agg)	inexpugnável	[inespug'navew]
medievale (agg)	medieval	[medʒje'vaw]

87. Appartamento

appartamento (m)	apartamento (m)	[aparta'mẽtu]
camera (f), stanza (f)	quarto, cômodo (m)	['kwartu], ['komodu]
camera (f) da letto	quarto (m) de dormir	['kwartu de dor'mir]
sala (f) da pranzo	sala (f) de jantar	['sala de ʒã'tar]
salotto (m)	sala (f) de estar	['sala de is'tar]
studio (m)	escritório (m)	[iskri'tɔrju]
ingresso (m)	sala (f) de entrada	['sala de ẽ'trada]
bagno (m)	banheiro (m)	[ba'ɲejru]
gabinetto (m)	lavabo (m)	[la'vabu]
soffitto (m)	teto (m)	['tɛtu]
pavimento (m)	chão, piso (m)	['ʃãw], ['pizu]
angolo (m)	canto (m)	['kãtu]

88. Appartamento. Pulizie

pulire (vt)	arrumar, limpar (vt)	[ahu'mar], [lĩ'par]
mettere via	guardar (vt)	[gwar'dar]
polvere (f)	pó (m)	[pɔ]
impolverato (agg)	empoeirado	[ẽpoej'radu]
spolverare (vt)	tirar o pó	[tʃi'rar u pɔ]
aspirapolvere (m)	aspirador (m)	[aspira'dor]
passare l'aspirapolvere	aspirar (vt)	[aspi'rar]
spazzare (vi, vt)	varrer (vt)	[va'her]
spazzatura (f)	sujeira (f)	[su'ʒejra]
ordine (m)	arrumação, ordem (f)	[ahuma'sãw], ['ordẽ]
disordine (m)	desordem (f)	[dʒi'zordẽ]
frettazzo (m)	esfregão (m)	[isfre'gaw]
strofinaccio (m)	pano (m), trapo (m)	['panu], ['trapu]
scopa (f)	vassoura (f)	[va'sora]
paletta (f)	pá (f) de lixo	[pa de 'liʃu]

89. Arredamento. Interno

mobili (m pl)	mobiliário (m)	[mobi'ljarju]
tavolo (m)	mesa (f)	['meza]
sedia (f)	cadeira (f)	[ka'dejra]
letto (m)	cama (f)	['kama]
divano (m)	sofá, divã (m)	[so'fa], [dʒi'vã]
poltrona (f)	poltrona (f)	[pow'trona]
libreria (f)	estante (f)	[is'tãtʃi]
ripiano (m)	prateleira (f)	[prate'lejra]
armadio (m)	guarda-roupas (m)	['gwarda 'hopa]
attaccapanni (m) da parete	cabide (m) de parede	[ka'bidʒi de pa'redʒi]

appendiabiti (m) da terra	cabideiro (m) de pé	[kabi'dejru de pɛ]
comò (m)	cômoda (f)	['komoda]
tavolino (m) da salotto	mesinha (f) de centro	[me'ziɲa de 'sẽtru]

specchio (m)	espelho (m)	[is'peʎu]
tappeto (m)	tapete (m)	[ta'petʃi]
tappetino (m)	tapete (m)	[ta'petʃi]

camino (m)	lareira (f)	[la'rejra]
candela (f)	vela (f)	['vɛla]
candeliere (m)	castiçal (m)	[kastʃi'saw]

tende (f pl)	cortinas (f pl)	[kor'tʃinas]
carta (f) da parati	papel (m) de parede	[pa'pɛw de pa'redʒi]
tende (f pl) alla veneziana	persianas (f pl)	[per'sjanas]

lampada (f) da tavolo	luminária (f) de mesa	[lumi'narja de 'meza]
lampada (f) da parete	luminária (f) de parede	[lumi'narja de pa'redʒi]
lampada (f) a stelo	abajur (m) de pé	[aba'ʒur de 'pɛ]
lampadario (m)	lustre (m)	['lustri]

gamba (f)	pé (m)	[pɛ]
bracciolo (m)	braço, descanso (m)	['brasu], [dʒis'kãsu]
spalliera (f)	costas (f pl)	['kɔstas]
cassetto (m)	gaveta (f)	[ga'veta]

90. Biancheria da letto

biancheria (f) da letto	roupa (f) de cama	['hopa de 'kama]
cuscino (m)	travesseiro (m)	[trave'sejru]
federa (f)	fronha (f)	['froɲa]
coperta (f)	cobertor (m)	[kuber'tor]
lenzuolo (m)	lençol (m)	[lẽ'sɔw]
copriletto (m)	colcha (f)	['kowʃa]

91. Cucina

cucina (f)	cozinha (f)	[ko'ziɲa]
gas (m)	gás (m)	[gajs]
fornello (m) a gas	fogão (m) a gás	[fo'gãw a gajs]
fornello (m) elettrico	fogão (m) elétrico	[fo'gãw e'lɛtriku]
forno (m)	forno (m)	['fornu]
forno (m) a microonde	forno (m) de micro-ondas	['fornu de mikro'õdas]

frigorifero (m)	geladeira (f)	[ʒela'dejra]
congelatore (m)	congelador (m)	[kõʒela'dor]
lavastoviglie (f)	máquina (f) de lavar louça	['makina de la'var 'losa]

tritacarne (m)	moedor (m) de carne	[moe'dor de 'karni]
spremifrutta (m)	espremedor (m)	[ispreme'dor]
tostapane (m)	torradeira (f)	[toha'dejra]
mixer (m)	batedeira (f)	[bate'dejra]

macchina (f) da caffè	máquina (f) de café	['makina de ka'fɛ]
caffettiera (f)	cafeteira (f)	[kafe'tejra]
macinacaffè (m)	moedor (m) de café	[moe'dor de ka'fɛ]

bollitore (m)	chaleira (f)	[ʃa'lejra]
teiera (f)	bule (m)	['buli]
coperchio (m)	tampa (f)	['tãpa]
colino (m) da tè	coador (m) de chá	[koa'dor de ʃa]

cucchiaio (m)	colher (f)	[ko'ʎer]
cucchiaino (m) da tè	colher (f) de chá	[ko'ʎer de ʃa]
cucchiaio (m)	colher (f) de sopa	[ko'ʎer de 'sopa]
forchetta (f)	garfo (m)	['garfu]
coltello (m)	faca (f)	['faka]

stoviglie (f pl)	louça (f)	['losa]
piatto (m)	prato (m)	['pratu]
piattino (m)	pires (m)	['piris]

cicchetto (m)	cálice (m)	['kalisi]
bicchiere (m) (~ d'acqua)	copo (m)	['kɔpu]
tazzina (f)	xícara (f)	['ʃikara]

zuccheriera (f)	açucareiro (m)	[asuka'rejru]
saliera (f)	saleiro (m)	[sa'lejru]
pepiera (f)	pimenteiro (m)	[pimẽ'tejru]
burriera (f)	manteigueira (f)	[mãtej'gejra]

pentola (f)	panela (f)	[pa'nɛla]
padella (f)	frigideira (f)	[friʒi'dejra]
mestolo (m)	concha (f)	['kõʃa]
colapasta (m)	coador (m)	[koa'dor]
vassoio (m)	bandeja (f)	[bã'deʒa]

bottiglia (f)	garrafa (f)	[ga'hafa]
barattolo (m) di vetro	pote (m) de vidro	['pɔtʃi de 'vidru]
latta, lattina (f)	lata (f)	['lata]

apribottiglie (m)	abridor (m) de garrafa	[abri'dor de ga'hafa]
apriscatole (m)	abridor (m) de latas	[abri'dor de 'latas]
cavatappi (m)	saca-rolhas (m)	['saka-'hoʎas]
filtro (m)	filtro (m)	['fiwtru]
filtrare (vt)	filtrar (vt)	[fiw'trar]

| spazzatura (f) | lixo (m) | ['liʃu] |
| pattumiera (f) | lixeira (f) | [li'ʃejra] |

92. Bagno

bagno (m)	banheiro (m)	[ba'ɲejru]
acqua (f)	água (f)	['agwa]
rubinetto (m)	torneira (f)	[tor'nejra]
acqua (f) calda	água (f) quente	['agwa 'kẽtʃi]
acqua (f) fredda	água (f) fria	['agwa 'fria]

dentifricio (m)	pasta (f) de dente	['pasta de 'dẽtʃi]
lavarsi i denti	escovar os dentes	[isko'var us 'dẽtʃis]
spazzolino (m) da denti	escova (f) de dente	[is'kova de 'dẽtʃi]

rasarsi (vr)	barbear-se (vr)	[bar'bjarsi]
schiuma (f) da barba	espuma (f) de barbear	[is'puma de bar'bjar]
rasoio (m)	gilete (f)	[ʒi'lɛtʃi]

lavare (vt)	lavar (vt)	[la'var]
fare un bagno	tomar banho	[to'mar baɲu]
doccia (f)	chuveiro (m), ducha (f)	[ʃu'vejru], ['duʃa]
fare una doccia	tomar uma ducha	[to'mar 'uma 'duʃa]

vasca (f) da bagno	banheira (f)	[ba'ɲejra]
water (m)	vaso (m) sanitário	['vazu sani'tarju]
lavandino (m)	pia (f)	['pia]

| sapone (m) | sabonete (m) | [sabo'netʃi] |
| porta (m) sapone | saboneteira (f) | [sabone'tejra] |

spugna (f)	esponja (f)	[is'põʒa]
shampoo (m)	xampu (m)	[ʃã'pu]
asciugamano (m)	toalha (f)	[to'aʎa]
accappatoio (m)	roupão (m) de banho	[ho'pãw de 'baɲu]

bucato (m)	lavagem (f)	[la'vaʒẽ]
lavatrice (f)	lavadora (f) de roupas	[lava'dora de 'hopas]
fare il bucato	lavar a roupa	[la'var a 'hopa]
detersivo (m) per il bucato	detergente (m)	[deter'ʒẽtʃi]

93. Elettrodomestici

televisore (m)	televisor (m)	[televi'zor]
registratore (m) a nastro	gravador (m)	[grava'dor]
videoregistratore (m)	videogravador (m)	['vidʒju·grava'dor]
radio (f)	rádio (m)	['hadʒju]
lettore (m)	leitor (m)	[lej'tor]

videoproiettore (m)	projetor (m)	[proʒe'tor]
home cinema (m)	cinema (m) em casa	[si'nɛma ẽ 'kaza]
lettore (m) DVD	DVD Player (m)	[deve'de 'plejer]
amplificatore (m)	amplificador (m)	[ãplifika'dor]
console (f) video giochi	console (f) de jogos	[kõ'sɔli de 'ʒogus]

videocamera (f)	câmera (f) de vídeo	['kamera de 'vidʒju]
macchina (f) fotografica	máquina (f) fotográfica	['makina foto'grafika]
fotocamera (f) digitale	câmera (f) digital	['kamera dʒiʒi'taw]

aspirapolvere (m)	aspirador (m)	[aspira'dor]
ferro (m) da stiro	ferro (m) de passar	['fɛhu de pa'sar]
asse (f) da stiro	tábua (f) de passar	['tabwa de pa'sar]

| telefono (m) | telefone (m) | [tele'fɔni] |
| telefonino (m) | celular (m) | [selu'lar] |

| macchina (f) da scrivere | máquina (f) de escrever | ['makina de iskre'ver] |
| macchina (f) da cucire | máquina (f) de costura | ['makina de kos'tura] |

microfono (m)	microfone (m)	[mikro'foni]
cuffia (f)	fone (m) de ouvido	['foni de o'vidu]
telecomando (m)	controle remoto (m)	[kõ'troli he'mɔtu]

CD (m)	CD (m)	['sede]
cassetta (f)	fita (f) cassete	['fita ka'sɛtʃi]
disco (m) (vinile)	disco (m) de vinil	['dʒisku de vi'niw]

94. Riparazioni. Restauro

lavori (m pl) di restauro	renovação (f)	[henova'sãw]
rinnovare (ridecorare)	renovar (vt), fazer obras	[heno'var], [fa'zer 'ɔbras]
riparare (vt)	reparar (vt)	[hepa'rar]
mettere in ordine	consertar (vt)	[kõser'tar]
rifare (vt)	refazer (vt)	[hefa'zer]

pittura (f)	tinta (f)	[tʃĩta]
pitturare (~ un muro)	pintar (vt)	[pĩ'tar]
imbianchino (m)	pintor (m)	[pĩ'tor]
pennello (m)	pincel (m)	[pĩ'sɛw]

| imbiancatura (f) | cal (f) | [kaw] |
| imbiancare (vt) | caiar (vt) | [kaj'ar] |

carta (f) da parati	papel (m) de parede	[pa'pɛw de pa'redʒi]
tappezzare (vt)	colocar papel de parede	[kolo'kar pa'pɛw de pa'redʒi]
vernice (f)	verniz (m)	[ver'niz]
verniciare (vt)	envernizar (vt)	[ẽverni'zar]

95. Impianto idraulico

acqua (f)	água (f)	['agwa]
acqua (f) calda	água (f) quente	['agwa 'kẽtʃi]
acqua (f) fredda	água (f) fria	['agwa 'fria]
rubinetto (m)	torneira (f)	[tor'nejra]

goccia (f)	gota (f)	['gota]
gocciolare (vi)	gotejar (vi)	[gote'ʒar]
perdere (il tubo, ecc.)	vazar (vt)	[va'zar]
perdita (f) (~ dai tubi)	vazamento (m)	[vaza'mẽtu]
pozza (f)	poça (f)	['posa]

tubo (m)	tubo (m)	['tubu]
valvola (f)	válvula (f)	['vawvula]
intasarsi (vr)	entupir-se (vr)	[ẽtu'pirsi]

strumenti (m pl)	ferramentas (f pl)	[feha'mẽtas]
chiave (f) inglese	chave (f) inglesa	['ʃavi ĩ'gleza]
svitare (vt)	desenroscar (vt)	[dezẽhos'kar]

avvitare (stringere)	enroscar (vt)	[ẽhos'kar]
stasare (vt)	desentupir (vt)	[dʒizẽtu'pir]
idraulico (m)	encanador (m)	[ẽkana'dor]
seminterrato (m)	porão (m)	[po'rãw]
fognatura (f)	rede (f) de esgotos	['hedʒi de iz'gotus]

96. Incendio. Conflagrazione

fuoco (m)	incêndio (m)	[ĩ'sẽdʒju]
fiamma (f)	chama (f)	['ʃama]
scintilla (f)	faísca (f)	[fa'iska]
fumo (m)	fumaça (f)	[fu'masa]
fiaccola (f)	tocha (f)	['toʃa]
falò (m)	fogueira (f)	[fo'gejra]
benzina (f)	gasolina (f)	[gazo'lina]
cherosene (m)	querosene (m)	[kero'zɛni]
combustibile (agg)	inflamável	[ĩfla'mavew]
esplosivo (agg)	explosivo	[isplo'zivu]
VIETATO FUMARE!	PROIBIDO FUMAR!	[proi'bidu fu'mar]
sicurezza (f)	segurança (f)	[segu'rãsa]
pericolo (m)	perigo (m)	[pe'rigu]
pericoloso (agg)	perigoso	[peri'gozu]
prendere fuoco	incendiar-se (vr)	[ĩsẽ'dʒjarse]
esplosione (f)	explosão (f)	[isplo'zãw]
incendiare (vt)	incendiar (vt)	[ĩsẽ'dʒjar]
incendiario (m)	incendiário (m)	[ĩsẽ'dʒjarju]
incendio (m) doloso	incêndio (m) criminoso	[ĩ'sẽdʒju krimi'nozu]
divampare (vi)	flamejar (vi)	[flame'ʒar]
bruciare (vi)	queimar (vi)	[kej'mar]
bruciarsi (vr)	queimar tudo (vi)	[kej'mar 'tudu]
chiamare i pompieri	chamar os bombeiros	[ʃa'mar us bõ'bejrus]
pompiere (m)	bombeiro (m)	[bõ'bejru]
autopompa (f)	caminhão (m) de bombeiros	[kami'ɲãw de bõ'bejrus]
corpo (m) dei pompieri	corpo (m) de bombeiros	['korpu de bõ'bejrus]
autoscala (f) da pompieri	escada (f) extensível	[is'kada istẽ'sivɛl]
manichetta (f)	mangueira (f)	[mã'gejra]
estintore (m)	extintor (m)	[istĩ'tor]
casco (m)	capacete (m)	[kapa'setʃi]
sirena (f)	sirene (f)	[si'rɛni]
gridare (vi)	gritar (vi)	[gri'tar]
chiamare in aiuto	chamar por socorro	[ʃa'mar por so'kohu]
soccorritore (m)	socorrista (f)	[soko'hista]
salvare (vt)	salvar, resgatar (vt)	[saw'var], [hezga'tar]
arrivare (vi)	chegar (vi)	[ʃe'gar]
spegnere (vt)	apagar (vt)	[apa'gar]
acqua (f)	água (f)	['agwa]

sabbia (f)	**areia** (f)	[a'reja]
rovine (f pl)	**ruínas** (f pl)	['hwinas]
crollare (edificio)	**ruir** (vi)	['hwir]
cadere (vi)	**desmoronar** (vi)	[dʒizmoro'nar]
collassare (vi)	**desabar** (vi)	[dʒiza'bar]
frammento (m)	**fragmento** (m)	[frag'mẽtu]
cenere (f)	**cinza** (f)	['sĩza]
asfissiare (vi)	**sufocar** (vi)	[sufo'kar]
morire, perire (vi)	**perecer** (vi)	[pere'ser]

ATTIVITÀ UMANA

Lavoro. Affari. Parte 1

97. Attività bancaria

banca (f)	banco (m)	['bãku]
filiale (f)	balcão (f)	[baw'kãw]
consulente (m)	consultor (m) bancário	[kõsuw'tor bã'karju]
direttore (m)	gerente (m)	[ʒe'rẽtʃi]
conto (m) bancario	conta (f)	['kõta]
numero (m) del conto	número (m) da conta	['numeru da 'kõta]
conto (m) corrente	conta (f) corrente	['kõta ko'hẽtʃi]
conto (m) di risparmio	conta (f) poupança	['kõta po'pãsa]
aprire un conto	abrir uma conta	[a'brir 'uma 'kõta]
chiudere il conto	fechar uma conta	[fe'ʃar 'uma 'kõta]
versare sul conto	depositar na conta	[depozi'tar na 'kõta]
prelevare dal conto	sacar (vt)	[sa'kar]
deposito (m)	depósito (m)	[de'pozitu]
depositare (vt)	fazer um depósito	[fa'zer ũ de'pozitu]
trasferimento (m) telegrafico	transferência (f) bancária	[trãsfe'rẽsja bã'karja]
rimettere i soldi	transferir (vt)	[trãsfe'rir]
somma (f)	soma (f)	['soma]
Quanto?	Quanto?	['kwãtu]
firma (f)	assinatura (f)	[asina'tura]
firmare (vt)	assinar (vt)	[asi'nar]
carta (f) di credito	cartão (m) de crédito	[kar'tãw de 'krɛdʒitu]
codice (m)	senha (f)	['sɛɲa]
numero (m) della carta di credito	número (m) do cartão de crédito	['numeru du kar'tãw de 'krɛdʒitu]
bancomat (m)	caixa (m) eletrônico	['kaɪʃa ele'troniku]
assegno (m)	cheque (m)	['ʃɛki]
emettere un assegno	passar um cheque	[pa'sar ũ 'ʃɛki]
libretto (m) di assegni	talão (m) de cheques	[ta'lãw de 'ʃɛkis]
prestito (m)	empréstimo (m)	[ẽ'prɛstʃimu]
fare domanda per un prestito	pedir um empréstimo	[pe'dʒir ũ ẽ'prɛstʃimu]
ottenere un prestito	obter empréstimo	[ob'ter ẽ'prɛstʃimu]
concedere un prestito	dar um empréstimo	[dar ũ ẽ'prɛstʃimu]
garanzia (f)	garantia (f)	[garã'tʃia]

98. Telefono. Conversazione telefonica

telefono (m)	telefone (m)	[tele'fɔni]
telefonino (m)	celular (m)	[selu'lar]
segreteria (f) telefonica	secretária (f) eletrônica	[sekre'tarja ele'tronika]
telefonare (vi, vt)	fazer uma chamada	[fa'zer 'uma ʃa'mada]
chiamata (f)	chamada (f)	[ʃa'mada]
comporre un numero	discar um número	[dʒis'kar ũ 'numeru]
Pronto!	Alô!	[a'lo]
chiedere (domandare)	perguntar (vt)	[pergũ'tar]
rispondere (vi, vt)	responder (vt)	[hespõ'der]
udire (vt)	ouvir (vt)	[o'vir]
bene	bem	[bẽj]
male	mal	[maw]
disturbi (m pl)	ruído (m)	['hwidu]
cornetta (f)	fone (m)	['fɔni]
alzare la cornetta	pegar o telefone	[pe'gar u tele'fɔni]
riattaccare la cornetta	desligar (vi)	[dʒizli'gar]
occupato (agg)	ocupado	[oku'padu]
squillare (del telefono)	tocar (vi)	[to'kar]
elenco (m) telefonico	lista (f) telefônica	['lista tele'fonika]
locale (agg)	local	[lo'kaw]
telefonata (f) urbana	chamada (f) local	[ʃa'mada lo'kaw]
interurbano (agg)	de longa distância	['de 'lõgu dʒis'tãsja]
telefonata (f) interurbana	chamada (f) de longa distância	[ʃa'mada de 'lõgu dʒis'tãsja]
internazionale (agg)	internacional	[ĩternasjo'naw]
telefonata (f) internazionale	chamada (f) internacional	[ʃa'mada ĩternasjo'naw]

99. Telefono cellulare

telefonino (m)	celular (m)	[selu'lar]
schermo (m)	tela (f)	['tɛla]
tasto (m)	botão (m)	[bo'tãw]
scheda SIM (f)	cartão SIM (m)	[kar'tãw sim]
pila (f)	bateria (f)	[bate'ria]
essere scarico	descarregar-se (vr)	[dʒiskahe'garsi]
caricabatteria (m)	carregador (m)	[kahega'dor]
menù (m)	menu (m)	[me'nu]
impostazioni (f pl)	configurações (f pl)	[kõfigura'sõjs]
melodia (f)	melodia (f)	[melo'dʒia]
scegliere (vt)	escolher (vt)	[isko'ʎer]
calcolatrice (f)	calculadora (f)	[kawkula'dora]
segreteria (f) telefonica	correio (m) de voz	[ko'heju de vɔz]

| sveglia (f) | despertador (m) | [dʒisperta'dor] |
| contatti (m pl) | contatos (m pl) | [kõ'tatus] |

| messaggio (m) SMS | mensagem (f) de texto | [mē'saʒē de 'testu] |
| abbonato (m) | assinante (m) | [asi'nãtʃi] |

100. Articoli di cancelleria

| penna (f) a sfera | caneta (f) | [ka'neta] |
| penna (f) stilografica | caneta (f) tinteiro | [ka'neta tʃĩ'tejru] |

matita (f)	lápis (m)	['lapis]
evidenziatore (m)	marcador (m) de texto	[marka'dor de 'testu]
pennarello (m)	caneta (f) hidrográfica	[ka'neta idro'grafika]

| taccuino (m) | bloco (m) de notas | ['blɔku de 'nɔtas] |
| agenda (f) | agenda (f) | [a'ʒēda] |

righello (m)	régua (f)	['hɛgwa]
calcolatrice (f)	calculadora (f)	[kawkula'dora]
gomma (f) per cancellare	borracha (f)	[bo'haʃa]
puntina (f)	alfinete (m)	[awfi'netʃi]
graffetta (f)	clipe (m)	['klipi]

colla (f)	cola (f)	['kɔla]
pinzatrice (f)	grampeador (m)	[grãpja'dor]
perforatrice (f)	furador (m) de papel	[fura'dor de pa'pɛw]
temperamatite (m)	apontador (m)	[apõta'dor]

Lavoro. Affari. Parte 2

101. Mezzi di comunicazione di massa

giornale (m)	jornal (m)	[ʒor'naw]
rivista (f)	revista (f)	[he'vista]
stampa (f) (giornali, ecc.)	imprensa (f)	[ĩ'prẽsa]
radio (f)	rádio (m)	['hadʒju]
stazione (f) radio	estação (f) de rádio	[ista'sãw de 'hadʒju]
televisione (f)	televisão (f)	[televi'zãw]
presentatore (m)	apresentador (m)	[aprezẽta'dor]
annunciatore (m)	locutor (m)	[loku'tor]
commentatore (m)	comentarista (m)	[komẽta'rista]
giornalista (m)	jornalista (m)	[ʒorna'lista]
corrispondente (m)	correspondente (m)	[kohespõ'dẽtʃi]
fotocronista (m)	repórter (m) fotográfico	[he'porter foto'grafiku]
cronista (m)	repórter (m)	[he'porter]
redattore (m)	redator (m)	[heda'tor]
redattore capo (m)	redator-chefe (m)	[heda'tor 'ʃɛfi]
abbonarsi a …	assinar a …	[asi'nar a]
abbonamento (m)	assinatura (f)	[asina'tura]
abbonato (m)	assinante (m)	[asi'nãtʃi]
leggere (vi, vt)	ler (vt)	[ler]
lettore (m)	leitor (m)	[lej'tor]
tiratura (f)	tiragem (f)	[tʃi'raʒẽ]
mensile (agg)	mensal	[mẽ'saw]
settimanale (agg)	semanal	[sema'naw]
numero (m)	número (m)	['numeru]
fresco (agg)	recente, novo	[he'sẽtʃi], ['novu]
testata (f)	manchete (f)	[mã'ʃɛtʃi]
trafiletto (m)	pequeno artigo (m)	[pe'kenu ar'tʃigu]
rubrica (f)	coluna (f)	[ko'luna]
articolo (m)	artigo (m)	[ar'tʃigu]
pagina (f)	página (f)	['paʒina]
servizio (m), reportage (m)	reportagem (f)	[hepor'taʒẽ]
evento (m)	evento (m)	[e'vẽtu]
sensazione (f)	sensação (f)	[sẽsa'sãw]
scandalo (m)	escândalo (m)	[is'kãdalu]
scandaloso (agg)	escandaloso	[iskãda'lozu]
enorme (un ~ scandalo)	grande	['grãdʒi]
trasmissione (f)	programa (m)	[pro'grama]
intervista (f)	entrevista (f)	[ẽtre'vista]

| trasmissione (f) in diretta | transmissão (f) ao vivo | [trăzmi'săw aw 'vivu] |
| canale (m) | canal (m) | [ka'naw] |

102. Agricoltura

agricoltura (f)	agricultura (f)	[agrikuw'tura]
contadino (m)	camponês (m)	[kăpo'nes]
contadina (f)	camponesa (f)	[kăpo'neza]
fattore (m)	agricultor, fazendeiro (m)	[agrikuw'tor], [fazĕ'dejru]

| trattore (m) | trator (m) | [tra'tor] |
| mietitrebbia (f) | colheitadeira (f) | [koʎejta'dejra] |

aratro (m)	arado (m)	[a'radu]
arare (vt)	arar (vt)	[a'rar]
terreno (m) coltivato	campo (m) lavrado	['kăpu la'vradu]
solco (m)	sulco (m)	[suw'ku]

seminare (vt)	semear (vt)	[se'mjar]
seminatrice (f)	plantadeira (f)	[plăta'dejra]
semina (f)	semeadura (f)	[semja'dura]

| falce (f) | foice (m) | ['fɔjsi] |
| falciare (vt) | cortar com foice | [kor'tar kõ 'fɔjsi] |

| pala (f) | pá (f) | [pa] |
| scavare (vt) | cavar (vt) | [ka'var] |

zappa (f)	enxada (f)	[ĕ'ʃada]
zappare (vt)	capinar (vt)	[kapi'nar]
erbaccia (f)	erva (f) daninha	['ɛrva da'niɲa]

innaffiatoio (m)	regador (m)	[hega'dor]
innaffiare (vt)	regar (vt)	[he'gar]
innaffiamento (m)	rega (f)	['hɛga]

| forca (f) | forquilha (f) | [for'kiʎa] |
| rastrello (m) | ancinho (m) | [ă'siɲu] |

concime (m)	fertilizante (m)	[fertʃili'zătʃi]
concimare (vt)	fertilizar (vt)	[fertʃili'zar]
letame (m)	estrume, esterco (m)	[is'trumi], [is'terku]

campo (m)	campo (m)	['kăpu]
prato (m)	prado (m)	['pradu]
orto (m)	horta (f)	['ɔrta]
frutteto (m)	pomar (m)	[po'mar]

pascolare (vt)	pastar (vt)	[pas'tar]
pastore (m)	pastor (m)	[pas'tor]
pascolo (m)	pastagem (f)	[pas'taʒĕ]

| allevamento (m) di bestiame | pecuária (f) | [pe'kwarja] |
| allevamento (m) di pecore | criação (f) de ovelhas | [krja'săw de o'veʎas] |

piantagione (f)	plantação (f)	[plãta'sãw]
filare (m) (un ~ di alberi)	canteiro (m)	[kã'tejru]
serra (f) da orto	estufa (f)	[is'tufa]

siccità (f)	seca (f)	['seka]
secco, arido (un'estate ~a)	seco	['seku]

grano (m)	grão (m)	['grãw]
cereali (m pl)	cereais (m pl)	[se'rjajs]
raccogliere (vt)	colher (vt)	[ko'ʎer]

mugnaio (m)	moleiro (m)	[mu'lejru]
mulino (m)	moinho (m)	['mwiɲu]
macinare (~ il grano)	moer (vt)	[mwer]
farina (f)	farinha (f)	[fa'riɲa]
paglia (f)	palha (f)	['paʎa]

103. Edificio. Attività di costruzione

cantiere (m) edile	canteiro (m) de obras	[kã'tejru de 'ɔbras]
costruire (vt)	construir (vt)	[kõs'trwir]
operaio (m) edile	construtor (m)	[kõstru'tor]

progetto (m)	projeto (m)	[pro'ʒɛtu]
architetto (m)	arquiteto (m)	[arki'tɛtu]
operaio (m)	operário (m)	[ope'rarju]

fondamenta (f pl)	fundação (f)	[fũda'sãw]
tetto (m)	telhado (m)	[te'ʎadu]
palo (m) di fondazione	estaca (f)	[is'taka]
muro (m)	parede (f)	[pa'redʒi]

barre (f pl) di rinforzo	barras (f pl) de reforço	['bahas de he'forsu]
impalcatura (f)	andaime (m)	[ã'dajmi]

beton (m)	concreto (m)	[kõ'krɛtu]
granito (m)	granito (m)	[gra'nitu]
pietra (f)	pedra (f)	['pɛdra]
mattone (m)	tijolo (m)	[tʃi'ʒolu]

sabbia (f)	areia (f)	[a'reja]
cemento (m)	cimento (m)	[si'mẽtu]
intonaco (m)	emboço, reboco (m)	[ẽ'bosu], [he'boku]
intonacare (vt)	emboçar, rebocar (vt)	[ẽbo'sar], [hebo'kar]

pittura (f)	tinta (f)	[tʃĩta]
pitturare (vt)	pintar (vt)	[pĩ'tar]
botte (f)	barril (m)	[ba'hiw]

gru (f)	grua (f), guindaste (m)	['grua], [gĩ'dastʃi]
sollevare (vt)	erguer (vt)	[er'ger]
abbassare (vt)	baixar (vt)	[baɪ'ʃar]
bulldozer (m)	buldózer (m)	[buw'dozer]
scavatrice (f)	escavadora (f)	[iskava'dora]

cucchiaia (f)	**caçamba** (f)	[ka'sãba]
scavare (vt)	**escavar** (vt)	[iska'var]
casco (m) (~ di sicurezza)	**capacete** (m) **de proteção**	[kapa'setʃi de prote'sãw]

Professioni e occupazioni

104. Ricerca di un lavoro. Licenziamento

lavoro (m)	**trabalho** (m)	[tra'baʎu]
organico (m)	**equipe** (f)	[e'kipi]
personale (m)	**pessoal** (m)	[pe'swaw]
carriera (f)	**carreira** (f)	[ka'hejra]
prospettiva (f)	**perspectivas** (f pl)	[perspek'tʃivas]
abilità (f pl)	**habilidades** (f pl)	[abili'dadʒis]
selezione (f) (~ del personale)	**seleção** (f)	[sele'sãw]
agenzia (f) di collocamento	**agência** (f) **de emprego**	[a'ʒẽsja de ẽ'pregu]
curriculum vitae (f)	**currículo** (m)	[ku'hikulu]
colloquio (m)	**entrevista** (f) **de emprego**	[ẽtre'vista de ẽ'pregu]
posto (m) vacante	**vaga** (f)	['vaga]
salario (m)	**salário** (m)	[sa'larju]
stipendio (m) fisso	**salário** (m) **fixo**	[sa'larju 'fiksu]
compenso (m)	**pagamento** (m)	[paga'mẽtu]
carica (f), funzione (f)	**cargo** (m)	['kargu]
mansione (f)	**dever** (m)	[de'ver]
mansioni (f pl) di lavoro	**gama** (f) **de deveres**	['gama de de'veris]
occupato (agg)	**ocupado**	[oku'padu]
licenziare (vt)	**despedir, demitir** (vt)	[dʒispe'dʒir], [demi'tʃir]
licenziamento (m)	**demissão** (f)	[demi'sãw]
disoccupazione (f)	**desemprego** (m)	[dʒizẽ'pregu]
disoccupato (m)	**desempregado** (m)	[dʒizẽpre'gadu]
pensionamento (m)	**aposentadoria** (f)	[apozẽtado'ria]
andare in pensione	**aposentar-se** (vr)	[apozẽ'tarsi]

105. Gente d'affari

direttore (m)	**diretor** (m)	[dʒire'tor]
dirigente (m)	**gerente** (m)	[ʒe'rẽtʃi]
capo (m)	**patrão, chefe** (m)	[pa'trãw], ['ʃɛfi]
superiore (m)	**superior** (m)	[supe'rjor]
capi (m pl)	**superiores** (m pl)	[supe'rjores]
presidente (m)	**presidente** (m)	[prezi'dẽtʃi]
presidente (m) (impresa)	**chairman, presidente** (m)	['tʃɛamen], [prezi'dẽtʃi]
vice (m)	**substituto** (m)	[substi'tutu]
assistente (m)	**assistente** (m)	[asis'tẽtʃi]

segretario (m)	secretário (m)	[sekre'tarju]
assistente (m) personale	secretário (m) pessoal	[sekre'tarju pe'swaw]

uomo (m) d'affari	homem (m) de negócios	['ɔmɛ̃ de ne'gɔsjus]
imprenditore (m)	empreendedor (m)	[ẽprjẽde'dor]
fondatore (m)	fundador (m)	[fũda'dor]
fondare (vt)	fundar (vt)	[fũ'dar]

socio (m)	principiador (m)	[prĩsipja'dor]
partner (m)	parceiro, sócio (m)	[par'sejru], ['sɔsju]
azionista (m)	acionista (m)	[asjo'nista]

milionario (m)	milionário (m)	[miljo'narju]
miliardario (m)	bilionário (m)	[biljo'narju]
proprietario (m)	proprietário (m)	[proprje'tarju]
latifondista (m)	proprietário (m) de terras	[proprje'tarju de 'tɛhas]

cliente (m) (di professionista)	cliente (m)	['kljẽtʃi]
cliente (m) abituale	cliente (m) habitual	['kljẽtʃi abi'twaw]
compratore (m)	comprador (m)	[kõpra'dor]
visitatore (m)	visitante (m)	[vizi'tãtʃi]

professionista (m)	profissional (m)	[profisjo'naw]
esperto (m)	perito (m)	[pe'ritu]
specialista (m)	especialista (m)	[ispesja'lista]

banchiere (m)	banqueiro (m)	[bã'kejru]
broker (m)	corretor (m)	[kohe'tor]

cassiere (m)	caixa (m, f)	['kaɪʃa]
contabile (m)	contador (m)	[kõta'dɔr]
guardia (f) giurata	guarda (m)	['gwarda]

investitore (m)	investidor (m)	[ĩvestʃi'dor]
debitore (m)	devedor (m)	[deve'dor]
creditore (m)	credor (m)	[kre'dor]
mutuatario (m)	mutuário (m)	[mu'twarju]

importatore (m)	importador (m)	[ĩporta'dor]
esportatore (m)	exportador (m)	[isporta'dor]

produttore (m)	produtor (m)	[produ'tor]
distributore (m)	distribuidor (m)	[dʒistribwi'dor]
intermediario (m)	intermediário (m)	[ĩterme'dʒjarju]

consulente (m)	consultor (m)	[kõsuw'tor]
rappresentante (m)	representante (m) comercial	[heprezẽ'tãtʃi komer'sjaw]
agente (m)	agente (m)	[a'ʒẽtʃi]
assicuratore (m)	agente (m) de seguros	[a'ʒẽtʃi de se'gurus]

106. Professioni amministrative

cuoco (m)	cozinheiro (m)	[kozi'ɲejru]
capocuoco (m)	chefe (m) de cozinha	['ʃɛfi de ko'ziɲa]

fornaio (m)	padeiro (m)	[pa'dejru]
barista (m)	barman (m)	[bar'mã]
cameriere (m)	garçom (m)	[gar'sõ]
cameriera (f)	garçonete (f)	[garso'netʃi]

avvocato (m)	advogado (m)	[adʒivo'gadu]
esperto (m) legale	jurista (m)	[ʒu'rista]
notaio (m)	notário (m)	[no'tarju]

elettricista (m)	eletricista (m)	[eletri'sista]
idraulico (m)	encanador (m)	[ẽkana'dor]
falegname (m)	carpinteiro (m)	[karpĩ'tejru]

massaggiatore (m)	massagista (m)	[masa'ʒista]
massaggiatrice (f)	massagista (f)	[masa'ʒista]
medico (m)	médico (m)	['mɛdʒiku]

taxista (m)	taxista (m)	[tak'sista]
autista (m)	condutor, motorista (m)	[kõdu'tor], [moto'rista]
fattorino (m)	entregador (m)	[ẽtrega'dor]

cameriera (f)	camareira (f)	[kama'rejra]
guardia (f) giurata	guarda (m)	['gwarda]
hostess (f)	aeromoça (f)	[aero'mosa]

insegnante (m, f)	professor (m)	[profe'sor]
bibliotecario (m)	bibliotecário (m)	[bibljote'karju]
traduttore (m)	tradutor (m)	[tradu'tor]
interprete (m)	intérprete (m)	[ĩ'tɛrpretʃi]
guida (f)	guia (m)	['gia]

parrucchiere (m)	cabeleireiro (m)	[kabelej'rejru]
postino (m)	carteiro (m)	[kar'tejru]
commesso (m)	vendedor (m)	[vẽde'dor]

giardiniere (m)	jardineiro (m)	[ʒardʒi'nejru]
domestico (m)	criado (m)	['krjadu]
domestica (f)	criada (f)	['krjada]
donna (f) delle pulizie	empregada (f) de limpeza	[ẽpre'gada de lĩ'peza]

107. Professioni militari e gradi

soldato (m) semplice	soldado (m) raso	[sow'dadu 'hazu]
sergente (m)	sargento (m)	[sar'ʒẽtu]
tenente (m)	tenente (m)	[te'nẽtʃi]
capitano (m)	capitão (m)	[kapi'tãw]

maggiore (m)	major (m)	[ma'ʒɔr]
colonnello (m)	coronel (m)	[koro'nɛw]
generale (m)	general (m)	[ʒene'raw]
maresciallo (m)	marechal (m)	[mare'ʃaw]
ammiraglio (m)	almirante (m)	[awmi'rãtʃi]
militare (m)	militar (m)	[mili'tar]
soldato (m)	soldado (m)	[sow'dadu]

ufficiale (m)	oficial (m)	[ofi'sjaw]
comandante (m)	comandante (m)	[komã'dãtʃi]
guardia (f) di frontiera	guarda (m) de fronteira	['gwarda de frõ'tejra]
marconista (m)	operador (m) de rádio	[opera'dor de 'hadʒju]
esploratore (m)	explorador (m)	[isplora'dor]
geniere (m)	sapador-mineiro (m)	[sapa'dor-mi'nejru]
tiratore (m)	atirador (m)	[atʃira'dor]
navigatore (m)	navegador (m)	[navega'dor]

108. Funzionari. Sacerdoti

re (m)	rei (m)	[hej]
regina (f)	rainha (f)	[ha'iɲa]
principe (m)	príncipe (m)	['prĩsipi]
principessa (f)	princesa (f)	[prĩ'seza]
zar (m)	czar (m)	['kzar]
zarina (f)	czarina (f)	[kza'rina]
presidente (m)	presidente (m)	[prezi'dẽtʃi]
ministro (m)	ministro (m)	[mi'nistru]
primo ministro (m)	primeiro-ministro (m)	[pri'mejru mi'nistru]
senatore (m)	senador (m)	[sena'dor]
diplomatico (m)	diplomata (m)	[dʒiplo'mata]
console (m)	cônsul (m)	['kõsuw]
ambasciatore (m)	embaixador (m)	[ẽbajʃa'dor]
consigliere (m)	conselheiro (m)	[kõse'ʎejru]
funzionario (m)	funcionário (m)	[fũsjo'narju]
prefetto (m)	prefeito (m)	[pre'fejtu]
sindaco (m)	Presidente (m) da Câmara	[prezi'dẽtʃi da 'kamara]
giudice (m)	juiz (m)	[ʒwiz]
procuratore (m)	procurador (m)	[prokura'dor]
missionario (m)	missionário (m)	[misjo'narju]
monaco (m)	monge (m)	['mõʒi]
abate (m)	abade (m)	[a'badʒi]
rabbino (m)	rabino (m)	[ha'binu]
visir (m)	vizir (m)	[vi'zir]
scià (m)	xá (m)	[ʃa]
sceicco (m)	xeique (m)	['ʃɛjki]

109. Professioni agricole

apicoltore (m)	abelheiro (m)	[abi'ʎejru]
pastore (m)	pastor (m)	[pas'tor]
agronomo (m)	agrônomo (m)	[a'gronomu]

allevatore (m) di bestiame	criador (m) de gado	[krja'dor de 'gadu]
veterinario (m)	veterinário (m)	[veteri'narju]

fattore (m)	agricultor, fazendeiro (m)	[agrikuw'tor], [fazē'dejru]
vinificatore (m)	vinicultor (m)	[vinikuw'tor]
zoologo (m)	zoólogo (m)	[zo'ɔlogu]
cowboy (m)	vaqueiro (m)	[va'kejru]

110. Professioni artistiche

attore (m)	ator (m)	[a'tor]
attrice (f)	atriz (f)	[a'triz]

cantante (m)	cantor (m)	[kã'tor]
cantante (f)	cantora (f)	[kã'tora]

danzatore (m)	bailarino (m)	[bajla'rinu]
ballerina (f)	bailarina (f)	[bajla'rina]

artista (m)	artista (m)	[ar'tʃista]
artista (f)	artista (f)	[ar'tʃista]

musicista (m)	músico (m)	['muziku]
pianista (m)	pianista (m)	[pja'nista]
chitarrista (m)	guitarrista (m)	[gita'hista]

direttore (m) d'orchestra	maestro (m)	[ma'ɛstru]
compositore (m)	compositor (m)	[kõpozi'tor]
impresario (m)	empresário (m)	[ẽpre'zarju]

regista (m)	diretor (m) de cinema	[dʒire'tor de si'nɛma]
produttore (m)	produtor (m)	[produ'tor]
sceneggiatore (m)	roteirista (m)	[hotej'rista]
critico (m)	crítico (m)	['kritʃiku]

scrittore (m)	escritor (m)	[iskri'tor]
poeta (m)	poeta (m)	['pwɛta]
scultore (m)	escultor (m)	[iskuw'tor]
pittore (m)	pintor (m)	[pĩ'tor]

giocoliere (m)	malabarista (m)	[malaba'rista]
pagliaccio (m)	palhaço (m)	[pa'ʎasu]
acrobata (m)	acrobata (m)	[akro'bata]
prestigiatore (m)	ilusionista (m)	[iluzjo'nista]

111. Professioni varie

medico (m)	médico (m)	['mɛdʒiku]
infermiera (f)	enfermeira (f)	[ẽfer'mejra]
psichiatra (m)	psiquiatra (m)	[psi'kjatra]
dentista (m)	dentista (m)	[dẽ'tʃista]
chirurgo (m)	cirurgião (m)	[sirur'ʒjãw]

astronauta (m)	astronauta (m)	[astro'nawta]
astronomo (m)	astrônomo (m)	[as'tronomu]
pilota (m)	piloto (m)	[pi'lotu]
autista (m)	motorista (m)	[moto'rista]
macchinista (m)	maquinista (m)	[maki'nista]
meccanico (m)	mecânico (m)	[me'kaniku]
minatore (m)	mineiro (m)	[mi'nejru]
operaio (m)	operário (m)	[ope'rarju]
operaio (m) metallurgico	serralheiro (m)	[seha'ʎejru]
falegname (m)	marceneiro (m)	[marse'nejru]
tornitore (m)	torneiro (m)	[tor'nejru]
operaio (m) edile	construtor (m)	[kõstru'tor]
saldatore (m)	soldador (m)	[sɔwda'dor]
professore (m)	professor (m)	[profe'sor]
architetto (m)	arquiteto (m)	[arki'tɛtu]
storico (m)	historiador (m)	[istorja'dor]
scienziato (m)	cientista (m)	[sjẽ'tʃista]
fisico (m)	físico (m)	['fiziku]
chimico (m)	químico (m)	['kimiku]
archeologo (m)	arqueólogo (m)	[ar'kjɔlogu]
geologo (m)	geólogo (m)	[ʒe'ɔlogu]
ricercatore (m)	pesquisador (m)	[peskiza'dor]
baby-sitter (m, f)	babysitter, babá (f)	[bebi'sitter], [ba'ba]
insegnante (m, f)	professor (m)	[profe'sor]
redattore (m)	redator (m)	[heda'tor]
redattore capo (m)	redator-chefe (m)	[heda'tor 'ʃɛfi]
corrispondente (m)	correspondente (m)	[kohespõ'dẽtʃi]
dattilografa (f)	datilógrafa (f)	[datʃi'lɔgrafa]
designer (m)	designer (m)	[dʒi'zajner]
esperto (m) informatico	perito (m) em informática	[pe'ritu ẽ ĩfur'matika]
programmatore (m)	programador (m)	[programa'dor]
ingegnere (m)	engenheiro (m)	[ẽʒe'nejru]
marittimo (m)	marujo (m)	[ma'ruʒu]
marinaio (m)	marinheiro (m)	[mari'nejru]
soccorritore (m)	socorrista (m)	[soko'hista]
pompiere (m)	bombeiro (m)	[bõ'bejru]
poliziotto (m)	polícia (m)	[po'lisja]
guardiano (m)	guarda-noturno (m)	['gwarda no'turnu]
detective (m)	detetive (m)	[dete'tʃivi]
doganiere (m)	funcionário (m) da alfândega	[fũsjo'narju da aw'fãdʒiga]
guardia (f) del corpo	guarda-costas (m)	['gwarda 'kɔstas]
guardia (f) carceraria	guarda (m) prisional	['gwarda prizjo'naw]
ispettore (m)	inspetor (m)	[ĩspe'tor]
sportivo (m)	esportista (m)	[ispor'tʃista]
allenatore (m)	treinador (m)	[trejna'dor]

macellaio (m)	açougueiro (m)	[aso'gejru]
calzolaio (m)	sapateiro (m)	[sapa'tejru]
uomo (m) d'affari	comerciante (m)	[komer'sjãtʃi]
caricatore (m)	carregador (m)	[kahega'dor]

| stilista (m) | estilista (m) | [istʃi'lista] |
| modella (f) | modelo (f) | [mo'delu] |

112. Attività lavorative. Condizione sociale

| scolaro (m) | estudante (m) | [istu'dãtʃi] |
| studente (m) | estudante (m) | [istu'dãtʃi] |

filósofo (m)	filósofo (m)	[fi'lɔzofu]
economista (m)	economista (m)	[ekono'mista]
inventore (m)	inventor (m)	[ĩvẽ'tor]

disoccupato (m)	desempregado (m)	[dʒizẽpre'gadu]
pensionato (m)	aposentado (m)	[apozẽ'tadu]
spia (f)	espião (m)	[is'pjãw]

detenuto (m)	preso, prisioneiro (m)	['prezu], [prizjo'nejru]
scioperante (m)	grevista (m)	[gre'vista]
burocrate (m)	burocrata (m)	[buro'krata]
viaggiatore (m)	viajante (m)	[vja'ʒãtʃi]

omosessuale (m)	homossexual (m)	[omosek'swaw]
hacker (m)	hacker (m)	['haker]
hippy (m, f)	hippie (m, f)	['hɪpɪ]

bandito (m)	bandido (m)	[bã'dʒidu]
sicario (m)	assassino (m)	[asa'sinu]
drogato (m)	drogado (m)	[dro'gadu]
trafficante (m) di droga	traficante (m)	[trafi'kãtʃi]
prostituta (f)	prostituta (f)	[prostʃi'tuta]
magnaccia (m)	cafetão (m)	[kafe'tãw]

stregone (m)	bruxo (m)	['bruʃu]
strega (f)	bruxa (f)	['bruʃa]
pirata (m)	pirata (m)	[pi'rata]
schiavo (m)	escravo (m)	[is'kravu]
samurai (m)	samurai (m)	[samu'raj]
selvaggio (m)	selvagem (m)	[sew'vaʒẽ]

Sport

113. Tipi di sport. Sportivi

sportivo (m)	esportista (m)	[ispor'tʃista]
sport (m)	tipo (m) de esporte	['tʃipu de is'portʃi]
pallacanestro (m)	basquete (m)	[bas'kɛtʃi]
cestista (m)	jogador (m) de basquete	[ʒoga'dor de bas'kɛtʃi]
baseball (m)	beisebol (m)	[bejsi'bɔw]
giocatore (m) di baseball	jogador (m) de beisebol	[ʒoga'dor de bejsi'bɔw]
calcio (m)	futebol (m)	[futʃi'bɔw]
calciatore (m)	jogador (m) de futebol	[ʒoga'dor de futʃi'bɔw]
portiere (m)	goleiro (m)	[go'lejru]
hockey (m)	hóquei (m)	['hɔkej]
hockeista (m)	jogador (m) de hóquei	[ʒoga'dor de 'hɔkej]
pallavolo (m)	vôlei (m)	['volej]
pallavolista (m)	jogador (m) de vôlei	[ʒoga'dor de 'volej]
pugilato (m)	boxe (m)	['bɔksi]
pugile (m)	boxeador (m)	[boksja'dor]
lotta (f)	luta (f)	['luta]
lottatore (m)	lutador (m)	[luta'dor]
karate (m)	caratê (m)	[kara'te]
karateka (m)	carateca (m)	[kara'teka]
judo (m)	judô (m)	[ʒu'do]
judoista (m)	judoca (m)	[ʒu'dɔka]
tennis (m)	tênis (m)	['tenis]
tennista (m)	tenista (m)	[te'nista]
nuoto (m)	natação (f)	[nata'sãw]
nuotatore (m)	nadador (m)	[nada'dor]
scherma (f)	esgrima (f)	[iz'grima]
schermitore (m)	esgrimista (m)	[izgri'mista]
scacchi (m pl)	xadrez (m)	[ʃa'drez]
scacchista (m)	jogador (m) de xadrez	[ʒoga'dor de ʃa'drez]
alpinismo (m)	alpinismo (m)	[awpi'nizmu]
alpinista (m)	alpinista (m)	[awpi'nista]
corsa (f)	corrida (f)	[ko'hida]

corridore (m)	corredor (m)	[kohe'dor]
atletica (f) leggera	atletismo (m)	[atle'tʃizmu]
atleta (m)	atleta (m)	[at'lɛta]

| ippica (f) | hipismo (m) | [i'pizmu] |
| fantino (m) | cavaleiro (m) | [kava'lejru] |

pattinaggio (m) artistico	patinação (f) artística	[patʃina'sãw ar'tʃistʃika]
pattinatore (m)	patinador (m)	[patʃina'dor]
pattinatrice (f)	patinadora (f)	[patʃina'dora]

| pesistica (f) | halterofilismo (m) | [awterofi'lizmu] |
| pesista (m) | halterofilista (m) | [awterofi'lista] |

| automobilismo (m) | corrida (f) de carros | [ko'hida de 'kahos] |
| pilota (m) | piloto (m) | [pi'lotu] |

| ciclismo (m) | ciclismo (m) | [si'klizmu] |
| ciclista (m) | ciclista (m) | [si'klista] |

salto (m) in lungo	salto (m) em distância	['sawtu ẽ dʒis'tãsja]
salto (m) con l'asta	salto (m) com vara	['sawtu kõ 'vara]
saltatore (m)	atleta (m) de saltos	[at'lɛta de 'sawtus]

114. Tipi di sport. Varie

football (m) americano	futebol (m) americano	[futʃi'bɔw ameri'kanu]
badminton (m)	badminton (m)	[bad'mĩtɔn]
biathlon (m)	biatlo (m)	[bi'atlu]
biliardo (m)	bilhar (m)	[bi'ʎar]

bob (m)	bobsled (m)	['bɔbsled]
culturismo (m)	musculação (f)	[muskula'sãw]
pallanuoto (m)	polo (m) aquático	['pɔlu a'kwatʃiku]
pallamano (m)	handebol (m)	[ãde'bɔl]
golf (m)	golfe (m)	['gowfi]

canottaggio (m)	remo (m)	['hɛmu]
immersione (f) subacquea	mergulho (m)	[mer'guʎu]
sci (m) di fondo	corrida (f) de esqui	[ko'hida de is'ki]
tennis (m) da tavolo	tênis (m) de mesa	['tenis de 'meza]

vela (f)	vela (f)	['vɛla]
rally (m)	rali (m)	[ha'li]
rugby (m)	rúgbi (m)	['hugbi]
snowboard (m)	snowboard (m)	[snowbɔrd]
tiro (m) con l'arco	arco-e-flecha (m)	['arku l 'flɛʃa]

115. Palestra

| bilanciere (m) | barra (f) | ['baha] |
| manubri (m pl) | halteres (m pl) | [aw'tɛris] |

attrezzo (m) sportivo	aparelho (m) de musculação	[apa'reʎu de muskula'sãw]
cyclette (f)	bicicleta (f) ergométrica	[bisi'klɛta ergo'mɛtrika]
tapis roulant (m)	esteira (f) de corrida	[is'tejra de ko'hida]
sbarra (f)	barra (f) fixa	['baha 'fiksa]
parallele (f pl)	barras (f pl) paralelas	['bahas para'lɛlas]
cavallo (m)	cavalo (m)	[ka'valu]
materassino (m)	tapete (m) de ginástica	[ta'petʃi de ʒi'nastʃika]
corda (f) per saltare	corda (f) de saltar	['kɔrda de saw'tar]
aerobica (f)	aeróbica (f)	[ae'rɔbika]
yoga (m)	ioga, yoga (f)	['jɔga]

116. Sport. Varie

Giochi (m pl) Olimpici	Jogos (m pl) Olímpicos	['ʒɔgus o'lĩpikus]
vincitore (m)	vencedor (m)	[vẽse'dor]
ottenere la vittoria	vencer (vi)	[vẽ'ser]
vincere (vi)	vencer (vi, vt)	[vẽ'ser]
leader (m), capo (m)	líder (m)	['lider]
essere alla guida	liderar (vt)	[lide'rar]
primo posto (m)	primeiro lugar (m)	[pri'mejru lu'gar]
secondo posto (m)	segundo lugar (m)	[se'gũdu lu'gar]
terzo posto (m)	terceiro lugar (m)	[ter'sejru lu'gar]
medaglia (f)	medalha (f)	[me'daʎa]
trofeo (m)	troféu (m)	[tro'fɛw]
coppa (f) (trofeo)	taça (f)	['tasa]
premio (m)	prêmio (m)	['premju]
primo premio (m)	prêmio (m) principal	['premju prĩsi'paw]
record (m)	recorde (m)	[he'kɔrdʒi]
stabilire un record	estabelecer um recorde	[istabele'ser ũ he'kɔrdʒi]
finale (m)	final (m)	[fi'naw]
finale (agg)	final	[fi'naw]
campione (m)	campeão (m)	[kã'pjãw]
campionato (m)	campeonato (m)	[kãpjo'natu]
stadio (m)	estádio (m)	[is'tadʒu]
tribuna (f)	arquibancadas (f pl)	[arkibã'kadas]
tifoso, fan (m)	fã, torcedor (m)	[fã], [torse'dor]
avversario (m)	adversário (m)	[adʒiver'sarju]
partenza (f)	partida (f)	[par'tʃida]
traguardo (m)	linha (f) de chegada	['liɲa de ʃe'gada]
sconfitta (f)	derrota (f)	[de'hɔta]
perdere (vt)	perder (vt)	[per'der]
arbitro (m)	árbitro, juiz (m)	[ar'bitru], [ʒwiz]
giuria (f)	júri (m)	['ʒuri]

punteggio (m)	resultado (m)	[hezuw'tadu]
pareggio (m)	empate (m)	[ẽ'patʃi]
pareggiare (vi)	empatar (vi)	[ẽpa'tar]
punto (m)	ponto (m)	['põtu]
risultato (m)	resultado (m) final	[hezuw'tadu fi'naw]

tempo (primo ~)	tempo (m)	['tẽpu]
intervallo (m)	intervalo (m)	[ĩter'valu]
doping (m)	doping (m)	['dɔpĩg]
penalizzare (vt)	penalizar (vt)	[penali'zar]
squalificare (vt)	desqualificar (vt)	[dʒiskwalifi'kar]

attrezzatura (f)	aparelho, aparato (m)	[apa'reʎu], [apa'ratu]
giavellotto (m)	dardo (m)	['dardu]
peso (m) (sfera metallica)	peso (m)	['pezu]
biglia (f) (palla)	bola (f)	['bɔla]

obiettivo (m)	alvo (m)	['awvu]
bersaglio (m)	alvo (m)	['awvu]
sparare (vi)	disparar, atirar (vi)	[dʒispa'rar], [atʃi'rar]
preciso (agg)	preciso	[pre'sizu]

allenatore (m)	treinador (m)	[trejna'dor]
allenare (vt)	treinar (vt)	[trej'nar]
allenarsi (vr)	treinar-se (vr)	[trej'narsi]
allenamento (m)	treino (m)	['trejnu]

palestra (f)	academia (f) de ginástica	[akade'mia de ʒi'nastʃika]
esercizio (m)	exercício (m)	[ezer'sisju]
riscaldamento (m)	aquecimento (m)	[akesi'mẽtu]

Istruzione

117. Scuola

scuola (f)	escola (f)	[is'kɔla]
direttore (m) di scuola	diretor (m) de escola	[dʒire'tor de is'kɔla]
allievo (m)	aluno (m)	[a'lunu]
allieva (f)	aluna (f)	[a'luna]
scolaro (m)	estudante (m)	[istu'dātʃi]
scolara (f)	estudante (f)	[istu'dātʃi]
insegnare (qn)	ensinar (vt)	[ẽsi'nar]
imparare (una lingua)	aprender (vt)	[aprẽ'der]
imparare a memoria	decorar (vt)	[deko'rar]
studiare (vi)	estudar (vi)	[istu'dar]
frequentare la scuola	estar na escola	[is'tar na is'kɔla]
andare a scuola	ir à escola	[ir a is'kɔla]
alfabeto (m)	alfabeto (m)	[awfa'bɛtu]
materia (f)	disciplina (f)	[dʒisi'plina]
classe (f)	sala (f) de aula	['sala de 'awla]
lezione (f)	lição, aula (f)	[li'sãw], ['awla]
ricreazione (f)	recreio (m)	[he'kreju]
campanella (f)	toque (m)	['tɔki]
banco (m)	classe (f)	['klasi]
lavagna (f)	quadro (m) negro	['kwadru 'negru]
voto (m)	nota (f)	['nɔta]
voto (m) alto	boa nota (f)	['boa 'nɔta]
voto (m) basso	nota (f) baixa	['nɔta 'baɪʃa]
dare un voto	dar uma nota	[dar 'uma 'nɔta]
errore (m)	erro (m)	['ehu]
fare errori	errar (vi)	[e'har]
correggere (vt)	corrigir (vt)	[kohi'ʒir]
bigliettino (m)	cola (f)	['kɔla]
compiti (m pl)	dever (m) de casa	[de'ver de 'kaza]
esercizio (m)	exercício (m)	[ezer'sisju]
essere presente	estar presente	[is'tar pre'zētʃi]
essere assente	estar ausente	[is'tar aw'zētʃi]
mancare le lezioni	faltar às aulas	[faw'tar as 'awlas]
punire (vt)	punir (vt)	[pu'nir]
punizione (f)	punição (f)	[puni'sãw]
comportamento (m)	comportamento (m)	[kõporta'mētu]

pagella (f)	boletim (m) escolar	[bole'tʃi isko'lar]
matita (f)	lápis (m)	['lapis]
gomma (f) per cancellare	borracha (f)	[bo'haʃa]
gesso (m)	giz (m)	[ʒiz]
astuccio (m) portamatite	porta-lápis (m)	['pɔrta-'lapis]

cartella (f)	mala, pasta, mochila (f)	['mala], ['pasta], [mo'ʃila]
penna (f)	caneta (f)	[ka'neta]
quaderno (m)	caderno (m)	[ka'dɛrnu]
manuale (m)	livro (m) didático	['livru dʒi'datʃiku]
compasso (m)	compasso (m)	[kõ'pasu]

disegnare (tracciare)	traçar (vt)	[tra'sar]
disegno (m) tecnico	desenho (m) técnico	[de'zɐɲu 'tɛkniku]

poesia (f)	poesia (f)	[poe'zia]
a memoria	de cor	[de kɔr]
imparare a memoria	decorar (vt)	[deko'rar]

vacanze (f pl) scolastiche	férias (f pl)	['fɛrjas]
essere in vacanza	estar de férias	[is'tar de 'fɛrjas]
passare le vacanze	passar as férias	[pa'sar as 'fɛrjas]

prova (f) scritta	teste (m), prova (f)	['tɛstʃi], ['prɔva]
composizione (f)	redação (f)	[heda'sãw]
dettato (m)	ditado (m)	[dʒi'tadu]
esame (m)	exame (m), prova (f)	[e'zami], ['prɔva]
sostenere un esame	fazer prova	[fa'zer 'prɔva]
esperimento (m)	experiência (f)	[ispe'rjẽsja]

118. Istituto superiore. Università

accademia (f)	academia (f)	[akade'mia]
università (f)	universidade (f)	[universi'dadʒi]
facoltà (f)	faculdade (f)	[fakuw'dadʒi]

studente (m)	estudante (m)	[istu'dãtʃi]
studentessa (f)	estudante (f)	[istu'dãtʃi]
docente (m, f)	professor (m)	[profe'sor]

aula (f)	auditório (m)	[awdʒi'tɔrju]
diplomato (m)	graduado (m)	[gra'dwadu]

diploma (m)	diploma (m)	[dʒip'lɔma]
tesi (f)	tese (f)	['tɛzi]

ricerca (f)	estudo (m)	[is'tudu]
laboratorio (m)	laboratório (m)	[labora'tɔrju]

lezione (f)	palestra (f)	[pa'lɛstra]
compagno (m) di corso	colega (m) de curso	[ko'lɛga de 'kursu]

borsa (f) di studio	bolsa (f) de estudos	['bowsa de is'tudus]
titolo (m) accademico	grau (m) acadêmico	['graw aka'demiku]

119. Scienze. Discipline

matematica (f)	matemática (f)	[mate'matʃika]
algebra (f)	álgebra (f)	['awʒebra]
geometria (f)	geometria (f)	[ʒeome'tria]
astronomia (f)	astronomia (f)	[astrono'mia]
biologia (f)	biologia (f)	[bjolo'ʒia]
geografia (f)	geografia (f)	[ʒeogra'fia]
geologia (f)	geologia (f)	[ʒeolo'ʒia]
storia (f)	história (f)	[is'tɔrja]
medicina (f)	medicina (f)	[medʒi'sina]
pedagogia (f)	pedagogia (f)	[pedago'ʒia]
diritto (m)	direito (m)	[dʒi'rejtu]
fisica (f)	física (f)	['fizika]
chimica (f)	química (f)	['kimika]
filosofia (f)	filosofia (f)	[filozo'fia]
psicologia (f)	psicologia (f)	[psikolo'ʒia]

120. Sistema di scrittura. Ortografia

grammatica (f)	gramática (f)	[gra'matʃika]
lessico (m)	vocabulário (m)	[vokabu'larju]
fonetica (f)	fonética (f)	[fo'nɛtʃika]
sostantivo (m)	substantivo (m)	[substã'tʃivu]
aggettivo (m)	adjetivo (m)	[adʒe'tʃivu]
verbo (m)	verbo (m)	['vɛrbu]
avverbio (m)	advérbio (m)	[adʒi'vɛrbju]
pronome (m)	pronome (m)	[pro'nɔmi]
interiezione (f)	interjeição (f)	[ĩterʒej'sãw]
preposizione (f)	preposição (f)	[prepozi'sãw]
radice (f)	raiz (f)	[ha'iz]
desinenza (f)	terminação (f)	[termina'sãw]
prefisso (m)	prefixo (m)	[pre'fiksu]
sillaba (f)	sílaba (f)	['silaba]
suffisso (m)	sufixo (m)	[su'fiksu]
accento (m)	acento (m)	[a'sẽtu]
apostrofo (m)	apóstrofo (m)	[a'pɔstrofu]
punto (m)	ponto (m)	['põtu]
virgola (f)	vírgula (f)	['virgula]
punto (m) e virgola	ponto e vírgula (m)	['põtu e 'virgula]
due punti	dois pontos (m pl)	['dojs 'põtus]
puntini di sospensione	reticências (f pl)	[hetʃi'sẽsjas]
punto (m) interrogativo	ponto (m) de interrogação	['põtu de ĩtehoga'sãw]
punto (m) esclamativo	ponto (m) de exclamação	['põtu de isklama'sãw]

virgolette (f pl)	aspas (f pl)	['aspas]
tra virgolette	entre aspas	[ẽtri 'aspas]
parentesi (f pl)	parênteses (m pl)	[pa'rẽtezis]
tra parentesi	entre parênteses	[ẽtri pa'rẽtezis]

trattino (m)	hífen (m)	['ifẽ]
lineetta (f)	travessão (m)	[trave'sãw]
spazio (m) (tra due parole)	espaço (m)	[is'pasu]

| lettera (f) | letra (f) | ['letra] |
| lettera (f) maiuscola | letra (f) maiúscula | ['letra ma'juskula] |

| vocale (f) | vogal (f) | [vo'gaw] |
| consonante (f) | consoante (f) | [kõso'ãtʃi] |

proposizione (f)	frase (f)	['frazi]
soggetto (m)	sujeito (m)	[su'ʒejtu]
predicato (m)	predicado (m)	[predʒi'kadu]

riga (f)	linha (f)	['liɲa]
a capo	em uma nova linha	[ẽ 'uma 'nɔva 'liɲa]
capoverso (m)	parágrafo (m)	[pa'ragrafu]

parola (f)	palavra (f)	[pa'lavra]
gruppo (m) di parole	grupo (m) de palavras	['grupu de pa'lavras]
espressione (f)	expressão (f)	[ispre'sãw]
sinonimo (m)	sinônimo (m)	[si'nonimu]
antonimo (m)	antônimo (m)	[ã'tonimu]

regola (f)	regra (f)	['hɛgra]
eccezione (f)	exceção (f)	[ese'sãw]
giusto (corretto)	correto	[ko'hɛtu]

coniugazione (f)	conjugação (f)	[kõʒuga'sãw]
declinazione (f)	declinação (f)	[deklina'sãw]
caso (m) nominativo	caso (m)	['kazu]
domanda (f)	pergunta (f)	[per'gũta]
sottolineare (vt)	sublinhar (vt)	[subli'ɲar]
linea (f) tratteggiata	linha (f) pontilhada	['liɲa põtʃi'ʎada]

121. Lingue straniere

lingua (f)	língua (f)	['lĩgwa]
straniero (agg)	estrangeiro	[istrã'ʒejru]
lingua (f) straniera	língua (f) estrangeira	['lĩgwa istrã'ʒejra]
studiare (vt)	estudar (vt)	[istu'dar]
imparare (una lingua)	aprender (vt)	[aprẽ'der]

leggere (vi, vt)	ler (vt)	[ler]
parlare (vi, vt)	falar (vi)	[fa'lar]
capire (vt)	entender (vt)	[ẽtẽ'der]
scrivere (vi, vt)	escrever (vt)	[iskre'ver]
rapidamente	rapidamente	[hapida'mẽtʃi]
lentamente	lentamente	[lẽta'mẽtʃi]

correntemente	fluentemente	[fluẽte'mẽtʃi]
regole (f pl)	regras (f pl)	['hɛgras]
grammatica (f)	gramática (f)	[gra'matʃika]
lessico (m)	vocabulário (m)	[vokabu'larju]
fonetica (f)	fonética (f)	[fo'nɛtʃika]

manuale (m)	livro (m) didático	['livru dʒi'datʃiku]
dizionario (m)	dicionário (m)	[dʒisjo'narju]
manuale (m) autodidattico	manual (m) autodidático	[ma'nwaw awtɔdʒi'datʃiku]
frasario (m)	guia (m) de conversação	['gia de kõversa'sãw]

cassetta (f)	fita (f) cassete	['fita ka'sɛtʃi]
videocassetta (f)	videoteipe (m)	[vidʒju'tejpi]
CD (m)	CD, disco (m) compacto	['sede], ['dʒisku kõ'paktu]
DVD (m)	DVD (m)	[deve'de]

alfabeto (m)	alfabeto (m)	[awfa'bɛtu]
compitare (vt)	soletrar (vt)	[sole'trar]
pronuncia (f)	pronúncia (f)	[pro'nũsja]

accento (m)	sotaque (m)	[so'taki]
con un accento	com sotaque	[kõ so'taki]
senza accento	sem sotaque	[sẽ so'taki]

| vocabolo (m) | palavra (f) | [pa'lavra] |
| significato (m) | sentido (m) | [sẽ'tʃidu] |

corso (m) (~ di francese)	curso (m)	['kursu]
iscriversi (vr)	inscrever-se (vr)	[ĩskre'verse]
insegnante (m, f)	professor (m)	[profe'sor]

traduzione (f) (fare una ~)	tradução (f)	[tradu'sãw]
traduzione (f) (un testo)	tradução (f)	[tradu'sãw]
traduttore (m)	tradutor (m)	[tradu'tor]
interprete (m)	intérprete (m)	[ĩ'tɛrpretʃi]

| poliglotta (m) | poliglota (m) | [pɔli'glɔta] |
| memoria (f) | memória (f) | [me'mɔrja] |

122. Personaggi delle fiabe

Babbo Natale (m)	Papai Noel (m)	[pa'paj nɔ'ɛl]
Cenerentola (f)	Cinderela (f)	[sĩde'rɛla]
sirena (f)	sereia (f)	[se'reja]
Nettuno (m)	Netuno (m)	[ne'tunu]

mago (m)	bruxo, feiticeiro (m)	['bruʃu], [fejtʃi'sejru]
fata (f)	fada (f)	['fada]
magico (agg)	mágico	['maʒiku]
bacchetta (f) magica	varinha (f) mágica	[va'riɲa 'maʒika]

fiaba (f), favola (f)	conto (m) de fadas	['kõtu de 'fadas]
miracolo (m)	milagre (m)	[mi'lagri]
nano (m)	anão (m)	[a'nãw]

trasformarsi in ...	transformar-se em ...	[träsfor'marsi ë]
fantasma (m)	fantasma (m)	[fã'tazma]
spettro (m)	fantasma (m)	[fã'tazma]
mostro (m)	monstro (m)	['mõstru]
drago (m)	dragão (m)	[dra'gãw]
gigante (m)	gigante (m)	[ʒi'gãtʃi]

123. Segni zodiacali

Ariete (m)	Áries (f)	['aris]
Toro (m)	Touro (m)	['toru]
Gemelli (m pl)	Gêmeos (m pl)	['ʒemjus]
Cancro (m)	Câncer (m)	['käser]
Leone (m)	Leão (m)	[le'ãw]
Vergine (f)	Virgem (f)	['virʒẽ]

Bilancia (f)	Libra (f)	['libra]
Scorpione (m)	Escorpião (m)	[iskorpi'ãw]
Sagittario (m)	Sagitário (m)	[saʒi'tarju]
Capricorno (m)	Capricórnio (m)	[kapri'kɔrnju]
Acquario (m)	Aquário (m)	[a'kwarju]
Pesci (m pl)	Peixes (pl)	['pejʃis]

carattere (m)	caráter (m)	[ka'rater]
tratti (m pl) del carattere	traços (m pl) do caráter	['trasus du ka'rater]
comportamento (m)	comportamento (m)	[kõporta'mẽtu]
predire il futuro	prever a sorte	[pre'ver a 'sɔrtʃi]
cartomante (f)	adivinha (f)	[aʤi'viɲa]
oroscopo (m)	horóscopo (m)	[o'rɔskopu]

Arte

124. Teatro

teatro (m)	teatro (m)	['tʃatru]
opera (f)	ópera (f)	['ɔpera]
operetta (f)	opereta (f)	[ope'reta]
balletto (m)	balé (m)	[ba'lɛ]
cartellone (m)	cartaz (m)	[kar'taz]
compagnia (f) teatrale	companhia (f) de teatro	[kõpa'ɲia de 'tʃatru]
tournée (f)	turnê (f)	[tur'ne]
andare in tourn?e	estar em turnê	[is'tar ẽ tur'ne]
fare le prove	ensaiar (vt)	[ẽsa'jar]
prova (f)	ensaio (m)	[ẽ'saju]
repertorio (m)	repertório (m)	[heper'tɔrju]
rappresentazione (f)	apresentação (f)	[aprezẽta'sãw]
spettacolo (m)	espetáculo (m)	[ispe'takulu]
opera (f) teatrale	peça (f)	['pɛsa]
biglietto (m)	entrada (m)	[ẽ'trada]
botteghino (m)	bilheteira (f)	[biʎe'tejra]
hall (f)	hall (m)	[hɔw]
guardaroba (f)	vestiário (m)	[ves'tʃarju]
cartellino (m) del guardaroba	senha (f) numerada	['sɛɲa nume'rada]
binocolo (m)	binóculo (m)	[bi'nɔkulu]
maschera (f)	lanterninha (m, f)	[lãter'niɲa]
platea (f)	plateia (f)	[pla'tɛja]
balconata (f)	balcão (m)	[baw'kãw]
prima galleria (f)	primeiro balcão (m)	[pri'mejru baw'kãw]
palco (m)	camarote (m)	[kama'rɔtʃi]
fila (f)	fila (f)	['fila]
posto (m)	assento (m)	[a'sẽtu]
pubblico (m)	público (m)	['publiku]
spettatore (m)	espectador (m)	[ispekta'dor]
battere le mani	aplaudir (vt)	[aplaw'dʒir]
applauso (m)	aplauso (m)	[a'plawzu]
ovazione (f)	ovação (f)	[ova'sãw]
palcoscenico (m)	palco (m)	['pawku]
sipario (m)	cortina (f)	[kor'tʃina]
scenografia (f)	cenário (m)	[se'narju]
quinte (f pl)	bastidores (m pl)	[bastʃi'doris]
scena (f) (l'ultima ~)	cena (f)	['sɛna]
atto (m)	ato (m)	['atu]
intervallo (m)	intervalo (m)	[ĩter'valu]

125. Cinema

attore (m)	ator (m)	[a'tor]
attrice (f)	atriz (f)	[a'triz]
cinema (m) (industria)	cinema (m)	[si'nɛma]
film (m)	filme (m)	['fiwmi]
puntata (f)	episódio (m)	[epi'zɔʤu]
film (m) giallo	filme (m) policial	['fiwmi poli'sjaw]
film (m) d'azione	filme (m) de ação	['fiwmi de a'sãw]
film (m) d'avventure	filme (m) de aventuras	['fiwmi de avẽ'turas]
film (m) di fantascienza	filme (m) de ficção científica	['fiwmi de fik'sãw sjẽ'tʃifika]
film (m) d'orrore	filme (m) de horror	['fiwmi de o'hor]
film (m) comico	comédia (f)	[ko'mɛʤja]
melodramma (m)	melodrama (m)	[melo'drama]
dramma (m)	drama (m)	['drama]
film (m) a soggetto	filme (m) de ficção	['fiwmi de fik'sãw]
documentario (m)	documentário (m)	[dokumẽ'tarju]
cartoni (m pl) animati	desenho (m) animado	[de'zɛɲu ani'madu]
cinema (m) muto	cinema (m) mudo	[si'nɛma 'mudu]
parte (f)	papel (m)	[pa'pɛw]
parte (f) principale	papel (m) principal	[pa'pɛw prĩsi'paw]
recitare (vi, vt)	representar (vt)	[heprezẽ'tar]
star (f), stella (f)	estrela (f) de cinema	[is'trela de si'nɛma]
noto (agg)	conhecido	[koɲe'sidu]
famoso (agg)	famoso	[fa'mozu]
popolare (agg)	popular	[popu'lar]
sceneggiatura (m)	roteiro (m)	[ho'tejru]
sceneggiatore (m)	roteirista (m)	[hotej'rista]
regista (m)	diretor (m) de cinema	[ʤire'tor de si'nɛma]
produttore (m)	produtor (m)	[produ'tor]
assistente (m)	assistente (m)	[asis'tẽtʃi]
cameraman (m)	diretor (m) de fotografia	[ʤire'tor de fotogra'fia]
cascatore (m)	dublê (m)	[du'ble]
controfigura (f)	dublê (m) de corpo	[du'ble de korpu]
girare un film	filmar (vt)	[fiw'mar]
provino (m)	audição (f)	[awʤi'sãw]
ripresa (f)	filmagem (f)	[fiw'maʒẽ]
troupe (f) cinematografica	equipe (f) de filmagem	[e'kipi de fiw'maʒẽ]
set (m)	set (m) de filmagem	['sɛtʃi de fiw'maʒẽ]
cinepresa (f)	câmera (f)	['kamera]
cinema (m) (~ all'aperto)	cinema (m)	[si'nɛma]
schermo (m)	tela (f)	['tɛla]
proiettare un film	exibir um filme	[ezi'bir ũ 'fiwmi]
colonna (f) sonora	trilha (f) sonora	['triʎa so'nɔra]
effetti (m pl) speciali	efeitos (m pl) especiais	[e'fejtus ispe'sjajs]

sottotitoli (m pl)	legendas (f pl)	[le'ʒẽdas]
titoli (m pl) di coda	crédito (m)	['krɛʤitu]
traduzione (f)	tradução (f)	[tradu'sãw]

126. Pittura

arte (f)	arte (f)	['artʃi]
belle arti (f pl)	belas-artes (f pl)	[bɛlaz 'artʃis]
galleria (f) d'arte	galeria (f) de arte	[gale'ria de 'artʃi]
mostra (f)	exibição (f) de arte	[ezibi'sãw de 'artʃi]
pittura (f)	pintura (f)	[pĩ'tura]
grafica (f)	arte (f) gráfica	['artʃis 'grafikas]
astrattismo (m)	arte (f) abstrata	['artʃi abs'trata]
impressionismo (m)	impressionismo (m)	[ĩpresjo'nizmu]
quadro (m)	pintura (f), quadro (m)	[pĩ'tura], ['kwadru]
disegno (m)	desenho (m)	[de'zɛɲu]
cartellone, poster (m)	pôster (m)	['poster]
illustrazione (f)	ilustração (f)	[ilustra'sãw]
miniatura (f)	miniatura (f)	[minja'tura]
copia (f)	cópia (f)	['kɔpja]
riproduzione (f)	reprodução (f)	[heprodu'sãw]
mosaico (m)	mosaico (m)	[mo'zajku]
vetrata (f)	vitral (m)	[vi'traw]
affresco (m)	afresco (m)	[a'fresku]
incisione (f)	gravura (f)	[gra'vura]
busto (m)	busto (m)	['bustu]
scultura (f)	escultura (f)	[iskuw'tura]
statua (f)	estátua (f)	[is'tatwa]
gesso (m)	gesso (m)	['ʒesu]
in gesso	em gesso	[ẽ 'ʒesu]
ritratto (m)	retrato (m)	[he'tratu]
autoritratto (m)	autorretrato (m)	[awtohe'tratu]
paesaggio (m)	paisagem (f)	[paj'zaʒẽ]
natura (f) morta	natureza (f) morta	[natu'reza 'mɔrta]
caricatura (f)	caricatura (f)	[karika'tura]
abbozzo (m)	esboço (m)	[iz'bosu]
colore (m)	tinta (f)	[tʃĩta]
acquerello (m)	aquarela (f)	[akwa'rɛla]
olio (m)	tinta (f) a óleo	[tʃĩta a 'ɔlju]
matita (f)	lápis (m)	['lapis]
inchiostro (m) di china	tinta (f) nanquim	[tʃĩta nã'kĩ]
carbone (m)	carvão (m)	[kar'vãw]
disegnare (a matita)	desenhar (vt)	[deze'ɲar]
dipingere (un quadro)	pintar (vt)	[pĩ'tar]
posare (vi)	posar (vi)	[po'zar]
modello (m)	modelo (m)	[mo'delu]

modella (f)	modelo (f)	[mo'delu]
pittore (m)	pintor (m)	[pĩ'tor]
opera (f) d'arte	obra (f)	['ɔbra]
capolavoro (m)	obra-prima (f)	['ɔbra 'prima]
laboratorio (m) (di artigiano)	estúdio (m)	[is'tudʒu]

tela (f)	tela (f)	['tɛla]
cavalletto (m)	cavalete (m)	[kava'letʃi]
tavolozza (f)	paleta (f)	[pa'leta]

cornice (f) (~ di un quadro)	moldura (f)	[mow'dura]
restauro (m)	restauração (f)	[hestawra'sãw]
restaurare (vt)	restaurar (vt)	[hestaw'rar]

127. Letteratura e poesia

letteratura (f)	literatura (f)	[litera'tura]
autore (m)	autor (m)	[aw'tor]
pseudonimo (m)	pseudônimo (m)	[psew'donimu]

libro (m)	livro (m)	['livru]
volume (m)	volume (m)	[vo'lumi]
sommario (m), indice (m)	índice (m)	['indʒisi]
pagina (f)	página (f)	['paʒina]
protagonista (m)	protagonista (m)	[protago'nista]
autografo (m)	autógrafo (m)	[aw'tɔgrafu]

racconto (m)	conto (m)	['kõtu]
romanzo (m) breve	novela (f)	[no'vɛla]
romanzo (m)	romance (m)	[ho'mãsi]
opera (f) (~ letteraria)	obra (f)	['ɔbra]
favola (f)	fábula (m)	['fabula]
giallo (m)	romance (m) policial	[ho'mãsi poli'sjaw]

verso (m)	verso (m)	['vɛrsu]
poesia (f) (~ lirica)	poesia (f)	[poe'zia]
poema (m)	poema (m)	['pwema]
poeta (m)	poeta (m)	['pwɛta]

narrativa (f)	ficção (f)	[fik'sãw]
fantascienza (f)	ficção (f) científica	[fik'sãw sjë'tʃifika]
avventure (f pl)	aventuras (f pl)	[avẽ'turas]
letteratura (f) formativa	literatura (f) didática	[litera'tura dʒi'datʃika]
libri (m pl) per l'infanzia	literatura (f) infantil	[litera'tura ĩfã'tʃiw]

128. Circo

circo (m)	circo (m)	['sirku]
tendone (m) del circo	circo (m) ambulante	['sirku ãbu'lãtʃi]
programma (m)	programa (m)	[pro'grama]
spettacolo (m)	apresentação (f)	[aprezẽta'sãw]
numero (m)	número (m)	['numeru]

arena (f)	picadeiro (f)	[pika'dejru]
pantomima (m)	pantomima (f)	[păto'mima]
pagliaccio (m)	palhaço (m)	[pa'ʎasu]
acrobata (m)	acrobata (m)	[akro'bata]
acrobatica (f)	acrobacia (f)	[akroba'sia]
ginnasta (m)	ginasta (m)	[ʒi'nasta]
ginnastica (m)	ginástica (f)	[ʒi'nastʃika]
salto (m) mortale	salto (m) mortal	['sawtu mor'taw]
forzuto (m)	homem (m) forte	['omě 'fɔrtʃi]
domatore (m)	domador (m)	[doma'dor]
cavallerizzo (m)	cavaleiro (m) equilibrista	[kava'lejru ekili'brista]
assistente (m)	assistente (m)	[asis'tětʃi]
acrobazia (f)	truque (m)	['truki]
gioco (m) di prestigio	truque (m) de mágica	['truki de 'maʒika]
prestigiatore (m)	ilusionista (m)	[iluzjo'nista]
giocoliere (m)	malabarista (m)	[malaba'rista]
giocolare (vi)	fazer malabarismos	[fa'zer malaba'rizmus]
ammaestratore (m)	adestrador (m)	[adestra'dor]
ammaestramento (m)	adestramento (m)	[adestra'mětu]
ammaestrare (vt)	adestrar (vt)	[ades'trar]

129. Musica. Musica pop

musica (f)	música (f)	['muzika]
musicista (m)	músico (m)	['muziku]
strumento (m) musicale	instrumento (m) musical	[ĩstru'mětu muzi'kaw]
suonare …	tocar …	[to'kar]
chitarra (f)	guitarra (f)	[gi'taha]
violino (m)	violino (m)	[vjo'linu]
violoncello (m)	violoncelo (m)	[vjolõ'sɛlu]
contrabbasso (m)	contrabaixo (m)	[kõtra'baɪʃu]
arpa (f)	harpa (f)	['arpa]
pianoforte (m)	piano (m)	['pjanu]
pianoforte (m) a coda	piano (m) de cauda	['pjanu de 'kawda]
organo (m)	órgão (m)	['ɔrgăw]
strumenti (m pl) a fiato	instrumentos (m pl) de sopro	[ĩstru'mětus de 'sopru]
oboe (m)	oboé (m)	[o'bwɛ]
sassofono (m)	saxofone (m)	[sakso'fɔni]
clarinetto (m)	clarinete (m)	[klari'netʃi]
flauto (m)	flauta (f)	['flawta]
tromba (f)	trompete (m)	[trõ'pɛte]
fisarmonica (f)	acordeão (m)	[akor'dʒjăw]
tamburo (m)	tambor (m)	[tă'bor]
duetto (m)	dueto (m)	['dwetu]
trio (m)	trio (m)	['triu]

quartetto (m)	quarteto (m)	[kwar'tetu]
coro (m)	coro (m)	['koru]
orchestra (f)	orquestra (f)	[or'kɛstra]
musica (f) pop	música (f) pop	['muzika 'pɔpi]
musica (f) rock	música (f) rock	['muzika 'hɔki]
gruppo (m) rock	grupo (m) de rock	['grupu de 'hɔki]
jazz (m)	jazz (m)	[dʒɛz]
idolo (m)	ídolo (m)	['idolu]
ammiratore (m)	fã, admirador (m)	[fã], [adʒimira'dor]
concerto (m)	concerto (m)	[kõ'sertu]
sinfonia (f)	sinfonia (f)	[sĩfo'nia]
composizione (f)	composição (f)	[kõpozi'sãw]
comporre (vt), scrivere (vt)	compor (vt)	[kõ'por]
canto (m)	canto (m)	['kãtu]
canzone (f)	canção (f)	[kã'sãw]
melodia (f)	melodia (f)	[melo'dʒia]
ritmo (m)	ritmo (m)	['hitʃmu]
blues (m)	blues (m)	[bluz]
note (f pl)	notas (f pl)	['nɔtas]
bacchetta (f)	batuta (f)	[ba'tuta]
arco (m)	arco (m)	['arku]
corda (f)	corda (f)	['kɔrda]
custodia (f) (~ della chitarra)	estojo (m)	[is'toʒu]

Ristorante. Intrattenimento. Viaggi

130. Escursione. Viaggio

turismo (m)	turismo (m)	[tu'rizmu]
turista (m)	turista (m)	[tu'rista]
viaggio (m) (all'estero)	viagem (f)	['vjaʒẽ]
avventura (f)	aventura (f)	[avẽ'tura]
viaggio (m) (corto)	viagem (f)	['vjaʒẽ]
vacanza (f)	férias (f pl)	['fɛrjas]
essere in vacanza	estar de férias	[is'tar de 'fɛrjas]
riposo (m)	descanso (m)	[dʒis'kãsu]
treno (m)	trem (m)	[trẽj]
in treno	de trem	[de trẽj]
aereo (m)	avião (m)	[a'vjãw]
in aereo	de avião	[de a'vjãw]
in macchina	de carro	[de 'kaho]
in nave	de navio	[de na'viu]
bagaglio (m)	bagagem (f)	[ba'gaʒẽ]
valigia (f)	mala (f)	['mala]
carrello (m)	carrinho (m)	[ka'hiɲu]
passaporto (m)	passaporte (m)	[pasa'pɔrtʃi]
visto (m)	visto (m)	['vistu]
biglietto (m)	passagem (f)	[pa'saʒẽ]
biglietto (m) aereo	passagem (f) aérea	[pa'saʒẽ a'erja]
guida (f)	guia (m) de viagem	['gia de vi'aʒẽ]
carta (f) geografica	mapa (m)	['mapa]
località (f)	área (f)	['arja]
luogo (m)	lugar (m)	[lu'gar]
ogetti (m pl) esotici	exotismo (m)	[ezo'tʃizmu]
esotico (agg)	exótico	[e'zɔtʃiku]
sorprendente (agg)	surpreendente	[surprjẽ'dẽtʃi]
gruppo (m)	grupo (m)	['grupu]
escursione (f)	excursão (f)	[iskur'sãw]
guida (f) (cicerone)	guia (m)	['gia]

131. Hotel

albergo (m)	hotel (m)	[o'tɛw]
motel (m)	motel (m)	[mo'tɛw]
tre stelle	três estrelas	['tres is'trelas]

| cinque stelle | cinco estrelas | ['sĩku is'trelas] |
| alloggiare (vi) | ficar (vi, vt) | [fi'kar] |

camera (f)	quarto (m)	['kwartu]
camera (f) singola	quarto (m) individual	['kwartu ĩdʒivi'dwaw]
camera (f) doppia	quarto (m) duplo	['kwartu 'duplu]
prenotare una camera	reservar um quarto	[hezer'var ũ 'kwartu]

| mezza pensione (f) | meia pensão (f) | ['meja pẽ'sãw] |
| pensione (f) completa | pensão (f) completa | [pẽ'sãw kõ'plɛta] |

con bagno	com banheira	[kõ ba'ɲejra]
con doccia	com chuveiro	[kõ ʃu'vejru]
televisione (f) satellitare	televisão (m) por satélite	[televi'zãw por sa'tɛlitʃi]
condizionatore (m)	ar (m) condicionado	[ar kõdʒisjo'nadu]
asciugamano (m)	toalha (f)	[to'aʎa]
chiave (f)	chave (f)	['ʃavi]

amministratore (m)	administrador (m)	[adʒiministra'dor]
cameriera (f)	camareira (f)	[kama'rejra]
portabagagli (m)	bagageiro (m)	[baga'ʒejru]
portiere (m)	porteiro (m)	[por'tejru]

ristorante (m)	restaurante (m)	[hestaw'rãtʃi]
bar (m)	bar (m)	[bar]
colazione (f)	café (m) da manhã	[ka'fɛ da ma'ɲã]
cena (f)	jantar (m)	[ʒã'tar]
buffet (m)	bufê (m)	[bu'fe]

| hall (f) (atrio d'ingresso) | saguão (m) | [sa'gwãw] |
| ascensore (m) | elevador (m) | [eleva'dor] |

| NON DISTURBARE | NÃO PERTURBE | ['nãw per'turbi] |
| VIETATO FUMARE! | PROIBIDO FUMAR! | [proi'bidu fu'mar] |

132. Libri. Lettura

libro (m)	livro (m)	['livru]
autore (m)	autor (m)	[aw'tor]
scrittore (m)	escritor (m)	[iskri'tor]
scrivere (vi, vt)	escrever (vt)	[iskre'ver]

lettore (m)	leitor (m)	[lej'tor]
leggere (vi, vt)	ler (vt)	[ler]
lettura (f) (sala di ~)	leitura (f)	[lej'tura]

| in silenzio (leggere ~) | para si | ['para si] |
| ad alta voce | em voz alta | [ẽ vɔz 'awta] |

pubblicare (vt)	publicar (vt)	[publi'kar]
pubblicazione (f)	publicação (f)	[publika'sãw]
editore (m)	editor (m)	[edʒi'tor]
casa (f) editrice	editora (f)	[edʒi'tora]
uscire (vi)	sair (vi)	[sa'ir]

uscita (f)	lançamento (m)	[lãsa'mẽtu]
tiratura (f)	tiragem (f)	[tʃi'raʒẽ]

libreria (f)	livraria (f)	[livra'ria]
biblioteca (f)	biblioteca (f)	[bibljo'tɛka]

romanzo (m) breve	novela (f)	[no'vɛla]
racconto (m)	conto (m)	['kõtu]
romanzo (m)	romance (m)	[ho'mãsi]
giallo (m)	romance (m) policial	[ho'mãsi poli'sjaw]

memorie (f pl)	memórias (f pl)	[me'mɔrias]
leggenda (f)	lenda (f)	['lẽda]
mito (m)	mito (m)	['mitu]

poesia (f), versi (m pl)	poesia (f)	[poe'zia]
autobiografia (f)	autobiografia (f)	[awtobjogra'fia]
opere (f pl) scelte	obras (f pl) escolhidas	['ɔbraʃ isko'ʎidas]
fantascienza (f)	ficção (f) científica	[fik'sãw sjẽ'tʃifika]

titolo (m)	título (m)	['tʃitulu]
introduzione (f)	introdução (f)	[ĩtrodu'sãw]
frontespizio (m)	folha (f) de rosto	['foʎa de 'hostu]

capitolo (m)	capítulo (m)	[ka'pitulu]
frammento (m)	excerto (m)	[e'sɛrtu]
episodio (m)	episódio (m)	[epi'zɔdʒu]

soggetto (m)	enredo (m)	[ẽ'hedu]
contenuto (m)	conteúdo (m)	[kõte'udu]
sommario (m)	índice (m)	['indʒisi]
protagonista (m)	protagonista (m)	[protago'nista]

volume (m)	volume (m)	[vo'lumi]
copertina (f)	capa (f)	['kapa]
rilegatura (f)	encadernação (f)	[ẽkaderna'sãw]
segnalibro (m)	marcador (m) de página	[marka'dor de 'paʒina]

pagina (f)	página (f)	['paʒina]
sfogliare (~ le pagine)	folhear (vt)	[fo'ʎjar]
margini (m pl)	margem (f)	['marʒẽ]
annotazione (f)	anotação (f)	[anota'sãw]
nota (f) (a fondo pagina)	nota (f) de rodapé	['nɔta de hoda'pɛ]

testo (m)	texto (m)	['testu]
carattere (m)	fonte (f)	['fõtʃi]
refuso (m)	falha (f) de impressão	['faʎa de impre'sãw]

traduzione (f)	tradução (f)	[tradu'sãw]
tradurre (vt)	traduzir (vt)	[tradu'zir]
originale (m) (leggere l'~)	original (m)	[oriʒi'naw]

famoso (agg)	famoso	[fa'mozu]
sconosciuto (agg)	desconhecido	[dʒiskoɲe'sidu]
interessante (agg)	interessante	[ĩtere'sãtʃi]
best seller (m)	best-seller (m)	[bɛst'sɛler]

dizionario (m)	dicionário (m)	[dʒisjo'narju]
manuale (m)	livro (m) didático	['livru dʒi'datʃiku]
enciclopedia (f)	enciclopédia (f)	[ẽsiklo'pɛdʒja]

133. Caccia. Pesca

caccia (f)	caça (f)	['kasa]
cacciare (vt)	caçar (vi)	[ka'sar]
cacciatore (m)	caçador (m)	[kasa'dor]

sparare (vi)	disparar, atirar (vi)	[dʒispa'rar], [atʃi'rar]
fucile (m)	rifle (m)	['hifli]
cartuccia (f)	cartucho (m)	[kar'tuʃu]
pallini (m pl) da caccia	chumbo (m) de caça	['ʃũbu de 'kasa]

tagliola (f) (~ per orsi)	armadilha (f)	arma'dʒiʎa]
trappola (f) (~ per uccelli)	armadilha (f)	arma'dʒiʎa]
cadere in trappola	cair na armadilha	[ka'ir na arma'dʒiʎa]
tendere una trappola	pôr a armadilha	['por a arma'dʒiʎa]

bracconiere (m)	caçador (m) furtivo	[kasa'dor fur'tʃivu]
cacciagione (m)	caça (f)	['kasa]
cane (m) da caccia	cão (m) de caça	['kãw de 'kasa]
safari (m)	safári (m)	[sa'fari]
animale (m) impagliato	animal (m) empalhado	[ani'maw ẽpa'ʎadu]

pescatore (m)	pescador (m)	[peska'dor]
pesca (f)	pesca (f)	['pɛska]
pescare (vi)	pescar (vt)	[pes'kar]

canna (f) da pesca	vara (f) de pesca	['vara de 'pɛska]
lenza (f)	linha (f) de pesca	['liɲa de 'pɛska]
amo (m)	anzol (m)	[ã'zɔw]

| galleggiante (m) | boia (f), flutuador (m) | ['bɔja], [flutwa'dor] |
| esca (f) | isca (f) | ['iska] |

| lanciare la canna | lançar a linha | [lã'sar a 'liɲa] |
| abboccare (pesce) | morder (vt) | [mor'der] |

| pescato (m) | pesca (f) | ['pɛska] |
| buco (m) nel ghiaccio | buraco (m) no gelo | [bu'raku nu 'ʒelu] |

| rete (f) | rede (f) | ['hedʒi] |
| barca (f) | barco (m) | ['barku] |

prendere con la rete	pescar com rede	[pes'kar kõ 'hedʒi]
gettare la rete	lançar a rede	[lã'sar a 'hedʒi]
tirare le reti	puxar a rede	[pu'ʃar a 'hedʒi]
cadere nella rete	cair na rede	[ka'ir na 'hedʒi]

baleniere (m)	baleeiro (m)	[bale'ejro]
baleniera (f) (nave)	baleeira (f)	[bale'ejra]
rampone (m)	arpão (m)	[ar'pãw]

134. Ciochi. Biliardo

biliardo (m)	bilhar (m)	[bi'ʎar]
sala (f) da biliardo	sala (f) de bilhar	['sala de bi'ʎar]
bilia (f)	bola (f) de bilhar	['bɔla de bi'ʎar]
imbucare (vt)	embolsar uma bola	[ẽbow'sar 'uma 'bɔla]
stecca (f) da biliardo	taco (m)	['taku]
buca (f)	caçapa (f)	[ka'sapa]

135. Giochi. Carte da gioco

quadri (m pl)	ouros (m pl)	['orus]
picche (f pl)	espadas (f pl)	[is'padas]
cuori (m pl)	copas (f pl)	['kɔpas]
fiori (m pl)	paus (m pl)	['paws]
asso (m)	ás (m)	[ajs]
re (m)	rei (m)	[hej]
donna (f)	dama (f), rainha (f)	['dama], [ha'iɲa]
fante (m)	valete (m)	[va'lɛtʃi]
carta (f) da gioco	carta (f) de jogar	['karta de ʒo'gar]
carte (f pl)	cartas (f pl)	['kartas]
briscola (f)	trunfo (m)	['trũfu]
mazzo (m) di carte	baralho (m)	[ba'raʎu]
punto (m)	ponto (m)	['põtu]
dare le carte	dar, distribuir (vt)	[dar], [dʒistri'bwir]
mescolare (~ le carte)	embaralhar (vt)	[ẽbara'ʎar]
turno (m)	vez, jogada (f)	[vez], [ʒo'gada]
baro (m)	trapaceiro (m)	[trapa'sejru]

136. Riposo. Giochi. Varie

passeggiare (vi)	passear (vi)	[pa'sjar]
passeggiata (f)	passeio (m)	[pa'seju]
gita (f)	viagem (f) de carro	['vjaʒẽ de 'kaho]
avventura (f)	aventura (f)	[avẽ'tura]
picnic (m)	piquenique (m)	[piki'niki]
gioco (m)	jogo (m)	['ʒogu]
giocatore (m)	jogador (m)	[ʒoga'dor]
partita (f) (~ a scacchi)	partida (f)	[par'tʃida]
collezionista (m)	colecionador (m)	[kolesjona'dor]
collezionare (vt)	colecionar (vt)	[kolesjo'nar]
collezione (f)	coleção (f)	[kole'sãw]
cruciverba (m)	palavras (f pl) cruzadas	[pa'lavras kru'zadas]
ippodromo (m)	hipódromo (m)	[i'pɔdromu]

discoteca (f)	discoteca (f)	[dʒisko'tɛka]
sauna (f)	sauna (f)	['sawna]
lotteria (f)	loteria (f)	[lote'ria]

campeggio (m)	campismo (m)	[kã'pizmu]
campo (m)	acampamento (m)	[akãpa'mẽtu]
tenda (f) da campeggio	barraca (f)	[ba'haka]
bussola (f)	bússola (f)	['busola]
campeggiatore (m)	campista (m)	[kã'pista]

guardare (~ un film)	ver (vt), assistir à ...	[ver], [asis'tʃir a]
telespettatore (m)	telespectador (m)	[telespekta'dor]
trasmissione (f)	programa (m) de TV	[pro'grama de te've]

137. Fotografia

macchina (f) fotografica	máquina (f) fotográfica	['makina foto'grafika]
fotografia (f)	foto, fotografia (f)	['fɔtu], [fotogra'fia]

fotografo (m)	fotógrafo (m)	[fo'tɔgrafu]
studio (m) fotografico	estúdio (m) fotográfico	[is'tudʒu foto'grafiku]
album (m) di fotografie	álbum (m) de fotografias	['awbũ de fotogra'fias]

obiettivo (m)	lente (f) fotográfica	['lẽtʃi foto'grafika]
teleobiettivo (m)	lente (f) teleobjetiva	['lẽtʃi teleobʒe'tʃiva]
filtro (m)	filtro (m)	['fiwtru]
lente (f)	lente (f)	['lẽtʃi]

ottica (f)	ótica (f)	['ɔtʃika]
diaframma (m)	abertura (f)	[aber'tura]
tempo (m) di esposizione	exposição (f)	[ispozi'sãw]
mirino (m)	visor (m)	[vi'zor]

fotocamera (f) digitale	câmera (f) digital	['kamera dʒiʒi'taw]
cavalletto (m)	tripé (m)	[tri'pɛ]
flash (m)	flash (m)	[flaʃ]

fotografare (vt)	fotografar (vt)	[fotogra'far]
fare foto	tirar fotos	[tʃi'rar 'fɔtus]
fotografarsi	fotografar-se (vr)	[fotogra'farse]

fuoco (m)	foco (m)	['fɔku]
mettere a fuoco	focar (vt)	[fo'kar]
nitido (agg)	nítido	['nitʃidu]
nitidezza (f)	nitidez (f)	[nitʃi'dez]

contrasto (m)	contraste (m)	[kõ'trastʃi]
contrastato (agg)	contrastante	[kõtras'tãtʃi]

foto (f)	retrato (m)	[he'tratu]
negativa (f)	negativo (m)	[nega'tʃivu]
pellicola (f) fotografica	filme (m)	['fiwmi]
fotogramma (m)	fotograma (m)	[foto'grama]
stampare (~ le foto)	imprimir (vt)	[ĩpri'mir]

125

138. Spiaggia. Nuoto

spiaggia (f)	praia (f)	['praja]
sabbia (f)	areia (f)	[a'reja]
deserto (agg)	deserto	[de'zɛrtu]
abbronzatura (f)	bronzeado (m)	[brõ'zjadu]
abbronzarsi (vr)	bronzear-se (vr)	[brõ'zjarsi]
abbronzato (agg)	bronzeado	[brõ'zjadu]
crema (f) solare	protetor (m) solar	[prute'tor so'lar]
bikini (m)	biquíni (m)	[bi'kini]
costume (m) da bagno	maiô (m)	[ma'jo]
slip (m) da bagno	calção (m) de banho	[kaw'sãw de 'baɲu]
piscina (f)	piscina (f)	[pi'sina]
nuotare (vi)	nadar (vi)	[na'dar]
doccia (f)	chuveiro (m), ducha (f)	[ʃu'vejru], ['duʃa]
cambiarsi (~ i vestiti)	mudar, trocar (vt)	[mu'dar], [tro'kar]
asciugamano (m)	toalha (f)	[to'aʎa]
barca (f)	barco (m)	['barku]
motoscafo (m)	lancha (f)	['lãʃa]
sci (m) nautico	esqui (m) aquático	[is'ki a'kwatʃiku]
pedalò (m)	barco (m) de pedais	['barku de pe'dajs]
surf (m)	surfe (m)	['surfi]
surfista (m)	surfista (m)	[sur'fista]
autorespiratore (m)	equipamento (m) de mergulho	[ekipa'mẽtu de mer'guʎu]
pinne (f pl)	pé (m pl) de pato	[pɛ de 'patu]
maschera (f)	máscara (f)	['maskara]
subacqueo (m)	mergulhador (m)	[merguʎa'dor]
tuffarsi (vr)	mergulhar (vi)	[mergu'ʎar]
sott'acqua	debaixo d'água	[de'baɪʃu 'dagwa]
ombrellone (m)	guarda-sol (m)	['gwarda 'sɔw]
sdraio (f)	espreguiçadeira (f)	[ispregisa'dejra]
occhiali (m pl) da sole	óculos (m pl) de sol	['ɔkulus de 'sɔw]
materasso (m) ad aria	colchão (m) de ar	[kow'ʃãw de 'ar]
giocare (vi)	brincar (vi)	[brĩ'kar]
fare il bagno	ir nadar	[ir na'dar]
pallone (m)	bola (f) de praia	['bɔla de 'praja]
gonfiare (vt)	encher (vt)	[ẽ'ʃer]
gonfiabile (agg)	inflável	[ĩ'flavew]
onda (f)	onda (f)	['õda]
boa (f)	boia (f)	['bɔja]
annegare (vi)	afogar-se (vr)	[afo'garse]
salvare (vt)	salvar (vt)	[saw'var]
giubbotto (m) di salvataggio	colete (m) salva-vidas	[ko'letʃi 'sawva 'vidas]

osservare (vt)	**observar** (vt)	[obser'var]
bagnino (m)	**salva-vidas** (m)	[sawva-'vidas]

ATTREZZATURA TECNICA. MEZZI DI TRASPORTO

Attrezzatura tecnica

139. Computer

computer (m)	computador (m)	[kõputa'dor]
computer (m) portatile	computador (m) portátil	[kõputa'dor por'tatʃiw]
accendere (vt)	ligar (vt)	[li'gar]
spegnere (vt)	desligar (vt)	[dʒizli'gar]
tastiera (f)	teclado (m)	[tɛk'ladu]
tasto (m)	tecla (f)	['tɛkla]
mouse (m)	mouse (m)	['mawz]
tappetino (m) del mouse	tapete (m) para mouse	[ta'petʃi 'para 'mawz]
tasto (m)	botão (m)	[bo'tãw]
cursore (m)	cursor (m)	[kur'sor]
monitor (m)	monitor (m)	[moni'tor]
schermo (m)	tela (f)	['tɛla]
disco (m) rigido	disco (m) rígido	['dʒisku 'hiʒidu]
spazio (m) sul disco rigido	capacidade (f) do disco rígido	[kapasi'dadʒi du 'dʒisku 'hiʒidu]
memoria (f)	memória (f)	[me'mɔrja]
memoria (f) operativa	memória RAM (f)	[me'mɔrja ram]
file (m)	arquivo (m)	[ar'kivu]
cartella (f)	pasta (f)	['pasta]
aprire (vt)	abrir (vt)	[a'brir]
chiudere (vt)	fechar (vt)	[fe'ʃar]
salvare (vt)	salvar (vt)	[saw'var]
eliminare (vt)	deletar (vt)	[dele'tar]
copiare (vt)	copiar (vt)	[ko'pjar]
ordinare (vt)	ordenar (vt)	[orde'nar]
trasferire (vt)	copiar (vt)	[ko'pjar]
programma (m)	programa (m)	[pro'grama]
software (m)	software (m)	[sof'twer]
programmatore (m)	programador (m)	[programa'dor]
programmare (vt)	programar (vt)	[progra'mar]
hacker (m)	hacker (m)	['haker]
password (f)	senha (f)	['sɛɲa]
virus (m)	vírus (m)	['virus]
trovare (un virus, ecc.)	detectar (vt)	[detek'tar]

| byte (m) | byte (m) | ['bajtʃi] |
| megabyte (m) | megabyte (m) | [mega'bajtʃi] |

| dati (m pl) | dados (m pl) | ['dadus] |
| database (m) | base (f) de dados | ['bazi de 'dadus] |

cavo (m)	cabo (m)	['kabu]
sconnettere (vt)	desconectar (vt)	[dezkonek'tar]
collegare (vt)	conectar (vt)	[konek'tar]

140. Internet. Posta elettronica

internet (f)	internet (f)	[īter'nɛtʃi]
navigatore (m)	browser (m)	['brawzer]
motore (m) di ricerca	motor (m) de busca	[mo'tor de 'buska]
provider (m)	provedor (m)	[prove'dor]

webmaster (m)	webmaster (m)	[web'master]
sito web (m)	website (m)	[websajt]
pagina web (f)	página web (f)	['paʒina webi]

| indirizzo (m) | endereço (m) | [ēde'resu] |
| rubrica (f) indirizzi | livro (m) de endereços | ['livru de ēde'resus] |

casella (f) di posta	caixa (f) de correio	['kaɪʃa de ko'heju]
posta (f)	correio (m)	[ko'heju]
troppo piena (agg)	cheia	['ʃeja]

messaggio (m)	mensagem (f)	[mē'saʒē]
messaggi (m pl) in arrivo	mensagens (f pl) recebidas	[mē'saʒēs hese'bidas]
messaggi (m pl) in uscita	mensagens (f pl) enviadas	[mē'saʒēs ē'vjadas]
mittente (m)	remetente (m)	[heme'tētʃi]
inviare (vt)	enviar (vt)	[ē'vjar]
invio (m)	envio (m)	[ē'viu]

| destinatario (m) | destinatário (m) | [destʃina'tarju] |
| ricevere (vt) | receber (vt) | [hese'ber] |

| corrispondenza (f) | correspondência (f) | [kohespõ'dēsja] |
| essere in corrispondenza | corresponder-se (vr) | [kohespõ'dersi] |

file (m)	arquivo (m)	[ar'kivu]
scaricare (vt)	fazer o download, baixar (vt)	[fa'zer u dawn'load], [baj'ʃar]
creare (vt)	criar (vt)	[krjar]
eliminare (vt)	deletar (vt)	[dele'tar]
eliminato (agg)	deletado	[dele'tadu]

connessione (f)	conexão (f)	[konek'sāw]
velocità (f)	velocidade (f)	[velosi'dadʒi]
modem (m)	modem (m)	['modē]
accesso (m)	acesso (m)	[a'sɛsu]
porta (f)	porta (f)	['pɔrta]
collegamento (m)	conexão (f)	[konek'sāw]
collegarsi a ...	conectar (vi)	[konek'tar]

scegliere (vt)	**escolher** (vt)	[isko'ʎer]
cercare (vt)	**buscar** (vt)	[bus'kar]

Mezzi di trasporto

141. Aeroplano

aereo (m)	avião (m)	[a'vjãw]
biglietto (m) aereo	passagem (f) aérea	[pa'saʒẽ a'erja]
compagnia (f) aerea	companhia (f) aérea	[kõpa'ɲia a'erja]
aeroporto (m)	aeroporto (m)	[aero'portu]
supersonico (agg)	supersônico	[super'soniku]
comandante (m)	comandante (m) do avião	[komã'dãtʃi du a'vjãw]
equipaggio (m)	tripulação (f)	[tripula'sãw]
pilota (m)	piloto (m)	[pi'lotu]
hostess (f)	aeromoça (f)	[aero'mosa]
navigatore (m)	copiloto (m)	[kopi'lotu]
ali (f pl)	asas (f pl)	['azas]
coda (f)	cauda (f)	['kawda]
cabina (f)	cabine (f)	[ka'bini]
motore (m)	motor (m)	[mo'tor]
carrello (m) d'atterraggio	trem (m) de pouso	[trẽj de 'pozu]
turbina (f)	turbina (f)	[tur'bina]
elica (f)	hélice (f)	['ɛlisi]
scatola (f) nera	caixa-preta (f)	['kaɪʃa 'preta]
barra (f) di comando	coluna (f) de controle	[ko'luna de kõ'troli]
combustibile (m)	combustível (m)	[kõbus'tʃivew]
safety card (f)	instruções (f pl) de segurança	[ĩstru'sõjs de segu'rãsa]
maschera (f) ad ossigeno	máscara (f) de oxigênio	['maskara de oksi'ʒenju]
uniforme (f)	uniforme (m)	[uni'fɔrmi]
giubbotto (m) di salvataggio	colete (m) salva-vidas	[ko'letʃi 'sawva 'vidas]
paracadute (m)	paraquedas (m)	[para'kɛdas]
decollo (m)	decolagem (f)	[deko'laʒẽ]
decollare (vi)	descolar (vi)	[dʒisko'lar]
pista (f) di decollo	pista (f) de decolagem	['pista de deko'laʒẽ]
visibilità (f)	visibilidade (f)	[vizibili'dadʒi]
volo (m)	voo (m)	['vou]
altitudine (f)	altura (f)	[aw'tura]
vuoto (m) d'aria	poço (m) de ar	['posu de 'ar]
posto (m)	assento (m)	[a'sẽtu]
cuffia (f)	fone (m) de ouvido	['foni de o'vidu]
tavolinetto (m) pieghevole	mesa (f) retrátil	['meza he'tratʃiw]
oblò (m), finestrino (m)	janela (f)	[ʒa'nɛla]
corridoio (m)	corredor (m)	[kohe'dor]

142. Treno

treno (m)	trem (m)	[trẽj]
elettrotreno (m)	trem (m) elétrico	[trẽj e'lɛtriku]
treno (m) rapido	trem (m)	[trẽj]
locomotiva (f) diesel	locomotiva (f) diesel	[lokomo'tʃiva 'dʒizew]
locomotiva (f) a vapore	locomotiva (f) a vapor	[lokomo'tʃiva a va'por]
carrozza (f)	vagão (f) de passageiros	[va'gãw de pasa'ʒejrus]
vagone (m) ristorante	vagão-restaurante (m)	[va'gãw-hestaw'rãtʃi]
rotaie (f pl)	carris (m pl)	[ka'his]
ferrovia (f)	estrada (f) de ferro	[is'trada de 'fɛhu]
traversa (f)	travessa (f)	[tra'vɛsa]
banchina (f) (~ ferroviaria)	plataforma (f)	[plata'fɔrma]
binario (m) (~ 1, 2)	linha (f)	['liɲa]
semaforo (m)	semáforo (m)	[se'maforu]
stazione (f)	estação (f)	[ista'sãw]
macchinista (m)	maquinista (m)	[maki'nista]
portabagagli (m)	bagageiro (m)	[baga'ʒejru]
cuccettista (m, f)	hospedeiro, -a (m, f)	[ospe'dejru, -a]
passeggero (m)	passageiro (m)	[pasa'ʒejru]
controllore (m)	revisor (m)	[hevi'zor]
corridoio (m)	corredor (m)	[kohe'dor]
freno (m) di emergenza	freio (m) de emergência	['freju de imer'ʒẽsja]
scompartimento (m)	compartimento (m)	[kõpartʃi'mẽtu]
cuccetta (f)	cama (f)	['kama]
cuccetta (f) superiore	cama (f) de cima	['kama de 'sima]
cuccetta (f) inferiore	cama (f) de baixo	['kama de 'baɪʃu]
biancheria (f) da letto	roupa (f) de cama	['hopa de 'kama]
biglietto (m)	passagem (f)	[pa'saʒẽ]
orario (m)	horário (m)	[o'rarju]
tabellone (m) orari	painel (m) de informação	[paj'nɛw de ĩforma'sãw]
partire (vi)	partir (vt)	[par'tʃir]
partenza (f)	partida (f)	[par'tʃida]
arrivare (di un treno)	chegar (vi)	[ʃe'gar]
arrivo (m)	chegada (f)	[ʃe'gada]
arrivare con il treno	chegar de trem	[ʃe'gar de trẽj]
salire sul treno	pegar o trem	[pe'gar u trẽj]
scendere dal treno	descer de trem	[de'ser de trẽj]
deragliamento (m)	acidente (m) ferroviário	[asi'dẽtʃi feho'vjarju]
deragliare (vi)	descarrilar (vi)	[dʒiskahi'ʎar]
locomotiva (f) a vapore	locomotiva (f) a vapor	[lokomo'tʃiva a va'por]
fuochista (m)	foguista (m)	[fo'gista]
forno (m)	fornalha (f)	[for'naʎa]
carbone (m)	carvão (m)	[kar'vãw]

143. Nave

nave (f)	navio (m)	[na'viu]
imbarcazione (f)	embarcação (f)	[ẽbarka'sãw]
piroscafo (m)	barco (m) a vapor	['barku a va'por]
barca (f) fluviale	barco (m) fluvial	['barku flu'vjaw]
transatlantico (m)	transatlântico (m)	[trãzat'lãtʃiku]
incrociatore (m)	cruzeiro (m)	[kru'zejru]
yacht (m)	iate (m)	['jatʃi]
rimorchiatore (m)	rebocador (m)	[heboka'dor]
chiatta (f)	barcaça (f)	[bar'kasa]
traghetto (m)	ferry (m), balsa (f)	['fɛʀi], ['balsa]
veliero (m)	veleiro (m)	[ve'lejru]
brigantino (m)	bergantim (m)	[behgã'tʃĩ]
rompighiaccio (m)	quebra-gelo (m)	['kɛbra 'ʒelu]
sottomarino (m)	submarino (m)	[subma'rinu]
barca (f)	bote, barco (m)	['botʃi], ['barku]
scialuppa (f)	baleeira (f)	[bale'ejra]
scialuppa (f) di salvataggio	bote (m) salva-vidas	['botʃi 'sawva 'vidas]
motoscafo (m)	lancha (f)	['lãʃa]
capitano (m)	capitão (m)	[kapi'tãw]
marittimo (m)	marinheiro (m)	[mari'ɲejru]
marinaio (m)	marujo (m)	[ma'ruʒu]
equipaggio (m)	tripulação (f)	[tripula'sãw]
nostromo (m)	contramestre (m)	[kõtra'mɛstri]
mozzo (m) di nave	grumete (m)	[gru'mɛtʃi]
cuoco (m)	cozinheiro (m) de bordo	[kozi'ɲejru de 'bordu]
medico (m) di bordo	médico (m) de bordo	['mɛdʒiku de 'bordu]
ponte (m)	convés (m)	[kõ'vɛs]
albero (m)	mastro (m)	['mastru]
vela (f)	vela (f)	['vɛla]
stiva (f)	porão (m)	[po'rãw]
prua (f)	proa (f)	['proa]
poppa (f)	popa (f)	['popa]
remo (m)	remo (m)	['hɛmu]
elica (f)	hélice (f)	['ɛlisi]
cabina (f)	cabine (m)	[ka'bini]
quadrato (m) degli ufficiali	sala (f) dos oficiais	['sala dus ofi'sjajs]
sala (f) macchine	sala (f) das máquinas	['sala das 'makinas]
ponte (m) di comando	ponte (m) de comando	['põtʃi de ko'mãdu]
cabina (f) radiotelegrafica	sala (f) de comunicações	['sala de komunika'sõjs]
onda (f)	onda (f)	['õda]
giornale (m) di bordo	diário (m) de bordo	['dʒjarju de 'bordu]
cannocchiale (m)	luneta (f)	[lu'neta]
campana (f)	sino (m)	['sinu]

bandiera (f)	bandeira (f)	[bã'dejra]
cavo (m) (~ d'ormeggio)	cabo (m)	['kabu]
nodo (m)	nó (m)	[nɔ]

ringhiera (f)	corrimão (m)	[kohi'mãw]
passerella (f)	prancha (f) de embarque	['prãʃa de ẽ'barki]

ancora (f)	âncora (f)	['ãkora]
levare l'ancora	recolher a âncora	[heko'ʎer a 'ãkora]
gettare l'ancora	jogar a âncora	[ʒo'gar a 'ãkora]
catena (f) dell'ancora	amarra (f)	[a'maha]

porto (m)	porto (m)	['portu]
banchina (f)	cais, amarradouro (m)	[kajs], [amaha'doru]
ormeggiarsi (vr)	atracar (vi)	[atra'kar]
salpare (vi)	desatracar (vi)	[dʒizatra'kar]

viaggio (m)	viagem (f)	['vjaʒẽ]
crociera (f)	cruzeiro (m)	[kru'zejru]
rotta (f)	rumo (m)	['humu]
itinerario (m)	itinerário (m)	[itʃine'rarju]

tratto (m) navigabile	canal (m) de navegação	[ka'naw de navega'sãw]
secca (f)	banco (m) de areia	['bãku de a'reja]
arenarsi (vr)	encalhar (vt)	[ẽka'ʎar]

tempesta (f)	tempestade (f)	[tẽpes'tadʒi]
segnale (m)	sinal (m)	[si'naw]
affondare (andare a fondo)	afundar-se (vr)	[afũ'darse]
Uomo in mare!	Homem ao mar!	['ɔmẽ aw mah]
SOS	SOS	[ɛseo'ɛsi]
salvagente (m) anulare	boia (f) salva-vidas	['bɔja 'sawva 'vidas]

144. Aeroporto

aeroporto (m)	aeroporto (m)	[aero'portu]
aereo (m)	avião (m)	[a'vjãw]
compagnia (f) aerea	companhia (f) aérea	[kõpa'ɲia a'erja]
controllore (m) di volo	controlador (m) de tráfego aéreo	[kõtrola'dor de 'trafegu a'erju]

partenza (f)	partida (f)	[par'tʃida]
arrivo (m)	chegada (f)	[ʃe'gada]
arrivare (vi)	chegar (vi)	[ʃe'gar]

ora (f) di partenza	hora (f) de partida	['ɔra de par'tʃida]
ora (f) di arrivo	hora (f) de chegada	['ɔra de ʃe'gada]

essere ritardato	estar atrasado	[is'tar atra'zadu]
volo (m) ritardato	atraso (m) de voo	[a'trazu de 'vou]

tabellone (m) orari	painel (m) de informação	[paj'nɛw de ĩforma'sãw]
informazione (f)	informação (f)	[ĩforma'sãw]
annunciare (vt)	anunciar (vt)	[anũ'sjar]

volo (m)	voo (m)	['vou]
dogana (f)	alfândega (f)	[aw'fãdʒiga]
doganiere (m)	funcionário (m) da alfândega	[fũsjo'narju da aw'fãdʒiga]

dichiarazione (f)	declaração (f) alfandegária	[deklara'sãw awfãde'garja]
riempire	preencher (vt)	[preẽ'ʃer]
(~ una dichiarazione)		
riempire una dichiarazione	preencher a declaração	[preẽ'ʃer a deklara'sãw]
controllo (m) passaporti	controle (m) de passaporte	[kõ'troli de pasa'pɔrtʃi]

bagaglio (m)	bagagem (f)	[ba'gaʒẽ]
bagaglio (m) a mano	bagagem (f) de mão	[ba'gaʒẽ de 'mãw]
carrello (m)	carrinho (m)	[ka'hiɲu]

atterraggio (m)	pouso (m)	['pozu]
pista (f) di atterraggio	pista (f) de pouso	['pista de 'pozu]
atterrare (vi)	aterrissar (vi)	[atehi'sar]
scaletta (f) dell'aereo	escada (f) de avião	[is'kada de a'vjãw]

check-in (m)	check-in (m)	[ʃɛ'kin]
banco (m) del check-in	balcão (m) do check-in	[baw'kãw du ʃɛ'kin]
fare il check-in	fazer o check-in	[fa'zer u ʃɛ'kin]
carta (f) d'imbarco	cartão (m) de embarque	[kar'tãw de ẽ'barki]
porta (f) d'imbarco	portão (m) de embarque	[por'tãw de ẽ'barki]

transito (m)	trânsito (m)	['trãzitu]
aspettare (vt)	esperar (vt)	[ispe'rar]
sala (f) d'attesa	sala (f) de espera	['sala de is'pɛra]
accompagnare (vt)	despedir-se de ...	[dʒispe'dʒirsi de]
congedarsi (vr)	despedir-se (vr)	[dʒispe'dʒirsi]

145. Bicicletta. Motocicletta

bicicletta (f)	bicicleta (f)	[bisi'klɛta]
motorino (m)	lambreta (f)	[lã'breta]
motocicletta (f)	moto (f)	['mɔtu]

andare in bicicletta	ir de bicicleta	[ir de bisi'klɛta]
manubrio (m)	guidão (m)	[gi'dãw]
pedale (m)	pedal (m)	[pe'daw]
freni (m pl)	freios (m pl)	['frejus]
sellino (m)	banco, selim (m)	['bãku], [se'lĩ]

pompa (f)	bomba (f)	['bõba]
portabagagli (m)	bagageiro (m) de teto	[baga'ʒejru de tɛtu]
fanale (m) anteriore	lanterna (f)	[lã'tɛrna]
casco (m)	capacete (m)	[kapa'setʃi]

ruota (f)	roda (f)	['hɔda]
parafango (m)	para-choque (m)	[para'ʃɔki]
cerchione (m)	aro (m)	['aru]
raggio (m)	raio (m)	['haju]

Automobili

146. Tipi di automobile

automobile (f)	carro, automóvel (m)	['kaho], [awto'movew]
auto (f) sportiva	carro (m) esportivo	['kaho ispor'tʃivu]
limousine (f)	limusine (f)	[limu'zini]
fuoristrada (m)	todo o terreno (m)	['todu u te'hɛnu]
cabriolet (m)	conversível (m)	[kõver'sivew]
pulmino (m)	minibus (m)	['minibus]
ambulanza (f)	ambulância (f)	[ãbu'lãsja]
spazzaneve (m)	limpa-neve (m)	['lĩpa 'nɛvi]
camion (m)	caminhão (m)	[kami'ɲãw]
autocisterna (f)	caminhão-tanque (m)	[kami'ɲãw-'tãki]
furgone (m)	perua, van (f)	[pe'rua], [van]
motrice (f)	caminhão-trator (m)	[kami'ɲãw-tra'tor]
rimorchio (m)	reboque (m)	[he'bɔki]
confortevole (agg)	confortável	[kõfor'tavew]
di seconda mano	usado	[u'zadu]

147. Automobili. Carrozzeria

cofano (m)	capô (m)	[ka'po]
parafango (m)	para-choque (m)	[para'ʃɔki]
tetto (m)	teto (m)	['tɛtu]
parabrezza (m)	para-brisa (m)	[para'briza]
retrovisore (m)	retrovisor (m)	[hetrovi'zor]
lavacristallo (m)	esguicho (m)	[iʒ'giʃu]
tergicristallo (m)	limpadores (m) de para-brisas	[lĩpa'dores de para'brizas]
finestrino (m) laterale	vidro (m) lateral	['vidru late'raw]
alzacristalli (m)	elevador (m) do vidro	[eleva'dor du 'vidru]
antenna (f)	antena (f)	[ã'tɛna]
tettuccio (m) apribile	teto (m) solar	['tɛtu so'lar]
paraurti (m)	para-choque (m)	[para'ʃɔki]
bagagliaio (m)	porta-malas (f)	[pɔrta-'malas]
portapacchi (m)	bagageira (f)	[baga'ʒejra]
portiera (f)	porta (f)	['pɔrta]
maniglia (f)	maçaneta (f)	[masa'neta]
serratura (f)	fechadura (f)	[feʃa'dura]
targa (f)	placa (f)	['plaka]

marmitta (f)	silenciador (m)	[silẽsja'dor]
serbatoio (m) della benzina	tanque (m) de gasolina	['tãki de gazo'lina]
tubo (m) di scarico	tubo (m) de exaustão	['tubu de ezaw'stãw]
acceleratore (m)	acelerador (m)	[aselera'dor]
pedale (m)	pedal (m)	[pe'daw]
pedale (m) dell'acceleratore	pedal (m) do acelerador	[pe'daw du aselera'dor]
freno (m)	freio (m)	['freju]
pedale (m) del freno	pedal (m) do freio	[pe'daw du 'freju]
frenare (vi)	frear (vt)	[fre'ar]
freno (m) a mano	freio (m) de mão	['freju de mãw]
frizione (f)	embreagem (f)	[ẽb'rjaʒẽ]
pedale (m) della frizione	pedal (m) da embreagem	[pe'daw da ẽb'rjaʒẽ]
disco (m) della frizione	disco (m) de embreagem	['dʒisku de ẽb'rjaʒẽ]
ammortizzatore (m)	amortecedor (m)	[amortese'dor]
ruota (f)	roda (f)	['hɔda]
ruota (f) di scorta	pneu (m) estepe	['pnew is'tɛpi]
pneumatico (m)	pneu (m)	['pnew]
copriruota (m)	calota (f)	[ka'lɔta]
ruote (f pl) motrici	rodas (f pl) motrizes	['hɔdas muo'trizis]
a trazione anteriore	de tração dianteira	[de tra'sãw dʒjã'tejra]
a trazione posteriore	de tração traseira	[de tra'sãw tra'zejra]
a trazione integrale	de tração às 4 rodas	[de tra'sãw as 'kwatru 'hɔdas]
scatola (f) del cambio	caixa (f) de mudanças	['kaɪʃa de mu'dãsas]
automatico (agg)	automático	[awto'matʃiku]
meccanico (agg)	mecânico	[me'kaniku]
leva (f) del cambio	alavanca (f) de câmbio	[ala'vãka de 'kãbju]
faro (m)	farol (m)	[fa'rɔw]
luci (f pl), fari (m pl)	faróis (m pl)	[fa'rɔis]
luci (f pl) anabbaglianti	farol (m) baixo	[fa'rɔw 'baɪʃu]
luci (f pl) abbaglianti	farol (m) alto	[fa'rɔw 'altu]
luci (f pl) di arresto	luzes (f pl) de parada	['luzes de pa'rada]
luci (f pl) di posizione	luzes (f pl) de posição	['luzes de pozi'sãw]
luci (f pl) di emergenza	luzes (f pl) de emergência	['luzes de emer'ʒẽsia]
fari (m pl) antinebbia	faróis (m pl) de neblina	[fa'rɔis de ne'blina]
freccia (f)	pisca-pisca (m)	[piska-'piska]
luci (f pl) di retromarcia	luz (f) de marcha ré	[luz de 'marʃa hɛ]

148. Automobili. Vano passeggeri

abitacolo (m)	interior (m) do carro	[ĩte'rjor du 'kaho]
di pelle	de couro	[de 'koru]
in velluto	de veludo	[de ve'ludu]
rivestimento (m)	estofamento (m)	[istofa'mẽtu]
strumento (m) di bordo	indicador (m)	[ĩdʒika'dor]
cruscotto (m)	painel (m)	[paj'nɛw]

| tachimetro (m) | velocímetro (m) | [velo'simetru] |
| lancetta (f) | ponteiro (m) | [põ'tejru] |

contachilometri (m)	hodômetro, odômetro (m)	[o'dometru]
indicatore (m)	indicador (m)	[ĩdʒika'dor]
livello (m)	nível (m)	['nivew]
spia (f) luminosa	luz (f) de aviso	[luz de a'vizu]

volante (m)	volante (m)	[vo'lãtʃi]
clacson (m)	buzina (f)	[bu'zina]
pulsante (m)	botão (m)	[bo'tãw]
interruttore (m)	interruptor (m)	[ĩtehup'tor]

sedile (m)	assento (m)	[a'sẽtu]
spalliera (f)	costas (f pl) do assento	['kɔstas du a'sẽtu]
appoggiatesta (m)	cabeceira (f)	[kabe'sejra]
cintura (f) di sicurezza	cinto (m) de segurança	['sĩtu de segu'rãsa]
allacciare la cintura	apertar o cinto	[aper'tar u 'sĩtu]
regolazione (f)	ajuste (m)	[a'ʒustʃi]

| airbag (m) | airbag (m) | [ɛr'bɛgi] |
| condizionatore (m) | ar (m) condicionado | [ar kõdʒisjo'nadu] |

radio (f)	rádio (m)	['hadʒju]
lettore (m) CD	leitor (m) de CD	[lej'tor de 'sede]
accendere (vt)	ligar (vt)	[li'gar]
antenna (f)	antena (f)	[ã'tɛna]
vano (m) portaoggetti	porta-luvas (m)	['porta-'luvas]
portacenere (m)	cinzeiro (m)	[sĩ'zejru]

149. Automobili. Motore

motore (m)	motor (m)	[mo'tor]
a diesel	a diesel	[a 'dʒizew]
a benzina	a gasolina	[a gazo'lina]

cilindrata (f)	cilindrada (f)	[silĩ'drada]
potenza (f)	potência (f)	[po'tẽsja]
cavallo vapore (m)	cavalo (m) de potência	[ka'valu de po'tẽsja]
pistone (m)	pistão (m)	[pis'tãw]
cilindro (m)	cilindro (m)	[si'lĩdru]
valvola (f)	válvula (f)	['vawvula]

iniettore (m)	injetor (m)	[ĩʒɛ'tor]
generatore (m)	gerador (m)	[ʒera'dor]
carburatore (m)	carburador (m)	[karbura'dor]
olio (m) motore	óleo (m) de motor	['ɔlju de mo'tor]

radiatore (m)	radiador (m)	[hadʒja'dor]
liquido (m) di raffreddamento	líquido (m) de arrefecimento	['likidu de ahefesi'mẽtu]
ventilatore (m)	ventilador (m)	[vẽtʃila'dor]

| batteria (f) | bateria (f) | [bate'ria] |
| motorino (m) d'avviamento | dispositivo (m) de arranque | [dʒispozi'tʃivu de a'hãki] |

accensione (f)	ignição (f)	[igni'sãw]
candela (f) d'accensione	vela (f) de ignição	['vɛla de igni'sãw]

morsetto (m)	terminal (m)	[termi'naw]
più (m)	terminal (m) positivo	[termi'naw pozi'tʃivu]
meno (m)	terminal (m) negativo	[termi'naw nega'tʃivu]
fusibile (m)	fusível (m)	[fu'zivew]

filtro (m) dell'aria	filtro (m) de ar	['fiwtru de ar]
filtro (m) dell'olio	filtro (m) de óleo	['fiwtru de 'ɔlju]
filtro (m) del carburante	filtro (m) de combustível	['fiwtru de kõbus'tʃivew]

150. Automobili. Incidente. Riparazione

incidente (m)	acidente (m) de carro	[asi'dẽtʃi de 'kaho]
incidente (m) stradale	acidente (m) rodoviário	[asi'dẽtʃi hodo'vjarju]
sbattere contro ...	bater ...	[ba'ter]
avere un incidente	sofrer um acidente	[so'frer ũ asi'dẽtʃi]
danno (m)	dano (m)	['danu]
illeso (agg)	intato	[ĩ'tatu]

guasto (m), avaria (f)	pane (f)	['pani]
essere rotto	avariar (vi)	[ava'rjar]
cavo (m) di rimorchio	cabo (m) de reboque	['kabu de he'bɔki]

foratura (f)	furo (m)	['furu]
essere a terra	estar furado	[is'tar fu'radu]
gonfiare (vt)	encher (vt)	[ẽ'ʃer]
pressione (f)	pressão (f)	[pre'sãw]
controllare (verificare)	verificar (vt)	[verifi'kar]

riparazione (f)	reparo (m)	[he'paru]
officina (f) meccanica	oficina (f) automotiva	[ɔfi'sina awtɔmo'tʃiva]
pezzo (m) di ricambio	peça (f) de reposição	['pɛsa de hepozi'sãw]
pezzo (m)	peça (f)	['pɛsa]

bullone (m)	parafuso (m)	[para'fuzu]
bullone (m) a vite	parafuso (m)	[para'fuzu]
dado (m)	porca (f)	['pɔrka]
rondella (f)	arruela (f)	[a'hwɛla]
cuscinetto (m)	rolamento (m)	[hola'mẽtu]

tubo (m)	tubo (m)	['tubu]
guarnizione (f)	junta, gaxeta (f)	['ʒũta], [ga'ʃɛta]
filo (m), cavo (m)	fio, cabo (m)	['fiu], ['kabu]

cric (m)	macaco (m)	[ma'kaku]
chiave (f)	chave (f) de boca	['ʃavi de 'boka]
martello (m)	martelo (m)	[mar'tɛlu]
pompa (f)	bomba (f)	['bõba]
giravite (m)	chave (f) de fenda	['ʃavi de 'fẽda]

estintore (m)	extintor (m)	[istĩ'tor]
triangolo (m) di emergenza	triângulo (m) de emergência	['trjãgulu de imer'ʒẽsja]

spegnersi (vr)	morrer (vi)	[mo'her]
spegnimento (m) motore	paragem (f)	[pa'raʒẽ]
essere rotto	estar quebrado	[is'tar ke'bradu]

surriscaldarsi (vr)	superaquecer-se (vr)	[superake'sersi]
intasarsi (vr)	entupir-se (vr)	[ẽtu'pirsi]
ghiacciarsi (di tubi, ecc.)	congelar-se (vr)	[kõʒe'larsi]
spaccarsi (vr)	rebentar (vi)	[hebẽ'tar]

pressione (f)	pressão (f)	[pre'sãw]
livello (m)	nível (m)	['nivew]
lento (cinghia ~a)	frouxo	['froʃu]

ammaccatura (f)	batida (f)	[ba'tʃida]
battito (m) (nel motore)	ruído (m)	['hwidu]
fessura (f)	fissura (f)	[fi'sura]
graffiatura (f)	arranhão (m)	[aha'nãw]

151. Automobili. Strada

strada (f)	estrada (f)	[is'trada]
autostrada (f)	autoestrada (f)	[awtois'trada]
superstrada (f)	rodovia (f)	[hodo'via]
direzione (f)	direção (f)	[dʒire'sãw]
distanza (f)	distância (f)	[dʒis'tãsja]

ponte (m)	ponte (f)	['põtʃi]
parcheggio (m)	parque (m) de estacionamento	['parki de istasjona'mẽtu]

piazza (f)	praça (f)	['prasa]
svincolo (m)	nó (m) rodoviário	[nɔ hodo'vjarju]
galleria (f), tunnel (m)	túnel (m)	['tunew]

distributore (m) di benzina	posto (m) de gasolina	['postu de gazo'lina]
parcheggio (m)	parque (m) de estacionamento	['parki de istasjona'mẽtu]

pompa (f) di benzina	bomba (f) de gasolina	['bõba de gazo'lina]
officina (f) meccanica	oficina (f) automotiva	[ɔfi'sina awtomo'tʃiva]
fare benzina	abastecer (vt)	[abaste'ser]
carburante (m)	combustível (m)	[kõbus'tʃivew]
tanica (f)	galão (m) de gasolina	[ga'lãw de gazo'lina]

asfalto (m)	asfalto (m)	[as'fawtu]
segnaletica (f) stradale	marcação (f) de estradas	[marka'sãw de is'tradas]
cordolo (m)	meio-fio (m)	['meju-'fiu]
barriera (f) di sicurezza	guard-rail (m)	[gward-'hejl]
fosso (m)	valeta (f)	[va'leta]
ciglio (m) della strada	acostamento (m)	[akosta'mẽtu]
lampione (m)	poste (m) de luz	['postʃi de luz]

guidare (~ un veicolo)	dirigir (vt)	[dʒiri'ʒir]
girare (~ a destra)	virar (vi)	[vi'rar]
fare un'inversione a U	dar retorno	[dar he'tornu]
retromarcia (m)	ré (f)	[hɛ]

suonare il clacson	buzinar (vi)	[buzi'nar]
colpo (m) di clacson	buzina (f)	[bu'zina]
incastrarsi (vr)	atolar-se (vr)	[ato'larsi]
impantanarsi (vr)	patinar (vi)	[patʃi'nar]
spegnere (~ il motore)	desligar (vt)	[dʒizli'gar]
velocità (f)	velocidade (f)	[velosi'dadʒi]
superare i limiti di velocità	exceder a velocidade	[ese'der a velosi'dadʒi]
multare (vt)	multar (vt)	[muw'tar]
semaforo (m)	semáforo (m)	[se'maforu]
patente (f) di guida	carteira (f) de motorista	[kar'tejra de moto'rista]
passaggio (m) a livello	passagem (f) de nível	[pa'saʒẽ de 'nivew]
incrocio (m)	cruzamento (m)	[kruza'mẽtu]
passaggio (m) pedonale	faixa (f)	['fajʃa]
curva (f)	curva (f)	['kurva]
zona (f) pedonale	zona (f) de pedestres	['zɔna de pe'dɛstris]

GENTE. SITUAZIONI QUOTIDIANE

Situazioni quotidiane

152. Vacanze. Evento

festa (f)	festa (f)	['fɛsta]
festa (f) nazionale	feriado (m) nacional	[fe'rjadu nasjo'naw]
festività (f) civile	feriado (m)	[fe'rjadu]
festeggiare (vt)	festejar (vt)	[feste'ʒar]
avvenimento (m)	evento (m)	[e'vẽtu]
evento (m) (organizzare un ~)	evento (m)	[e'vẽtu]
banchetto (m)	banquete (m)	[bã'ketʃi]
ricevimento (m)	recepção (f)	[hesep'sãw]
festino (m)	festim (m)	[fes'tʃĩ]
anniversario (m)	aniversário (m)	[aniver'sarju]
giubileo (m)	jubileu (m)	[ʒubi'lew]
festeggiare (vt)	celebrar (vt)	[sele'brar]
Capodanno (m)	Ano (m) Novo	['anu 'novu]
Buon Anno!	Feliz Ano Novo!	[fe'liz 'anu 'novu]
Babbo Natale (m)	Papai Noel (m)	[pa'paj nɔ'ɛl]
Natale (m)	Natal (m)	[na'taw]
Buon Natale!	Feliz Natal!	[fe'liz na'taw]
Albero (m) di Natale	árvore (f) de Natal	['arvori de na'taw]
fuochi (m pl) artificiali	fogos (m pl) de artifício	['fogus de artʃi'fisju]
nozze (f pl)	casamento (m)	[kaza'mẽtu]
sposo (m)	noivo (m)	['nojvu]
sposa (f)	noiva (f)	['nojva]
invitare (vt)	convidar (vt)	[kõvi'dar]
invito (m)	convite (m)	[kõ'vitʃi]
ospite (m)	convidado (m)	[kõvi'dadu]
andare a trovare	visitar (vt)	[vizi'tar]
accogliere gli invitati	receber os convidados	[hese'ber us kõvi'dadus]
regalo (m)	presente (m)	[pre'zẽtʃi]
offrire (~ un regalo)	oferecer, dar (vt)	[ofere'ser], [dar]
ricevere i regali	receber presentes	[hese'ber pre'zẽtʃis]
mazzo (m) di fiori	buquê (m) de flores	[bu'ke de 'floris]
auguri (m pl)	felicitações (f pl)	[felisita'sõjs]
augurare (vt)	felicitar (vt)	[felisi'tar]
cartolina (f)	cartão (m) de parabéns	[kar'tãw de para'bẽjs]

| mandare una cartolina | enviar um cartão postal | [ẽ'vjar ũ kart'ãw pos'taw] |
| ricevere una cartolina | receber um cartão postal | [hese'ber ũ kart'ãw pos'taw] |

brindisi (m)	brinde (m)	['brĩdʒi]
offrire (~ qualcosa da bere)	oferecer (vt)	[ofere'ser]
champagne (m)	champanhe (m)	[ʃã'paɲi]

divertirsi (vr)	divertir-se (vr)	[dʒiver'tʃirsi]
allegria (f)	diversão (f)	[dʒiver'sãw]
gioia (f)	alegria (f)	[ale'gria]

| danza (f), ballo (m) | dança (f) | ['dãsa] |
| ballare (vi, vt) | dançar (vi) | [dã'sar] |

| valzer (m) | valsa (f) | ['vawsa] |
| tango (m) | tango (m) | ['tãgu] |

153. Funerali. Sepoltura

cimitero (m)	cemitério (m)	[semi'tɛrju]
tomba (f)	sepultura (f), túmulo (m)	[sepuw'tura], ['tumulu]
croce (f)	cruz (f)	[kruz]
pietra (f) tombale	lápide (f)	['lapidʒi]
recinto (m)	cerca (f)	['serka]
cappella (f)	capela (f)	[ka'pɛla]

morte (f)	morte (f)	['mortʃi]
morire (vi)	morrer (vi)	[mo'her]
defunto (m)	defunto (m)	[de'fũtu]
lutto (m)	luto (m)	['lutu]

seppellire (vt)	enterrar, sepultar (vt)	[ẽte'har], [sepuw'tar]
sede (f) di pompe funebri	casa (f) funerária	['kaza fune'raria]
funerale (m)	funeral (m)	[fune'raw]

corona (f) di fiori	coroa (f) de flores	[ko'roa de 'flɔris]
bara (f)	caixão (m)	[kaɪ'ʃãw]
carro (m) funebre	carro (m) funerário	['kaho fune'rarju]
lenzuolo (m) funebre	mortalha (f)	[mor'taʎa]

corteo (m) funebre	procissão (f) funerária	[prosi'sãw fune'rarja]
urna (f) funeraria	urna (f) funerária	['urna fune'rarja]
crematorio (m)	crematório (m)	[krema'tɔrju]

necrologio (m)	obituário (m), necrologia (f)	[obi'twarju], [nekrolo'ʒia]
piangere (vi)	chorar (vi)	[ʃo'rar]
singhiozzare (vi)	soluçar (vi)	[solu'sar]

154. Guerra. Soldati

| plotone (m) | pelotão (m) | [pelo'tãw] |
| compagnia (f) | companhia (f) | [kõpa'ɲia] |

reggimento (m)	regimento (m)	[heʒi'mẽtu]
esercito (m)	exército (m)	[e'zɛrsitu]
divisione (f)	divisão (f)	[dʒivi'zãw]
distaccamento (m)	esquadrão (m)	[iskwa'drãw]
armata (f)	hoste (f)	['ɔste]
soldato (m)	soldado (m)	[sow'dadu]
ufficiale (m)	oficial (m)	[ofi'sjaw]
soldato (m) semplice	soldado (m) raso	[sow'dadu 'hazu]
sergente (m)	sargento (m)	[sar'ʒẽtu]
tenente (m)	tenente (m)	[te'nẽtʃi]
capitano (m)	capitão (m)	[kapi'tãw]
maggiore (m)	major (m)	[ma'ʒɔr]
colonnello (m)	coronel (m)	[koro'nɛw]
generale (m)	general (m)	[ʒene'raw]
marinaio (m)	marujo (m)	[ma'ruʒu]
capitano (m)	capitão (m)	[kapi'tãw]
nostromo (m)	contramestre (m)	[kõtra'mɛstri]
artigliere (m)	artilheiro (m)	[artʃi'ʎejru]
paracadutista (m)	soldado (m) paraquedista	[sow'dadu parake'dʒista]
pilota (m)	piloto (m)	[pi'lotu]
navigatore (m)	navegador (m)	[navega'dor]
meccanico (m)	mecânico (m)	[me'kaniku]
geniere (m)	sapador-mineiro (m)	[sapa'dor-mi'nejru]
paracadutista (m)	paraquedista (m)	[parake'dʒista]
esploratore (m)	explorador (m)	[isplora'dor]
cecchino (m)	atirador (m) de tocaia	[atʃira'dor de to'kaja]
pattuglia (f)	patrulha (f)	[pa'truʎa]
pattugliare (vt)	patrulhar (vt)	[patru'ʎar]
sentinella (f)	sentinela (f)	[sẽtʃi'nɛla]
guerriero (m)	guerreiro (m)	[ge'hejru]
patriota (m)	patriota (m)	[pa'trjɔta]
eroe (m)	herói (m)	[e'rɔj]
eroina (f)	heroína (f)	[ero'ina]
traditore (m)	traidor (m)	[traj'dor]
tradire (vt)	trair (vt)	[tra'ir]
disertore (m)	desertor (m)	[dezer'tor]
disertare (vi)	desertar (vt)	[deser'tar]
mercenario (m)	mercenário (m)	[merse'narju]
recluta (f)	recruta (f)	[he'kruta]
volontario (m)	voluntário (m)	[volũ'tarju]
ucciso (m)	morto (m)	['mortu]
ferito (m)	ferido (m)	[fe'ridu]
prigioniero (m) di guerra	prisioneiro (m) de guerra	[prizjo'nejru de 'gɛha]

155. Guerra. Azioni militari. Parte 1

guerra (f)	guerra (f)	['gɛha]
essere in guerra	guerrear (vt)	[ge'hjar]
guerra (f) civile	guerra (f) civil	['gɛha si'viw]
perfidamente	perfidamente	[perfida'mẽtʃi]
dichiarazione (f) di guerra	declaração (f) de guerra	[deklara'sãw de 'gɛha]
dichiarare (~ guerra)	declarar guerra	[dekla'rar 'gɛha]
aggressione (f)	agressão (f)	[agre'sãw]
attaccare (vt)	atacar (vt)	[ata'kar]
invadere (vt)	invadir (vt)	[ĩva'dʒir]
invasore (m)	invasor (m)	[ĩva'zor]
conquistatore (m)	conquistador (m)	[kõkista'dor]
difesa (f)	defesa (f)	[de'feza]
difendere (~ un paese)	defender (vt)	[defẽ'der]
difendersi (vr)	defender-se (vr)	[defẽ'dersi]
nemico (m)	inimigo (m)	[ini'migu]
avversario (m)	adversário (m)	[adʒiver'sarju]
ostile (agg)	inimigo	[ini'migu]
strategia (f)	estratégia (f)	[istra'tɛʒa]
tattica (f)	tática (f)	['tatʃika]
ordine (m)	ordem (f)	['ordẽ]
comando (m)	comando (m)	[ko'mãdu]
ordinare (vt)	ordenar (vt)	[orde'nar]
missione (f)	missão (f)	[mi'sãw]
segreto (agg)	secreto	[se'krɛtu]
battaglia (f)	batalha (f)	[ba'taʎa]
combattimento (m)	combate (m)	[kõ'batʃi]
attacco (m)	ataque (m)	[a'taki]
assalto (m)	assalto (m)	[a'sawtu]
assalire (vt)	assaltar (vt)	[asaw'tar]
assedio (m)	assédio, sítio (m)	[a'sɛdʒu], ['sitʃu]
offensiva (f)	ofensiva (f)	[ɔfẽ'siva]
passare all'offensiva	tomar à ofensiva	[to'mar a ofẽ'siva]
ritirata (f)	retirada (f)	[hetʃi'rada]
ritirarsi (vr)	retirar-se (vr)	[hetʃi'rarse]
accerchiamento (m)	cerco (m)	['serku]
accerchiare (vt)	cercar (vt)	[ser'kar]
bombardamento (m)	bombardeio (m)	[bõbar'deju]
lanciare una bomba	lançar uma bomba	[lã'sar 'uma 'bõba]
bombardare (vt)	bombardear (vt)	[bõbar'dʒjar]
esplosione (f)	explosão (f)	[isplo'zãw]
sparo (m)	tiro (m)	['tʃiru]

sparare un colpo	**dar um tiro**	[dar ũ 'tʃiru]
sparatoria (f)	**tiroteio** (m)	[tʃiro'teju]

puntare su ...	**apontar para ...**	[apõ'tar 'para]
puntare (~ una pistola)	**apontar** (vt)	[apõ'tar]
colpire (~ il bersaglio)	**acertar** (vt)	[aser'tar]

affondare (mandare a fondo)	**afundar** (vt)	[afũ'dar]
falla (f)	**brecha** (f)	['brɛʃa]
affondare (andare a fondo)	**afundar-se** (vr)	[afũ'darse]

fronte (m) (~ di guerra)	**frente** (m)	['frẽtʃi]
evacuazione (f)	**evacuação** (f)	[evakwa'sãw]
evacuare (vt)	**evacuar** (vt)	[eva'kwar]

trincea (f)	**trincheira** (f)	[trĩ'ʃejra]
filo (m) spinato	**arame** (m) **enfarpado**	[a'rami ẽfar'padu]
sbarramento (m)	**barreira** (f) **anti-tanque**	[ba'hejra ãtʃi-'tãki]
torretta (f) di osservazione	**torre** (f) **de vigia**	['tohi de vi'ʒia]

ospedale (m) militare	**hospital** (m) **militar**	[ospi'taw mili'tar]
ferire (vt)	**ferir** (vt)	[fe'rir]
ferita (f)	**ferida** (f)	[fe'rida]
ferito (m)	**ferido** (m)	[fe'ridu]
rimanere ferito	**ficar ferido**	[fi'kar fe'ridu]
grave (ferita ~)	**grave**	['gravi]

156. Armi

armi (f pl)	**arma** (f)	['arma]
arma (f) da fuoco	**arma** (f) **de fogo**	['arma de 'fogu]
arma (f) bianca	**arma** (f) **branca**	['arma 'brãka]

armi (f pl) chimiche	**arma** (f) **química**	['arma 'kimika]
nucleare (agg)	**nuclear**	[nu'kljar]
armi (f pl) nucleari	**arma** (f) **nuclear**	['arma nu'kljar]

bomba (f)	**bomba** (f)	['bõba]
bomba (f) atomica	**bomba** (f) **atômica**	['bõba a'tomika]

pistola (f)	**pistola** (f)	[pis'tɔla]
fucile (m)	**rifle** (m)	['hifli]
mitra (m)	**semi-automática** (f)	[semi-awto'matʃika]
mitragliatrice (f)	**metralhadora** (f)	[metraʎa'dora]

bocca (f)	**boca** (f)	['boka]
canna (f)	**cano** (m)	['kanu]
calibro (m)	**calibre** (m)	[ka'libri]

grilletto (m)	**gatilho** (m)	[ga'tʃiʎu]
mirino (m)	**mira** (f)	['mira]
caricatore (m)	**carregador** (m)	[kahega'dor]
calcio (m)	**coronha** (f)	[ko'rɔɲa]
bomba (f) a mano	**granada** (f) **de mão**	[gra'nada de mãw]

esplosivo (m)	**explosivo** (m)	[isplo'zivu]
pallottola (f)	**bala** (f)	['bala]
cartuccia (f)	**cartucho** (m)	[kar'tuʃu]
carica (f)	**carga** (f)	['karga]
munizioni (f pl)	**munições** (f pl)	[muni'sõjs]
bombardiere (m)	**bombardeiro** (m)	[bõbar'dejru]
aereo (m) da caccia	**avião** (m) **de caça**	[a'vjãw de 'kasa]
elicottero (m)	**helicóptero** (m)	[eli'kɔpteru]
cannone (m) antiaereo	**canhão** (m) **antiaéreo**	[ka'ɲãw ãtʃja'ɛrju]
carro (m) armato	**tanque** (m)	['tãki]
cannone (m)	**canhão** (m)	[ka'ɲãw]
artiglieria (f)	**artilharia** (f)	[artʃiʎa'ria]
cannone (m)	**canhão** (m)	[ka'ɲãw]
mirare a ...	**fazer a pontaria**	[fa'zer a põta'ria]
proiettile (m)	**projétil** (m)	[pro'ʒetʃiw]
granata (f) da mortaio	**granada** (f) **de morteiro**	[gra'nada de mor'tejru]
mortaio (m)	**morteiro** (m)	[mor'tejru]
scheggia (f)	**estilhaço** (m)	[istʃi'ʎasu]
sottomarino (m)	**submarino** (m)	[subma'rinu]
siluro (m)	**torpedo** (m)	[tor'pedu]
missile (m)	**míssil** (m)	['misiw]
caricare (~ una pistola)	**carregar** (vt)	[kahe'gar]
sparare (vi)	**disparar, atirar** (vi)	[dʒispa'rar], [atʃi'rar]
puntare su ...	**apontar para** ...	[apõ'tar 'para]
baionetta (f)	**baioneta** (f)	[bajo'neta]
spada (f)	**espada** (f)	[is'pada]
sciabola (f)	**sabre** (m)	['sabri]
lancia (f)	**lança** (f)	['lãsa]
arco (m)	**arco** (m)	['arku]
freccia (f)	**flecha** (f)	['flɛʃa]
moschetto (m)	**mosquete** (m)	[mos'ketʃi]
balestra (f)	**besta** (f)	['besta]

157. Gli antichi

primitivo (agg)	**primitivo**	[primi'tʃivu]
preistorico (agg)	**pré-histórico**	[prɛ-is'tɔriku]
antico (agg)	**antigo**	[ã'tʃigu]
Età (f) della pietra	**Idade** (f) **da Pedra**	[i'dadʒi da 'pɛdra]
Età (f) del bronzo	**Idade** (f) **do Bronze**	[i'dadʒi du 'brõzi]
epoca (f) glaciale	**Era** (f) **do Gelo**	['ɛra du 'ʒelu]
tribù (f)	**tribo** (f)	['tribu]
cannibale (m)	**canibal** (m)	[kani'baw]
cacciatore (m)	**caçador** (m)	[kasa'dor]
cacciare (vt)	**caçar** (vi)	[ka'sar]

mammut (m)	**mamute** (m)	[ma'mutʃi]
caverna (f), grotta (f)	**caverna** (f)	[ka'vɛrna]
fuoco (m)	**fogo** (m)	['fogu]
falò (m)	**fogueira** (f)	[fo'gejra]
pittura (f) rupestre	**pintura** (f) **rupestre**	[pĩ'tura hu'pɛstri]
strumento (m) di lavoro	**ferramenta** (f)	[feha'mẽta]
lancia (f)	**lança** (f)	['lãsa]
ascia (f) di pietra	**machado** (m) **de pedra**	[ma'ʃadu de 'pɛdra]
essere in guerra	**guerrear** (vt)	[ge'hjar]
addomesticare (vt)	**domesticar** (vt)	[domestʃi'kar]
idolo (m)	**ídolo** (m)	['idolu]
idolatrare (vt)	**adorar, venerar** (vt)	[ado'rar], [vene'rar]
superstizione (f)	**superstição** (f)	[superstʃi'sãw]
rito (m)	**ritual** (m)	[hi'twaw]
evoluzione (f)	**evolução** (f)	[evolu'sãw]
sviluppo (m)	**desenvolvimento** (m)	[dʒizẽvowvi'mẽtu]
estinzione (f)	**extinção** (f)	[istʃĩ'sãw]
adattarsi (vr)	**adaptar-se** (vr)	[adap'tarse]
archeologia (f)	**arqueologia** (f)	[arkjolo'ʒia]
archeologo (m)	**arqueólogo** (m)	[ar'kjɔlogu]
archeologico (agg)	**arqueológico**	[arkjo'lɔʒiku]
sito (m) archeologico	**escavação** (f)	[iskava'sãw]
scavi (m pl)	**escavações** (f pl)	[iskava'sõjs]
reperto (m)	**achado** (m)	[a'ʃadu]
frammento (m)	**fragmento** (m)	[frag'mẽtu]

158. Il Medio Evo

popolo (m)	**povo** (m)	['povu]
popoli (m pl)	**povos** (m pl)	['pɔvus]
tribù (f)	**tribo** (f)	['tribu]
tribù (f pl)	**tribos** (f pl)	['tribus]
barbari (m pl)	**bárbaros** (pl)	['barbarus]
galli (m pl)	**gauleses** (pl)	[gaw'lezes]
goti (m pl)	**godos** (pl)	['godus]
slavi (m pl)	**eslavos** (pl)	[iʃ'lavus]
vichinghi (m pl)	**viquingues** (pl)	['vikĩgis]
romani (m pl)	**romanos** (pl)	[ho'manus]
romano (agg)	**romano**	[ho'manu]
bizantini (m pl)	**bizantinos** (pl)	[bizã'tʃinus]
Bisanzio (m)	**Bizâncio**	[bi'zãsju]
bizantino (agg)	**bizantino**	[bizã'tʃinu]
imperatore (m)	**imperador** (m)	[ĩpera'dor]
capo (m)	**líder** (m)	['lider]
potente (un re ~)	**poderoso**	[pode'rozu]

re (m)	rei (m)	[hej]
governante (m) (sovrano)	governante (m)	[gover'nãtʃi]
cavaliere (m)	cavaleiro (m)	[kava'lejru]
feudatario (m)	senhor feudal (m)	[se'ɲor few'daw]
feudale (agg)	feudal	[few'daw]
vassallo (m)	vassalo (m)	[va'salu]
duca (m)	duque (m)	['duki]
conte (m)	conde (m)	['kõdʒi]
barone (m)	barão (m)	[ba'rãw]
vescovo (m)	bispo (m)	['bispu]
armatura (f)	armadura (f)	[arma'dura]
scudo (m)	escudo (m)	[is'kudu]
spada (f)	espada (f)	[is'pada]
visiera (f)	viseira (f)	[vi'zejra]
cotta (f) di maglia	cota (f) de malha	['kota de 'maʎa]
crociata (f)	cruzada (f)	[kru'zada]
crociato (m)	cruzado (m)	[kru'zadu]
territorio (m)	território (m)	[tehi'tɔrju]
attaccare (vt)	atacar (vt)	[ata'kar]
conquistare (vt)	conquistar (vt)	[kõkis'tar]
occupare (invadere)	ocupar, invadir (vt)	[oku'parsi], [ĩva'dʒir]
assedio (m)	assédio, sítio (m)	[a'sɛdʒu], ['sitʃu]
assediato (agg)	sitiado	[si'tʃadu]
assediare (vt)	assediar, sitiar (vt)	[ase'dʒjar], [si'tʃjar]
inquisizione (f)	inquisição (f)	[ĩkizi'sãw]
inquisitore (m)	inquisidor (m)	[ĩkizi'dor]
tortura (f)	tortura (f)	[tor'tura]
crudele (agg)	cruel	[kru'ɛw]
eretico (m)	herege (m)	[e'reʒi]
eresia (f)	heresia (f)	[ere'zia]
navigazione (f)	navegação (f) marítima	[navega'sãu ma'ritʃima]
pirata (m)	pirata (m)	[pi'rata]
pirateria (f)	pirataria (f)	[pirata'ria]
arrembaggio (m)	abordagem (f)	[abor'daʒẽ]
bottino (m)	presa (f), butim (m)	['preza], [bu'tĩ]
tesori (m)	tesouros (m pl)	[te'zorus]
scoperta (f)	descobrimento (m)	[dʒiskobri'mẽtu]
scoprire (~ nuove terre)	descobrir (vt)	[dʒisko'brir]
spedizione (f)	expedição (f)	[ispedʒi'sãw]
moschettiere (m)	mosqueteiro (m)	[moske'tejru]
cardinale (m)	cardeal (m)	[kar'dʒjaw]
araldica (f)	heráldica (f)	[e'rawdʒika]
araldico (agg)	heráldico	[e'rawdʒiku]

149

159. Leader. Capo. Le autorità

re (m)	rei (m)	[hej]
regina (f)	rainha (f)	[ha'iɲa]
reale (agg)	real	[he'aw]
regno (m)	reino (m)	['hejnu]

| principe (m) | príncipe (m) | ['prĩsipi] |
| principessa (f) | princesa (f) | [prĩ'seza] |

presidente (m)	presidente (m)	[prezi'dẽtʃi]
vicepresidente (m)	vice-presidente (m)	['visi-prezi'dẽtʃi]
senatore (m)	senador (m)	[sena'dor]

monarca (m)	monarca (m)	[mo'narka]
governante (m) (sovrano)	governante (m)	[gover'nãtʃi]
dittatore (m)	ditador (m)	[dʒita'dor]
tiranno (m)	tirano (m)	[tʃi'ranu]
magnate (m)	magnata (m)	[mag'nata]

direttore (m)	diretor (m)	[dʒire'tor]
capo (m)	chefe (m)	['ʃɛfi]
dirigente (m)	gerente (m)	[ʒe'rẽtʃi]
capo (m)	patrão (m)	[pa'trãw]
proprietario (m)	dono (m)	['donu]

capo (m) (~ delegazione)	chefe (m)	['ʃɛfi]
autorità (f pl)	autoridades (f pl)	[awtori'dadʒis]
superiori (m pl)	superiores (m pl)	[supe'rjores]

governatore (m)	governador (m)	[governa'dor]
console (m)	cônsul (m)	['kõsuw]
diplomatico (m)	diplomata (m)	[dʒiplo'mata]
sindaco (m)	Presidente (m) da Câmara	[prezi'dẽtʃi da 'kamara]
sceriffo (m)	xerife (m)	[ʃe'rifi]

imperatore (m)	imperador (m)	[ĩpera'dor]
zar (m)	czar (m)	['kzar]
faraone (m)	faraó (m)	[fara'ɔ]
khan (m)	cã, khan (m)	[kã]

160. Infrangere la legge. Criminali. Parte 1

bandito (m)	bandido (m)	[bã'dʒidu]
delitto (m)	crime (m)	['krimi]
criminale (m)	criminoso (m)	[krimi'nozu]

ladro (m)	ladrão (m)	[la'drãw]
rubare (vi, vt)	roubar (vt)	[ho'bar]
ruberia (f)	furto (m)	['furtu]
reato (m) di furto	furto (m)	['furtu]
rapire (vt)	raptar, sequestrar (vt)	[hap'tar], [sekwes'trar]
rapimento (m)	sequestro (m)	[se'kwɛstru]

rapitore (m)	sequestrador (m)	[sekwestra'dor]
riscatto (m)	resgate (m)	[hez'gatʃi]
chiedere il riscatto	pedir resgate	[pe'dʒir hez'gatʃi]

rapinare (vt)	roubar (vt)	[ho'bar]
rapina (f)	assalto, roubo (m)	[a'sawtu], ['hobu]
rapinatore (m)	assaltante (m)	[asaw'tãtʃi]

estorcere (vt)	extorquir (vt)	[istor'kir]
estorsore (m)	extorsionário (m)	[istorsjo'narju]
estorsione (f)	extorsão (f)	[istor'sãw]

uccidere (vt)	matar, assassinar (vt)	[ma'tar], [asasi'nar]
assassinio (m)	homicídio (m)	[omi'sidʒju]
assassino (m)	homicida, assassino (m)	[ɔmi'sida], [asa'sinu]

sparo (m)	tiro (m)	['tʃiru]
tirare un colpo	dar um tiro	[dar ũ 'tʃiru]
abbattere (con armi da fuoco)	matar a tiro	[ma'tar a 'tʃiru]
sparare (vi)	disparar, atirar (vi)	[dʒispa'rar], [atʃi'rar]
sparatoria (f)	tiroteio (m)	[tʃiro'teju]
incidente (m) (rissa, ecc.)	incidente (m)	[ĩsi'dẽtʃi]
rissa (f)	briga (f)	['briga]
Aiuto!	Socorro!	[so'kohu]
vittima (f)	vítima (f)	['vitʃima]

danneggiare (vt)	danificar (vt)	[danifi'kar]
danno (m)	dano (m)	['danu]
cadavere (m)	cadáver (m)	[ka'daver]
grave (reato ~)	grave	['gravi]

aggredire (vt)	atacar (vt)	[ata'kar]
picchiare (vt)	bater (vt)	[ba'ter]
malmenare (picchiare)	espancar (vt)	[ispã'kar]
sottrarre (vt)	tirar (vt)	[tʃi'rar]
accoltellare a morte	esfaquear (vt)	[isfaki'ar]
mutilare (vt)	mutilar (vt)	[mutʃi'lar]
ferire (vt)	ferir (vt)	[fe'rir]

ricatto (m)	chantagem (f)	[ʃã'taʒẽ]
ricattare (vt)	chantagear (vt)	[ʃãta'ʒjar]
ricattatore (m)	chantagista (m)	[ʃãta'ʒista]

estorsione (f)	extorsão (f)	[istor'sãw]
estortore (m)	extorsionário (m)	[istorsjo'narju]
gangster (m)	gângster (m)	['gãŋster]
mafia (f)	máfia (f)	['mafja]

borseggiatore (m)	punguista (m)	[pũ'gista]
scassinatore (m)	assaltante, ladrão (m)	[asaw'tãtʃi], [la'drãw]
contrabbando (m)	contrabando (m)	[kõtra'bãdu]
contrabbandiere (m)	contrabandista (m)	[kõtrabã'dʒista]

falsificazione (f)	falsificação (f)	[fawsifika'sãw]
falsificare (vt)	falsificar (vt)	[fawsifi'kar]
falso, falsificato (agg)	falsificado	[fawsifi'kadu]

161. Infrangere la legge. Criminali. Parte 2

stupro (m)	estupro (m)	[is'tupru]
stuprare (vt)	estuprar (vt)	[istu'prar]
stupratore (m)	estuprador (m)	[istupra'dor]
maniaco (m)	maníaco (m)	[ma'niaku]
prostituta (f)	prostituta (f)	[prostʃi'tuta]
prostituzione (f)	prostituição (f)	[prostʃitwi'sãw]
magnaccia (m)	cafetão (m)	[kafe'tãw]
drogato (m)	drogado (m)	[dro'gadu]
trafficante (m) di droga	traficante (m)	[trafi'kãtʃi]
far esplodere	explodir (vt)	[isplo'dʒir]
esplosione (f)	explosão (f)	[isplo'zãw]
incendiare (vt)	incendiar (vt)	[ĩsẽ'dʒjar]
incendiario (m)	incendiário (m)	[ĩsẽ'dʒjarju]
terrorismo (m)	terrorismo (m)	[teho'rizmu]
terrorista (m)	terrorista (m)	[teho'rista]
ostaggio (m)	refém (m)	[he'fẽ]
imbrogliare (vt)	enganar (vt)	[ẽga'nar]
imbroglio (m)	engano (m)	[ẽ'gãnu]
imbroglione (m)	vigarista (m)	[viga'rista]
corrompere (vt)	subornar (vt)	[subor'nar]
corruzione (f)	suborno (m)	[su'bornu]
bustarella (f)	suborno (m)	[su'bornu]
veleno (m)	veneno (m)	[ve'nɛnu]
avvelenare (vt)	envenenar (vt)	[ẽvene'nar]
avvelenarsi (vr)	envenenar-se (vr)	[ẽvene'narsi]
suicidio (m)	suicídio (m)	[swi'sidʒju]
suicida (m)	suicida (m)	[swi'sida]
minacciare (vt)	ameaçar (vt)	[amea'sar]
minaccia (f)	ameaça (f)	[ame'asa]
attentare (vi)	atentar contra a vida de ...	[atẽ'tar 'kõtra a 'vida de]
attentato (m)	atentado (m)	[atẽ'tadu]
rubare (~ una macchina)	roubar (vt)	[ho'bar]
dirottare (~ un aereo)	sequestrar (vt)	[sekwes'trar]
vendetta (f)	vingança (f)	[vĩ'gãsa]
vendicare (vt)	vingar (vt)	[vĩ'gar]
torturare (vt)	torturar (vt)	[tortu'rar]
tortura (f)	tortura (f)	[tor'tura]
maltrattare (vt)	atormentar (vt)	[atormẽ'tar]
pirata (m)	pirata (m)	[pi'rata]
teppista (m)	desordeiro (m)	[dʒizor'dejru]

armato (agg)	armado	[ar'madu]
violenza (f)	violência (f)	[vjo'lẽsja]
illegale (agg)	ilegal	[ile'gaw]

spionaggio (m)	espionagem (f)	[ispio'naʒẽ]
spiare (vi)	espionar (vi)	[ispjo'nar]

162. Polizia. Legge. Parte 1

giustizia (f)	justiça (f)	[ʒus'tʃisa]
tribunale (m)	tribunal (m)	[tribu'naw]

giudice (m)	juiz (m)	[ʒwiz]
giurati (m)	jurados (m pl)	[ʒu'radus]
processo (m) con giuria	tribunal (m) do júri	[tribu'naw du 'ʒuri]
giudicare (vt)	julgar (vt)	[ʒuw'gar]

avvocato (m)	advogado (m)	[adʒivo'gadu]
imputato (m)	réu (m)	['hɛw]
banco (m) degli imputati	banco (m) dos réus	['bãku dus hɛws]

accusa (f)	acusação (f)	[akuza'sãw]
accusato (m)	acusado (m)	[aku'zadu]

condanna (f)	sentença (f)	[sẽ'tẽsa]
condannare (vt)	sentenciar (vt)	[sẽtẽ'sjar]

colpevole (m)	culpado (m)	[kuw'padu]
punire (vt)	punir (vt)	[pu'nir]
punizione (f)	punição (f)	[puni'sãw]

multa (f), ammenda (f)	multa (f)	['muwta]
ergastolo (m)	prisão (f) perpétua	[pri'zãw per'pɛtwa]
pena (f) di morte	pena (f) de morte	['pena de 'mɔrtʃi]
sedia (f) elettrica	cadeira (f) elétrica	[ka'dejra e'lɛtrika]
impiccagione (f)	forca (f)	['forka]

giustiziare (vt)	executar (vt)	[ezeku'tar]
esecuzione (f)	execução (f)	[ezeku'sãw]

prigione (f)	prisão (f)	[pri'zãw]
cella (f)	cela (f) de prisão	['sɛla de pri'zãw]

scorta (f)	escolta (f)	[is'kɔwta]
guardia (f) carceraria	guarda (m) prisional	['gwarda prizjo'naw]
prigioniero (m)	preso (m)	['prezu]

manette (f pl)	algemas (f pl)	[aw'ʒɛmas]
mettere le manette	algemar (vt)	[awʒe'mar]

fuga (f)	fuga, evasão (f)	['fuga], [eva'zãw]
fuggire (vi)	fugir (vi)	[fu'ʒir]
scomparire (vi)	desaparecer (vi)	[dʒizapare'ser]
liberare (vt)	soltar, libertar (vt)	[sow'tar], [liber'tar]

amnistia (f)	anistia (f)	[anis'tʃia]
polizia (f)	polícia (f)	[po'lisja]
poliziotto (m)	polícia (m)	[po'lisja]
commissariato (m)	delegacia (f) de polícia	[delega'sia de po'lisja]
manganello (m)	cassetete (m)	[kase'tɛtʃi]
altoparlante (m)	megafone (m)	[mega'fɔni]

macchina (f) di pattuglia	carro (m) de patrulha	['kaho de pa'truʎa]
sirena (f)	sirene (f)	[si'rɛni]
mettere la sirena	ligar a sirene	[li'gar a si'rɛni]
suono (m) della sirena	toque (m) da sirene	['tɔki da si'rɛni]

luogo (m) del crimine	cena (f) do crime	['sɛna du 'krimi]
testimone (m)	testemunha (f)	[teste'muɲa]
libertà (f)	liberdade (f)	[liber'daʤi]
complice (m)	cúmplice (m)	['kũplisi]
fuggire (vi)	escapar (vi)	[iska'par]
traccia (f)	traço (m)	['trasu]

163. Polizia. Legge. Parte 2

ricerca (f) (~ di un criminale)	procura (f)	[pro'kura]
cercare (vt)	procurar (vt)	[proku'rar]
sospetto (m)	suspeita (f)	[sus'pejta]
sospetto (agg)	suspeito	[sus'pejtu]
fermare (vt)	parar (vt)	[pa'rar]
arrestare (qn)	deter (vt)	[de'ter]

causa (f)	caso (m)	['kazu]
inchiesta (f)	investigação (f)	[ĩvestʃiga'sãw]
detective (m)	detetive (m)	[dete'tʃivi]
investigatore (m)	investigador (m)	[ĩvestʃiga'dor]
versione (f)	versão (f)	[ver'sãw]

movente (m)	motivo (m)	[mo'tʃivu]
interrogatorio (m)	interrogatório (m)	[ĩtehoga'tɔrju]
interrogare (sospetto)	interrogar (vt)	[ĩteho'gar]
interrogare (vicini)	questionar (vt)	[kestʃjo'nar]
controllo (m) (~ di polizia)	verificação (f)	[verifika'sãw]

retata (f)	batida (f) policial	[ba'tʃida poli'sjaw]
perquisizione (f)	busca (f)	['buska]
inseguimento (m)	perseguição (f)	[persegi'sãw]
inseguire (vt)	perseguir (vt)	[perse'gir]
essere sulle tracce	seguir, rastrear (vt)	[se'gir], [has'trjar]

arresto (m)	prisão (f)	[pri'zãw]
arrestare (qn)	prender (vt)	[prẽ'der]
catturare (~ un ladro)	pegar, capturar (vt)	[pe'gar], [kaptu'rar]
cattura (f)	captura (f)	[kap'tura]

documento (m)	documento (m)	[doku'mẽtu]
prova (f), reperto (m)	prova (f)	['prɔva]
provare (vt)	provar (vt)	[pro'var]

impronta (f) del piede	**pegada** (f)	[pe'gada]
impronte (f pl) digitali	**impressões** (f pl) **digitais**	[impre'sõjs dʒiʒi'tajs]
elemento (m) di prova	**prova** (f)	['prɔva]
alibi (m)	**álibi** (m)	['alibi]
innocente (agg)	**inocente**	[ino'sẽtʃi]
ingiustizia (f)	**injustiça** (f)	[ĩʒus'tʃisa]
ingiusto (agg)	**injusto**	[ĩ'ʒustu]
criminale (agg)	**criminal**	[krimi'naw]
confiscare (vt)	**confiscar** (vt)	[kõfis'kar]
droga (f)	**droga** (f)	['drɔga]
armi (f pl)	**arma** (f)	['arma]
disarmare (vt)	**desarmar** (vt)	[dʒizar'mar]
ordinare (vt)	**ordenar** (vt)	[orde'nar]
sparire (vi)	**desaparecer** (vi)	[dʒizapare'ser]
legge (f)	**lei** (f)	[lej]
legale (agg)	**legal**	[le'gaw]
illegale (agg)	**ilegal**	[ile'gaw]
responsabilità (f)	**responsabilidade** (f)	[hespõsabili'dadʒi]
responsabile (agg)	**responsável**	[hespõ'savew]

LA NATURA

La Terra. Parte 1

164. L'Universo

cosmo (m)	espaço, cosmo (m)	[is'pasu], ['kɔzmu]
cosmico, spaziale (agg)	espacial, cósmico	[ispa'sjaw], ['kɔzmiku]
spazio (m) cosmico	espaço (m) cósmico	[is'pasu 'kɔzmiku]
mondo (m)	mundo (m)	['mũdu]
universo (m)	universo (m)	[uni'vɛrsu]
galassia (f)	galáxia (f)	[ga'laksja]
stella (f)	estrela (f)	[is'trela]
costellazione (f)	constelação (f)	[kõstela'sãw]
pianeta (m)	planeta (m)	[pla'neta]
satellite (m)	satélite (m)	[sa'tɛlitʃi]
meteorite (m)	meteorito (m)	[meteo'ritu]
cometa (f)	cometa (m)	[ko'meta]
asteroide (m)	asteroide (m)	[aste'rɔjdʒi]
orbita (f)	órbita (f)	['ɔrbita]
ruotare (vi)	girar (vi)	[ʒi'rar]
atmosfera (f)	atmosfera (f)	[atmos'fɛra]
il Sole	Sol (m)	[sɔw]
sistema (m) solare	Sistema (m) Solar	[sis'tɛma so'lar]
eclisse (f) solare	eclipse (m) solar	[e'klipsi so'lar]
la Terra	Terra (f)	['tɛha]
la Luna	Lua (f)	['lua]
Marte (m)	Marte (m)	['martʃi]
Venere (f)	Vênus (f)	['venus]
Giove (m)	Júpiter (m)	['ʒupiter]
Saturno (m)	Saturno (m)	[sa'turnu]
Mercurio (m)	Mercúrio (m)	[mer'kurju]
Urano (m)	Urano (m)	[u'ranu]
Nettuno (m)	Netuno (m)	[ne'tunu]
Plutone (m)	Plutão (m)	[plu'tãw]
Via (f) Lattea	Via Láctea (f)	['via 'laktja]
Orsa (f) Maggiore	Ursa Maior (f)	[ursa ma'jɔr]
Stella (f) Polare	Estrela Polar (f)	[is'trela po'lar]
marziano (m)	marciano (m)	[mar'sjanu]
extraterrestre (m)	extraterrestre (m)	[estrate'hɛstri]

alieno (m)	alienígena (m)	[alje'niʒena]
disco (m) volante	disco (m) voador	['dʒisku vwa'dor]

nave (f) spaziale	nave (f) espacial	['navi ispa'sjaw]
stazione (f) spaziale	estação (f) orbital	[eʃta'sãw orbi'taw]
lancio (m)	lançamento (m)	[lãsa'mẽtu]

motore (m)	motor (m)	[mo'tor]
ugello (m)	bocal (m)	[bo'kaw]
combustibile (m)	combustível (m)	[kõbus'tʃivew]

cabina (f) di pilotaggio	cabine (f)	[ka'bini]
antenna (f)	antena (f)	[ã'tɛna]
oblò (m)	vigia (f)	[vi'ʒia]
batteria (f) solare	bateria (f) solar	[bate'ria so'lar]
scafandro (m)	traje (m) espacial	['traʒi ispa'sjaw]

imponderabilità (f)	imponderabilidade (f)	[ĩpõderabili'dadʒi]
ossigeno (m)	oxigênio (m)	[oksi'ʒenju]

aggancio (m)	acoplagem (f)	[ako'plaʒẽ]
agganciarsi (vr)	fazer uma acoplagem	[fa'zer 'uma ako'plaʒẽ]

osservatorio (m)	observatório (m)	[observa'tɔrju]
telescopio (m)	telescópio (m)	[tele'skɔpju]
osservare (vt)	observar (vt)	[obser'var]
esplorare (vt)	explorar (vt)	[isplo'rar]

165. La Terra

la Terra	Terra (f)	['tɛha]
globo (m) terrestre	globo (m) terrestre	['globu te'hɛstri]
pianeta (m)	planeta (m)	[pla'neta]

atmosfera (f)	atmosfera (f)	[atmos'fɛra]
geografia (f)	geografia (f)	[ʒeogra'fia]
natura (f)	natureza (f)	[natu'reza]

mappamondo (m)	globo (m)	['globu]
carta (f) geografica	mapa (m)	['mapa]
atlante (m)	atlas (m)	['atlas]

Europa (f)	Europa (f)	[ew'rɔpa]
Asia (f)	Ásia (f)	['azja]

Africa (f)	África (f)	['afrika]
Australia (f)	Austrália (f)	[aws'tralja]

America (f)	América (f)	[a'mɛrika]
America (f) del Nord	América (f) do Norte	[a'mɛrika du 'nɔrtʃi]
America (f) del Sud	América (f) do Sul	[a'mɛrika du suw]

Antartide (f)	Antártida (f)	[ã'tartʃida]
Artico (m)	Ártico (m)	['artʃiku]

166. Punti cardinali

nord (m)	norte (m)	['nɔrtʃi]
a nord	para norte	['para 'nɔrtʃi]
al nord	no norte	[nu 'nɔrtʃi]
del nord (agg)	do norte	[du 'nɔrtʃi]
sud (m)	sul (m)	[suw]
a sud	para sul	['para suw]
al sud	no sul	[nu suw]
del sud (agg)	do sul	[du suw]
ovest (m)	oeste, ocidente (m)	['wɛstʃi], [osi'dɛtʃi]
a ovest	para oeste	['para 'wɛstʃi]
all'ovest	no oeste	[nu 'wɛstʃi]
dell'ovest, occidentale	ocidental	[osidẽ'taw]
est (m)	leste, oriente (m)	['lɛstʃi], [o'rjẽtʃi]
a est	para leste	['para 'lɛstʃi]
all'est	no leste	[nu 'lɛstʃi]
dell'est, orientale	oriental	[orjẽ'taw]

167. Mare. Oceano

mare (m)	mar (m)	[mah]
oceano (m)	oceano (m)	[o'sjanu]
golfo (m)	golfo (m)	['gowfu]
stretto (m)	estreito (m)	[is'trejtu]
terra (f) (terra firma)	terra (f) firme	['tɛha 'firmi]
continente (m)	continente (m)	[kõtʃi'nẽtʃi]
isola (f)	ilha (f)	['iʎa]
penisola (f)	península (f)	[pe'nĩsula]
arcipelago (m)	arquipélago (m)	[arki'pɛlagu]
baia (f)	baía (f)	[ba'ia]
porto (m)	porto (m)	['portu]
laguna (f)	lagoa (f)	[la'goa]
capo (m)	cabo (m)	['kabu]
atollo (m)	atol (m)	[a'tɔw]
scogliera (f)	recife (m)	[he'sifi]
corallo (m)	coral (m)	[ko'raw]
barriera (f) corallina	recife (m) de coral	[he'sifi de ko'raw]
profondo (agg)	profundo	[pro'fũdu]
profondità (f)	profundidade (f)	[profũdʒi'dadʒi]
abisso (m)	abismo (m)	[a'bizmu]
fossa (f) (~ delle Marianne)	fossa (f) oceânica	['fɔsa o'sjanika]
corrente (f)	corrente (f)	[ko'hẽtʃi]
circondare (vt)	banhar (vt)	[ba'ɲar]
litorale (m)	litoral (m)	[lito'raw]

costa (f)	costa (f)	['kɔsta]
alta marea (f)	maré (f) alta	[ma'rɛ 'awta]
bassa marea (f)	refluxo (m)	[he'fluksu]
banco (m) di sabbia	restinga (f)	[hes'tʃĩga]
fondo (m)	fundo (m)	['fũdu]

onda (f)	onda (f)	['õda]
cresta (f) dell'onda	crista (f) da onda	['krista da 'õda]
schiuma (f)	espuma (f)	[is'puma]

tempesta (f)	tempestade (f)	[tẽpes'tadʒi]
uragano (m)	furacão (m)	[fura'kãw]
tsunami (m)	tsunami (m)	[tsu'nami]
bonaccia (f)	calmaria (f)	[kawma'ria]
tranquillo (agg)	calmo	['kawmu]

| polo (m) | polo (m) | ['pɔlu] |
| polare (agg) | polar | [po'lar] |

latitudine (f)	latitude (f)	[latʃi'tudʒi]
longitudine (f)	longitude (f)	[lõʒi'tudʒi]
parallelo (m)	paralela (f)	[para'lɛla]
equatore (m)	equador (m)	[ekwa'dor]

cielo (m)	céu (m)	[sɛw]
orizzonte (m)	horizonte (m)	[ori'zõtʃi]
aria (f)	ar (m)	[ar]

faro (m)	farol (m)	[fa'rɔw]
tuffarsi (vr)	mergulhar (vi)	[mergu'ʎar]
affondare (andare a fondo)	afundar-se (vr)	[afũ'darse]
tesori (m)	tesouros (m pl)	[te'zorus]

168. Montagne

monte (m), montagna (f)	montanha (f)	[mõ'taɲa]
catena (f) montuosa	cordilheira (f)	[kordʒi'ʎejra]
crinale (m)	serra (f)	['sɛha]

cima (f)	cume (m)	['kumi]
picco (m)	pico (m)	['piku]
piedi (m pl)	pé (m)	[pɛ]
pendio (m)	declive (m)	[de'klivi]

vulcano (m)	vulcão (m)	[vuw'kãw]
vulcano (m) attivo	vulcão (m) ativo	[vuw'kãw a'tʃivu]
vulcano (m) inattivo	vulcão (m) extinto	[vuw'kãw is'tʃĩtu]

eruzione (f)	erupção (f)	[erup'sãw]
cratere (m)	cratera (f)	[kra'tɛra]
magma (m)	magma (m)	['magma]
lava (f)	lava (f)	['lava]
fuso (lava ~a)	fundido	[fũ'dʒidu]
canyon (m)	cânion, desfiladeiro (m)	['kanjon], [dʒisfila'dejru]

gola (f)	garganta (f)	[garˈgãta]
crepaccio (m)	fenda (f)	[ˈfẽda]
precipizio (m)	precipício (m)	[presiˈpisju]

passo (m), valico (m)	passo, colo (m)	[ˈpasu], [ˈkɔlu]
altopiano (m)	planalto (m)	[plaˈnawtu]
falesia (f)	falésia (f)	[faˈlɛzja]
collina (f)	colina (f)	[koˈlina]

ghiacciaio (m)	geleira (f)	[ʒeˈlejra]
cascata (f)	cachoeira (f)	[kaʃˈwejra]
geyser (m)	gêiser (m)	[ˈʒɛjzer]
lago (m)	lago (m)	[ˈlagu]

pianura (f)	planície (f)	[plaˈnisi]
paesaggio (m)	paisagem (f)	[pajˈzaʒẽ]
eco (f)	eco (m)	[ˈɛku]

alpinista (m)	alpinista (m)	[awpiˈnista]
scalatore (m)	escalador (m)	[iskalaˈdor]
conquistare (~ una cima)	conquistar (vt)	[kõkisˈtar]
scalata (f)	subida, escalada (f)	[suˈbida], [iskaˈlada]

169. Fiumi

fiume (m)	rio (m)	[ˈhiu]
fonte (f) (sorgente)	fonte, nascente (f)	[ˈfõtʃi], [naˈsẽtʃi]
letto (m) (~ del fiume)	leito (m) de rio	[ˈlejtu de ˈhiu]
bacino (m)	bacia (f)	[baˈsia]
sfociare nel …	desaguar no …	[dʒizaˈgwar nu]

| affluente (m) | afluente (m) | [aˈflwẽtʃi] |
| riva (f) | margem (f) | [ˈmarʒẽ] |

corrente (f)	corrente (f)	[koˈhẽtʃi]
a valle	rio abaixo	[ˈhiu aˈbaɪʃu]
a monte	rio acima	[ˈhiu aˈsima]

inondazione (f)	inundação (f)	[ĩtrduˈsãw]
piena (f)	cheia (f)	[ˈʃeja]
straripare (vi)	transbordar (vi)	[trãzborˈdar]
inondare (vt)	inundar (vt)	[inũˈdar]

| secca (f) | banco (m) de areia | [ˈbãku de aˈreja] |
| rapida (f) | corredeira (f) | [koheˈdejra] |

diga (f)	barragem (f)	[baˈhaʒẽ]
canale (m)	canal (m)	[kaˈnaw]
bacino (m) di riserva	reservatório (m) de água	[hezervaˈtɔrju de ˈagwa]
chiusa (f)	eclusa (f)	[eˈkluza]

specchio (m) d'acqua	corpo (m) de água	[ˈkorpu de ˈagwa]
palude (f)	pântano (m)	[ˈpãtanu]
pantano (m)	lamaçal (m)	[lamaˈsaw]

vortice (m)	rodamoinho (m)	[hodamo'iɲu]
ruscello (m)	riacho (m)	['hjaʃu]
potabile (agg)	potável	[po'tavew]
dolce (di acqua ~)	doce	['dosi]

| ghiaccio (m) | gelo (m) | ['ʒelu] |
| ghiacciarsi (vr) | congelar-se (vr) | [kõʒe'larsi] |

170. Foresta

| foresta (f) | floresta (f), bosque (m) | [flo'rɛsta], ['bɔski] |
| forestale (agg) | florestal | [flores'taw] |

foresta (f) fitta	mata (f) fechada	['mata fe'ʃada]
boschetto (m)	arvoredo (m)	[arvo'redu]
radura (f)	clareira (f)	[kla'rejra]

| roveto (m) | matagal (m) | [mata'gaw] |
| boscaglia (f) | mato (m), caatinga (f) | ['matu], [ka'tʃĩga] |

| sentiero (m) | trilha, vereda (f) | ['triʎa], [ve'reda] |
| calanco (m) | ravina (f) | [ha'vina] |

albero (m)	árvore (f)	['arvori]
foglia (f)	folha (f)	['foʎa]
fogliame (m)	folhagem (f)	[fo'ʎaʒẽ]

caduta (f) delle foglie	queda (f) das folhas	['kɛda das 'foʎas]
cadere (vi)	cair (vi)	[ka'ir]
cima (f)	topo (m)	['topu]

ramo (m), ramoscello (m)	ramo (m)	['hamu]
ramo (m)	galho (m)	['gaʎu]
gemma (f)	botão (m)	[bo'tãw]
ago (m)	agulha (f)	[a'guʎa]
pigna (f)	pinha (f)	['piɲa]

cavità (f)	buraco (m) de árvore	[bu'raku de 'arvori]
nido (m)	ninho (m)	['niɲu]
tana (f) (del fox, ecc.)	toca (f)	['tɔka]

tronco (m)	tronco (m)	['trõku]
radice (f)	raiz (f)	[ha'iz]
corteccia (f)	casca (f) de árvore	['kaska de 'arvori]
musco (m)	musgo (m)	['muzgu]

sradicare (vt)	arrancar pela raiz	[ahã'kar 'pɛla ha'iz]
abbattere (~ un albero)	cortar (vt)	[kor'tar]
disboscare (vt)	desflorestar (vt)	[dʒisflores'tar]
ceppo (m)	toco, cepo (m)	['toku], ['sepu]

falò (m)	fogueira (f)	[fo'gejra]
incendio (m) boschivo	incêndio (m) florestal	[ĩ'sẽdʒju flores'taw]
spegnere (vt)	apagar (vt)	[apa'gar]

guardia (f) forestale	guarda-parque (m)	['gwarda 'parki]
protezione (f)	proteção (f)	[prote'sãw]
proteggere (~ la natura)	proteger (vt)	[prote'ʒer]
bracconiere (m)	caçador (m) furtivo	[kasa'dor fur'tʃivu]
tagliola (f) (~ per orsi)	armadilha (f)	arma'dʒiʎa]
raccogliere (vt)	colher (vt)	[ko'ʎer]
perdersi (vr)	perder-se (vr)	[per'dersi]

171. Risorse naturali

risorse (f pl) naturali	recursos (m pl) naturais	[he'kursus natu'rajs]
minerali (m pl)	minerais (m pl)	[mine'rajs]
deposito (m) (~ di carbone)	depósitos (m pl)	[de'pozitus]
giacimento (m) (~ petrolifero)	jazida (f)	[ʒa'zida]
estrarre (vt)	extrair (vt)	[istra'jir]
estrazione (f)	extração (f)	[istra'sãw]
minerale (m) grezzo	minério (m)	[mi'nɛrju]
miniera (f)	mina (f)	['mina]
pozzo (m) di miniera	poço (m) de mina	['posu de 'mina]
minatore (m)	mineiro (m)	[mi'nejru]
gas (m)	gás (m)	[gajs]
gasdotto (m)	gasoduto (m)	[gazo'dutu]
petrolio (m)	petróleo (m)	[pe'trɔlju]
oleodotto (m)	oleoduto (m)	[oljo'dutu]
torre (f) di estrazione	poço (m) de petróleo	['posu de pe'trɔlju]
torre (f) di trivellazione	torre (f) petrolífera	['tohi petro'lifera]
petroliera (f)	petroleiro (m)	[petro'lejru]
sabbia (f)	areia (f)	[a'reja]
calcare (m)	calcário (m)	[kaw'karju]
ghiaia (f)	cascalho (m)	[kas'kaʎu]
torba (f)	turfa (f)	['turfa]
argilla (f)	argila (f)	[ar'ʒila]
carbone (m)	carvão (m)	[kar'vãw]
ferro (m)	ferro (m)	['fɛhu]
oro (m)	ouro (m)	['oru]
argento (m)	prata (f)	['prata]
nichel (m)	níquel (m)	['nikew]
rame (m)	cobre (m)	['kɔbri]
zinco (m)	zinco (m)	['zĩku]
manganese (m)	manganês (m)	[mãga'nes]
mercurio (m)	mercúrio (m)	[mer'kurju]
piombo (m)	chumbo (m)	['ʃũbu]
minerale (m)	mineral (m)	[mine'raw]
cristallo (m)	cristal (m)	[kris'taw]
marmo (m)	mármore (m)	['marmori]
uranio (m)	urânio (m)	[u'ranju]

La Terra. Parte 2

tempo (m)	tempo (m)	['tẽpu]
previsione (f) del tempo	previsão (f) do tempo	[previ'zãw du 'tẽpu]
temperatura (f)	temperatura (f)	[tẽpera'tura]
termometro (m)	termômetro (m)	[ter'mometru]
barometro (m)	barômetro (m)	[ba'rometru]
umido (agg)	úmido	['umidu]
umidità (f)	umidade (f)	[umi'dadʒi]
caldo (m), afa (f)	calor (m)	[ka'lor]
molto caldo (agg)	tórrido	['tɔhidu]
fa molto caldo	está muito calor	[is'ta 'mwĩtu ka'lor]
fa caldo	está calor	[is'ta ka'lor]
caldo, mite (agg)	quente	['kẽtʃi]
fa freddo	está frio	[is'ta 'friu]
freddo (agg)	frio	['friu]
sole (m)	sol (m)	[sɔw]
splendere (vi)	brilhar (vi)	[bri'ʎar]
di sole (una giornata ~)	de sol, ensolarado	[de sɔw], [ẽsola'radu]
sorgere, levarsi (vr)	nascer (vi)	[na'ser]
tramontare (vi)	pôr-se (vr)	['porsi]
nuvola (f)	nuvem (f)	['nuvẽj]
nuvoloso (agg)	nublado	[nu'bladu]
nube (f) di pioggia	nuvem (f) preta	['nuvẽj 'preta]
nuvoloso (agg)	escuro	[is'kuru]
pioggia (f)	chuva (f)	['ʃuva]
piove	está a chover	[is'ta a ʃo'ver]
piovoso (agg)	chuvoso	[ʃu'vozu]
piovigginare (vi)	chuviscar (vi)	[ʃuvis'kar]
pioggia (f) torrenziale	chuva (f) torrencial	['ʃuva tohẽ'sjaw]
acquazzone (m)	aguaceiro (m)	[agwa'sejru]
forte (una ~ pioggia)	forte	['fortʃi]
pozzanghera (f)	poça (f)	['posa]
bagnarsi (~ sotto la pioggia)	molhar-se (vr)	[mo'ʎarsi]
foschia (f), nebbia (f)	nevoeiro (m)	[nevo'ejru]
nebbioso (agg)	de nevoeiro	[de nevu'ejru]
neve (f)	neve (f)	['nɛvi]
nevica	está nevando	[is'ta ne'vãdu]

173. Rigide condizioni metereologiche. Disastri naturali

temporale (m)	trovoada (f)	[tro'vwada]
fulmine (f)	relâmpago (m)	[he'lãpagu]
lampeggiare (vi)	relampejar (vi)	[helãpe'ʒar]
tuono (m)	trovão (m)	[tro'vãw]
tuonare (vi)	trovejar (vi)	[trove'ʒar]
tuona	está trovejando	[is'ta trove'ʒãdu]
grandine (f)	granizo (m)	[gra'nizu]
grandina	está caindo granizo	[is'ta ka'ĩdu gra'nizu]
inondare (vt)	inundar (vt)	[inũ'dar]
inondazione (f)	inundação (f)	[ĩtrodu'sãw]
terremoto (m)	terremoto (m)	[tehe'mɔtu]
scossa (f)	abalo, tremor (m)	[a'balu], [tre'mor]
epicentro (m)	epicentro (m)	[epi'sẽtru]
eruzione (f)	erupção (f)	[erup'sãw]
lava (f)	lava (f)	['lava]
tromba (f) d'aria	tornado (m)	[tor'nadu]
tornado (m)	tornado (m)	[tor'nadu]
tifone (m)	tufão (m)	[tu'fãw]
uragano (m)	furacão (m)	[fura'kãw]
tempesta (f)	tempestade (f)	[tẽpes'tadʒi]
tsunami (m)	tsunami (m)	[tsu'nami]
ciclone (m)	ciclone (m)	[si'klɔni]
maltempo (m)	mau tempo (m)	[maw 'tẽpu]
incendio (m)	incêndio (m)	[ĩ'sẽdʒju]
disastro (m)	catástrofe (f)	[ka'tastrofi]
meteorite (m)	meteorito (m)	[meteo'ritu]
valanga (f)	avalanche (f)	[ava'lãʃi]
slavina (f)	deslizamento (m) de neve	[dʒizliza'mẽtu de 'nɛvi]
tempesta (f) di neve	nevasca (f)	[ne'vaska]
bufera (f) di neve	tempestade (f) de neve	[tẽpes'tadʒi de 'nɛvi]

Fauna

174. Mammiferi. Predatori

predatore (m)	**predador** (m)	[preda'dor]
tigre (f)	**tigre** (m)	['tʃigri]
leone (m)	**leão** (m)	[le'ãw]
lupo (m)	**lobo** (m)	['lobu]
volpe (m)	**raposa** (f)	[ha'pozu]
giaguaro (m)	**jaguar** (m)	[ʒa'gwar]
leopardo (m)	**leopardo** (m)	[ljo'pardu]
ghepardo (m)	**chita** (f)	['ʃita]
pantera (f)	**pantera** (f)	[pã'tɛra]
puma (f)	**puma** (m)	['puma]
leopardo (m) delle nevi	**leopardo-das-neves** (m)	[ljo'pardu das 'nɛvis]
lince (f)	**lince** (m)	['lĩsi]
coyote (m)	**coiote** (m)	[ko'jotʃi]
sciacallo (m)	**chacal** (m)	[ʃa'kaw]
iena (f)	**hiena** (f)	['jena]

175. Animali selvatici

animale (m)	**animal** (m)	[ani'maw]
bestia (f)	**besta** (f)	['besta]
scoiattolo (m)	**esquilo** (m)	[is'kilu]
riccio (m)	**ouriço** (m)	[o'risu]
lepre (f)	**lebre** (f)	['lɛbri]
coniglio (m)	**coelho** (m)	[ko'eʎu]
tasso (m)	**texugo** (m)	[te'ʃugu]
procione (f)	**guaxinim** (m)	[gwaʃi'nĩ]
criceto (m)	**hamster** (m)	['amster]
marmotta (f)	**marmota** (f)	[mah'mɔta]
talpa (f)	**toupeira** (f)	[to'pejra]
topo (m)	**rato** (m)	['hatu]
ratto (m)	**ratazana** (f)	[hata'zana]
pipistrello (m)	**morcego** (m)	[mor'segu]
ermellino (m)	**arminho** (m)	[ar'miɲu]
zibellino (m)	**zibelina** (f)	[zibe'lina]
martora (f)	**marta** (f)	['mahta]
donnola (f)	**doninha** (f)	[dɔ'niɲa]
visone (m)	**visom** (m)	[vi'zõ]

castoro (m)	castor (m)	[kas'tor]
lontra (f)	lontra (f)	['lõtra]
cavallo (m)	cavalo (m)	[ka'valu]
alce (m)	alce (m)	['awsi]
cervo (m)	veado (m)	['vjadu]
cammello (m)	camelo (m)	[ka'melu]
bisonte (m) americano	bisão (m)	[bi'zãw]
bisonte (m) europeo	auroque (m)	[aw'rɔki]
bufalo (m)	búfalo (m)	['bufalu]
zebra (f)	zebra (f)	['zebra]
antilope (f)	antílope (m)	[ã'tʃilopi]
capriolo (m)	corça (f)	['korsa]
daino (m)	gamo (m)	['gamu]
camoscio (m)	camurça (f)	[ka'mursa]
cinghiale (m)	javali (m)	[ʒava'li]
balena (f)	baleia (f)	[ba'leja]
foca (f)	foca (f)	['fɔka]
tricheco (m)	morsa (f)	['mɔhsa]
otaria (f)	urso-marinho (m)	['ursu ma'riɲu]
delfino (m)	golfinho (m)	[gow'fiɲu]
orso (m)	urso (m)	['ursu]
orso (m) bianco	urso (m) polar	['ursu po'lar]
panda (m)	panda (m)	['pãda]
scimmia (f)	macaco (m)	[ma'kaku]
scimpanzè (m)	chimpanzé (m)	[ʃĩpã'zɛ]
orango (m)	orangotango (m)	[orãgu'tãgu]
gorilla (m)	gorila (m)	[go'rila]
macaco (m)	macaco (m)	[ma'kaku]
gibbone (m)	gibão (m)	[ʒi'bãw]
elefante (m)	elefante (m)	[ele'fãtʃi]
rinoceronte (m)	rinoceronte (m)	[hinose'rõtʃi]
giraffa (f)	girafa (f)	[ʒi'rafa]
ippopotamo (m)	hipopótamo (m)	[ipo'pɔtamu]
canguro (m)	canguru (m)	[kãgu'ru]
koala (m)	coala (m)	['kwala]
mangusta (f)	mangusto (m)	[mã'gustu]
cincillà (f)	chinchila (f)	[ʃĩ'ʃila]
moffetta (f)	cangambá (f)	[kã'gãba]
istrice (m)	porco-espinho (m)	['pɔrku is'piɲu]

176. Animali domestici

gatta (f)	gata (f)	['gata]
gatto (m)	gato (m) macho	['gatu 'maʃu]
cane (m)	cão (m)	['kãw]

cavallo (m)	cavalo (m)	[ka'valu]
stallone (m)	garanhão (m)	[gara'ɲãw]
giumenta (f)	égua (f)	['ɛgwa]

mucca (f)	vaca (f)	['vaka]
toro (m)	touro (m)	['toru]
bue (m)	boi (m)	[boj]

pecora (f)	ovelha (f)	[o'veʎa]
montone (m)	carneiro (m)	[kar'nejru]
capra (f)	cabra (f)	['kabra]
caprone (m)	bode (m)	['bɔdʒi]

| asino (m) | burro (m) | ['buhu] |
| mulo (m) | mula (f) | ['mula] |

porco (m)	porco (m)	['porku]
porcellino (m)	leitão (m)	[lej'tãw]
coniglio (m)	coelho (m)	[ko'eʎu]

| gallina (f) | galinha (f) | [ga'liɲa] |
| gallo (m) | galo (m) | ['galu] |

anatra (f)	pata (f)	['pata]
maschio (m) dell'anatra	pato (m)	['patu]
oca (f)	ganso (m)	['gãsu]

| tacchino (m) | peru (m) | [pe'ru] |
| tacchina (f) | perua (f) | [pe'rua] |

animali (m pl) domestici	animais (m pl) domésticos	[ani'majs do'mɛstʃikus]
addomesticato (agg)	domesticado	[domestʃi'kadu]
addomesticare (vt)	domesticar (vt)	[domestʃi'kar]
allevare (vt)	criar (vt)	[krjar]

fattoria (f)	fazenda (f)	[fa'zẽda]
pollame (m)	aves (f pl) domésticas	['avis do'mɛstʃikas]
bestiame (m)	gado (m)	['gadu]
branco (m), mandria (f)	rebanho (m), manada (f)	[he'baɲu], [ma'nada]

scuderia (f)	estábulo (m)	[is'tabulu]
porcile (m)	chiqueiro (m)	[ʃi'kejru]
stalla (f)	estábulo (m)	[is'tabulu]
conigliera (f)	coelheira (f)	[kue'ʎejra]
pollaio (m)	galinheiro (m)	[gali'ɲejru]

177. Cani. Razze canine

cane (m)	cão (m)	['kãw]
cane (m) da pastore	cão pastor (m)	['kãw pas'tor]
pastore (m) tedesco	pastor-alemão (m)	[pas'tor ale'mãw]
barbone (m)	poodle (m)	['pudw]
bassotto (m)	linguicinha (f)	[lĩgwi'siɲa]
bulldog (m)	buldogue (m)	[buw'dɔgi]

boxer (m)	boxer (m)	['bɔkser]
mastino (m)	mastim (m)	[mas'tʃĩ]
rottweiler (m)	rottweiler (m)	[hɔt'vejler]
dobermann (m)	dóberman (m)	['dɔberman]
bassotto (m)	basset (m)	[ba'sɛt]
bobtail (m)	pastor inglês (m)	[pas'tor ĩ'gles]
dalmata (m)	dálmata (m)	['dalmata]
cocker (m)	cocker spaniel (m)	['kɔker spa'njel]
terranova (m)	terra-nova (m)	['tɛha-'nɔva]
sanbernardo (m)	são-bernardo (m)	[sãw-ber'nardu]
husky (m)	husky (m) siberiano	['aski sibe'rjanu]
chow chow (m)	Chow-chow (m)	[ʃou'ʃou]
volpino (m)	spitz alemão (m)	['spits ale'mãw]
carlino (m)	pug (m)	[pug]

178. Versi emessi dagli animali

abbaiamento (m)	latido (m)	[la'tʃidu]
abbaiare (vi)	latir (vi)	[la'tʃir]
miagolare (vi)	miar (vi)	[mjar]
fare le fusa	ronronar (vi)	[hõho'nar]
muggire (vacca)	mugir (vi)	[mu'ʒir]
muggire (toro)	bramir (vi)	[bra'mir]
ringhiare (vi)	rosnar (vi)	[hoz'nar]
ululato (m)	uivo (m)	['wivu]
ululare (vi)	uivar (vi)	[wi'var]
guaire (vi)	ganir (vi)	[ga'nir]
belare (pecora)	balir (vi)	[ba'lih]
grugnire (maiale)	grunhir (vi)	[gru'ɲir]
squittire (vi)	guinchar (vi)	[gĩ'ʃar]
gracidare (rana)	coaxar (vi)	[koa'ʃar]
ronzare (insetto)	zumbir (vi)	[zũ'bir]
frinire (vi)	ziziar (vi)	[zi'zjar]

179. Uccelli

uccello (m)	pássaro (m), ave (f)	['pasaru], ['avi]
colombo (m), piccione (m)	pombo (m)	['põbu]
passero (m)	pardal (m)	[par'daw]
cincia (f)	chapim-real (m)	[ʃa'pĩ-he'aw]
gazza (f)	pega-rabuda (f)	['pega-ha'buda]
corvo (m)	corvo (m)	['korvu]
cornacchia (f)	gralha-cinzenta (f)	['graʎa sĩ'zẽta]
taccola (f)	gralha-de-nuca-cinzenta (f)	['graʎa de 'nuka sĩ'zẽta]

corvo (m) nero	gralha-calva (f)	['graʎa 'kawvu]
anatra (f)	pato (m)	['patu]
oca (f)	ganso (m)	['gãsu]
fagiano (m)	faisão (m)	[faj'zãw]

aquila (f)	águia (f)	['agja]
astore (m)	açor (m)	[a'sor]
falco (m)	falcão (m)	[faw'kãw]

| grifone (m) | abutre (m) | [a'butri] |
| condor (m) | condor (m) | [kõ'dor] |

cigno (m)	cisne (m)	['sizni]
gru (f)	grou (m)	[grow]
cicogna (f)	cegonha (f)	[se'goɲa]

pappagallo (m)	papagaio (m)	[papa'gaju]
colibrì (m)	beija-flor (m)	[bejʒa'flɔr]
pavone (m)	pavão (m)	[pa'vãw]

| struzzo (m) | avestruz (m) | [aves'truz] |
| airone (m) | garça (f) | ['garsa] |

| fenicottero (m) | flamingo (m) | [fla'mĩgu] |
| pellicano (m) | pelicano (m) | [peli'kanu] |

| usignolo (m) | rouxinol (m) | [hoʃi'nɔw] |
| rondine (f) | andorinha (f) | [ãdo'riɲa] |

tordo (m)	tordo-zornal (m)	['tɔrdu-zor'nal]
tordo (m) sasello	tordo-músico (m)	['tɔrdu-'muziku]
merlo (m)	melro-preto (m)	['mɛwhu 'pretu]

rondone (m)	andorinhão (m)	[ãdori'ɲãw]
allodola (f)	laverca, cotovia (f)	[la'verka], [kutu'via]
quaglia (f)	codorna (f)	[ko'dɔrna]

picchio (m)	pica-pau (m)	['pika 'paw]
cuculo (m)	cuco (m)	['kuku]
civetta (f)	coruja (f)	[ko'ruʒa]
gufo (m) reale	bufo-real (m)	['bufu-he'aw]
urogallo (m)	tetraz-grande (m)	[tɛ'tras-'grãdʒi]

| fagiano (m) di monte | tetraz-lira (m) | [tɛ'tras-'lira] |
| pernice (f) | perdiz-cinzenta (f) | [per'dis sĩ'zẽta] |

storno (m)	estorninho (m)	[istor'niɲu]
canarino (m)	canário (m)	[ka'narju]
francolino (m) di monte	galinha-do-mato (f)	[ga'liɲa du 'matu]

| fringuello (m) | tentilhão (m) | [tẽtʃi'ʎãw] |
| ciuffolotto (m) | dom-fafe (m) | [dõ'fafi] |

gabbiano (m)	gaivota (f)	[gaj'vɔta]
albatro (m)	albatroz (m)	[alba'trɔs]
pinguino (m)	pinguim (m)	[pĩ'gwĩ]

180. Uccelli. Cinguettio e versi

cantare (vi)	cantar (vi)	[kã'tar]
gridare (vi)	gritar, chamar (vi)	[gri'tar], [ʃa'mar]
cantare (gallo)	cantar (vi)	[kã'tar]
chicchirichì (m)	cocorocó (m)	[kɔkuru'kɔ]
chiocciare (gallina)	cacarejar (vi)	[kakare'ʒar]
gracchiare (vi)	crocitar, grasnar (vi)	[krosi'tar], [graz'nar]
fare qua qua	grasnar (vi)	[graz'nar]
pigolare (vi)	piar (vi)	[pjar]
cinguettare (vi)	chilrear, gorjear (vi)	[ʃiw'hjar], [gor'ʒjar]

181. Pesci. Animali marini

abramide (f)	brema (f)	['brema]
carpa (f)	carpa (f)	['karpa]
perca (f)	perca (f)	['pehka]
pesce (m) gatto	siluro (m)	[si'luru]
luccio (m)	lúcio (m)	['lusju]
salmone (m)	salmão (m)	[saw'mãw]
storione (m)	esturjão (m)	[istur'ʒãw]
aringa (f)	arenque (m)	[a'rẽki]
salmone (m)	salmão (m) do Atlântico	[saw'mãw du at'lãtʃiku]
scombro (m)	cavala, sarda (f)	[ka'vala], ['sarda]
sogliola (f)	solha (f), linguado (m)	['soʎa], [lĩ'gwadu]
lucioperca (f)	lúcio perca (m)	['lusju 'perka]
merluzzo (m)	bacalhau (m)	[baka'ʎaw]
tonno (m)	atum (m)	[a'tũ]
trota (f)	truta (f)	['truta]
anguilla (f)	enguia (f)	[ẽ'gia]
torpedine (f)	raia (f) elétrica	['haja e'lɛtrika]
murena (f)	moreia (f)	[mo'reja]
piranha (f)	piranha (f)	[pi'raɲa]
squalo (m)	tubarão (m)	[tuba'rãw]
delfino (m)	golfinho (m)	[gow'fiɲu]
balena (f)	baleia (f)	[ba'leja]
granchio (m)	caranguejo (m)	[karã'geʒu]
medusa (f)	água-viva (f)	['agwa 'viva]
polpo (m)	polvo (m)	['powvu]
stella (f) marina	estrela-do-mar (f)	[is'trela du 'mar]
riccio (m) di mare	ouriço-do-mar (m)	[o'risu du 'mar]
cavalluccio (m) marino	cavalo-marinho (m)	[ka'valu ma'riɲu]
ostrica (f)	ostra (f)	['ostra]
gamberetto (m)	camarão (m)	[kama'rãw]

| astice (m) | lagosta (f) | [la'gosta] |
| aragosta (f) | lagosta (f) | [la'gosta] |

182. Anfibi. Rettili

| serpente (m) | cobra (f) | ['kɔbra] |
| velenoso (agg) | venenoso | [vene'nozu] |

vipera (f)	víbora (f)	['vibora]
cobra (m)	naja (f)	['naʒa]
pitone (m)	píton (m)	['pitɔn]
boa (m)	jiboia (f)	[ʒi'bɔja]

biscia (f)	cobra-de-água (f)	[kɔbra de 'agwa]
serpente (m) a sonagli	cascavel (f)	[kaska'vɛw]
anaconda (f)	anaconda, sucuri (f)	[ana'kõda], [sukuri]

lucertola (f)	lagarto (m)	[la'gartu]
iguana (f)	iguana (f)	[i'gwana]
varano (m)	varano (m)	[va'ranu]
salamandra (f)	salamandra (f)	[sala'mãdra]
camaleonte (m)	camaleão (m)	[kamale'ãu]
scorpione (m)	escorpião (m)	[iskorpi'ãw]

tartaruga (f)	tartaruga (f)	[tarta'ruga]
rana (f)	rã (f)	[hã]
rospo (m)	sapo (m)	['sapu]
coccodrillo (m)	crocodilo (m)	[kroko'dʒilu]

183. Insetti

insetto (m)	inseto (m)	[ĩ'sɛtu]
farfalla (f)	borboleta (f)	[borbo'leta]
formica (f)	formiga (f)	[for'miga]
mosca (f)	mosca (f)	['moska]
zanzara (f)	mosquito (m)	[mos'kitu]
scarabeo (m)	escaravelho (m)	[iskara'veʎu]

vespa (f)	vespa (f)	['vespa]
ape (f)	abelha (f)	[a'beʎa]
bombo (m)	mamangaba (f)	[mamã'gaba]
tafano (m)	moscardo (m)	[mos'kardu]

| ragno (m) | aranha (f) | [a'raɲa] |
| ragnatela (f) | teia (f) de aranha | ['teja de a'raɲa] |

libellula (f)	libélula (f)	[li'bɛlula]
cavalletta (f)	gafanhoto (m)	[gafa'ɲotu]
farfalla (f) notturna	traça (f)	['trasa]

| scarafaggio (m) | barata (f) | [ba'rata] |
| zecca (f) | carrapato (m) | [kaha'patu] |

pulce (f)	**pulga** (f)	['puwga]
moscerino (m)	**borrachudo** (m)	[boha'ʃudu]
locusta (f)	**gafanhoto-migratório** (m)	[gafa'ɲotu-migra'tɔrju]
lumaca (f)	**caracol** (m)	[kara'kɔw]
grillo (m)	**grilo** (m)	['grilu]
lucciola (f)	**pirilampo, vaga-lume** (m)	[piri'lãpu], [vaga-'lumi]
coccinella (f)	**joaninha** (f)	[ʒwa'niɲa]
maggiolino (m)	**besouro** (m)	[be'zoru]
sanguisuga (f)	**sanguessuga** (f)	[sãgi'suga]
bruco (m)	**lagarta** (f)	[la'garta]
verme (m)	**minhoca** (f)	[mi'ɲɔka]
larva (f)	**larva** (f)	['larva]

184. Animali. Parti del corpo

becco (m)	**bico** (m)	['biku]
ali (f pl)	**asas** (f pl)	['azas]
zampa (f)	**pata** (f)	['pata]
piumaggio (m)	**plumagem** (f)	[plu'maʒë]
penna (f), piuma (f)	**pena, pluma** (f)	['pena], ['pluma]
cresta (f)	**crista** (f)	['krista]
branchia (f)	**guelras** (f pl)	['gɛwhas]
uova (f pl)	**ovas** (f pl)	['ɔvas]
larva (f)	**larva** (f)	['larva]
pinna (f)	**barbatana** (f)	[barba'tana]
squama (f)	**escama** (f)	[is'kama]
zanna (f)	**presa** (f)	['preza]
zampa (f)	**pata** (f)	['pata]
muso (m)	**focinho** (m)	[fo'siɲu]
bocca (f)	**boca** (f)	['boka]
coda (f)	**cauda** (f), **rabo** (m)	['kawda], ['habu]
baffi (m pl)	**bigodes** (m pl)	[bi'gɔdʒis]
zoccolo (m)	**casco** (m)	['kasku]
corno (m)	**corno** (m)	['kornu]
carapace (f)	**carapaça** (f)	[kara'pasa]
conchiglia (f)	**concha** (f)	['kõʃa]
guscio (m) dell'uovo	**casca** (f) **de ovo**	['kaska de 'ovu]
pelo (m)	**pelo** (m)	['pelu]
pelle (f)	**pele** (f), **couro** (m)	['pɛli], ['koru]

185. Animali. Ambiente naturale

ambiente (m) naturale	**hábitat** (m)	['abitatʃi]
migrazione (f)	**migração** (f)	[migra'sãw]
monte (m), montagna (f)	**montanha** (f)	[mõ'taɲa]

scogliera (f)	recife (m)	[he'sifi]
falesia (f)	falésia (f)	[fa'lɛzja]
foresta (f)	floresta (f)	[flo'rɛsta]
giungla (f)	selva (f)	['sɛwva]
savana (f)	savana (f)	[sa'vana]
tundra (f)	tundra (f)	['tũdra]
steppa (f)	estepe (f)	[is'tɛpi]
deserto (m)	deserto (m)	[de'zɛrtu]
oasi (f)	oásis (m)	[o'asis]
mare (m)	mar (m)	[mah]
lago (m)	lago (m)	['lagu]
oceano (m)	oceano (m)	[o'sjanu]
palude (f)	pântano (m)	['pãtanu]
di acqua dolce	de água doce	[de 'agwa 'dosi]
stagno (m)	lagoa (f)	[la'goa]
fiume (m)	rio (m)	['hiu]
tana (f) (dell'orso)	toca (f) do urso	['tɔka du 'ursu]
nido (m)	ninho (m)	['niɲu]
cavità (f) (~ in un albero)	buraco (m) de árvore	[bu'raku de 'arvori]
tana (f) (del fox, ecc.)	toca (f)	['tɔka]
formicaio (m)	formigueiro (m)	[formi'gejru]

Flora

186. Alberi

albero (m)	árvore (f)	['arvori]
deciduo (agg)	decídua	[de'sidwa]
conifero (agg)	conífera	[ko'nifera]
sempreverde (agg)	perene	[pe'rɛni]
melo (m)	macieira (f)	[ma'sjejra]
pero (m)	pereira (f)	[pe'rejra]
ciliegio (m)	cerejeira (f)	[sere'ʒejra]
amareno (m)	ginjeira (f)	[ʒi'ʒejra]
prugno (m)	ameixeira (f)	[amej'ʃejra]
betulla (f)	bétula (f)	['bɛtula]
quercia (f)	carvalho (m)	[kar'vaʎu]
tiglio (m)	tília (f)	['tʃilja]
pioppo (m) tremolo	choupo-tremedor (m)	['ʃopu-treme'dor]
acero (m)	bordo (m)	['bordu]
abete (m)	espruce (m)	[is'pruse]
pino (m)	pinheiro (m)	[pi'ɲejru]
larice (m)	alerce, lariço (m)	[a'lɛrse], [la'risu]
abete (m) bianco	abeto (m)	[a'bɛtu]
cedro (m)	cedro (m)	['sɛdru]
pioppo (m)	choupo, álamo (m)	['ʃopu], ['alamu]
sorbo (m)	tramazeira (f)	[trama'zejra]
salice (m)	salgueiro (m)	[saw'gejru]
alno (m)	amieiro (m)	[a'mjejru]
faggio (m)	faia (f)	['faja]
olmo (m)	ulmeiro, olmo (m)	[ul'mejru], ['ɔwmu]
frassino (m)	freixo (m)	['frejʃu]
castagno (m)	castanheiro (m)	[kasta'ɲejru]
magnolia (f)	magnólia (f)	[mag'nɔlja]
palma (f)	palmeira (f)	[paw'mejra]
cipresso (m)	cipreste (m)	[si'prɛstʃi]
mangrovia (f)	mangue (m)	['mãgi]
baobab (m)	embondeiro, baobá (m)	[ẽbõ'dejru], [bao'ba]
eucalipto (m)	eucalipto (m)	[ewka'liptu]
sequoia (f)	sequoia (f)	[se'kwɔja]

187. Arbusti

cespuglio (m)	arbusto (m)	[ar'bustu]
arbusto (m)	arbusto (m), moita (f)	[ar'bustu], ['mɔjta]

vite (f)	videira (f)	[vi'dejra]
vigneto (m)	vinhedo (m)	[vi'ɲedu]
lampone (m)	framboeseira (f)	[frãboe'zejra]
ribes (m) nero	groselheira-negra (f)	[groze'ʎejra 'negra]
ribes (m) rosso	groselheira-vermelha (f)	[grozɛ'ʎejra ver'meʎa]
uva (f) spina	groselheira (f) espinhosa	[groze'ʎejra ispi'ɲoza]
acacia (f)	acácia (f)	[a'kasja]
crespino (m)	bérberis (f)	['bɛrberis]
gelsomino (m)	jasmim (m)	[ʒaz'mĩ]
ginepro (m)	junípero (m)	[ʒu'niperu]
roseto (m)	roseira (f)	[ho'zejra]
rosa (f) canina	roseira (f) brava	[ho'zejra 'brava]

188. Funghi

fungo (m)	cogumelo (m)	[kogu'mɛlu]
fungo (m) commestibile	cogumelo (m) comestível	[kogu'mɛlu komes'tʃivew]
fungo (m) velenoso	cogumelo (m) venenoso	[kogu'mɛlu vene'nozu]
cappello (m)	chapéu (m)	[ʃa'pɛw]
gambo (m)	pé, caule (m)	[pɛ], ['kauli]
porcino (m)	boleto, porcino (m)	[bu'letu], [pɔrsinu]
boleto (m) rufo	boleto (m) alaranjado	[bu'letu alarã'ʒadu]
porcinello (m)	boleto (m) de bétula	[bu'letu de 'bɛtula]
gallinaccio (m)	cantarelo (m)	[kãta'rɛlu]
rossola (f)	rússula (f)	['rusula]
spugnola (f)	morchella (f)	[mor'ʃɛla]
ovolaccio (m)	agário-das-moscas (m)	[a'garju das 'moskas]
fungo (m) moscario	cicuta (f) verde	[si'kuta 'verdʒi]

189. Frutti. Bacche

frutto (m)	fruta (f)	['fruta]
frutti (m pl)	frutas (f pl)	['frutas]
mela (f)	maçã (f)	[ma'sã]
pera (f)	pera (f)	['pera]
prugna (f)	ameixa (f)	[a'mejʃa]
fragola (f)	morango (m)	[mo'rãgu]
amarena (f)	ginja (f)	['ʒĩʒa]
ciliegia (f)	cereja (f)	[se'reʒa]
uva (f)	uva (f)	['uva]
lampone (m)	framboesa (f)	[frãbo'eza]
ribes (m) nero	groselha (f) negra	[gro'zɛʎa 'negra]
ribes (m) rosso	groselha (f) vermelha	[[gro'zɛʎa ver'meʎa]
uva (f) spina	groselha (f) espinhosa	[gro'zɛʎa ispi'ɲoza]
mirtillo (m) di palude	oxicoco (m)	[oksi'koku]

arancia (f)	laranja (f)	[la'rãʒa]
mandarino (m)	tangerina (f)	[tãʒe'rina]
ananas (m)	abacaxi (m)	[abaka'ʃi]
banana (f)	banana (f)	[ba'nana]
dattero (m)	tâmara (f)	['tamara]

limone (m)	limão (m)	[li'mãw]
albicocca (f)	damasco (m)	[da'masku]
pesca (f)	pêssego (m)	['pesegu]
kiwi (m)	quiuí (m)	[ki'vi]
pompelmo (m)	toranja (f)	[to'rãʒa]

bacca (f)	baga (f)	['baga]
bacche (f pl)	bagas (f pl)	['bagas]
mirtillo (m) rosso	arando (m) vermelho	[a'rãdu ver'meʎu]
fragola (f) di bosco	morango-silvestre (m)	[mo'rãgu siw'vɛstri]
mirtillo (m)	mirtilo (m)	[mih'tʃilu]

190. Fiori. Piante

| fiore (m) | flor (f) | [flɔr] |
| mazzo (m) di fiori | buquê (m) de flores | [bu'ke de 'floris] |

rosa (f)	rosa (f)	['hɔza]
tulipano (m)	tulipa (f)	[tu'lipa]
garofano (m)	cravo (m)	['kravu]
gladiolo (m)	gladíolo (m)	[gla'dʒiolu]

fiordaliso (m)	escovinha (f)	[isko'viɲa]
campanella (f)	campainha (f)	[kampa'iɲa]
soffione (m)	dente-de-leão (m)	['dẽtʃi de le'ãw]
camomilla (f)	camomila (f)	[kamo'mila]

aloe (m)	aloé (m)	[alo'ɛ]
cactus (m)	cacto (m)	['kaktu]
ficus (m)	fícus (m)	['fikus]

giglio (m)	lírio (m)	['lirju]
geranio (m)	gerânio (m)	[ʒe'ranju]
giacinto (m)	jacinto (m)	[ʒa'sĩtu]

mimosa (f)	mimosa (f)	[mi'mɔza]
narciso (m)	narciso (m)	[nar'sizu]
nasturzio (m)	capuchinha (f)	[kapu'ʃiɲa]

orchidea (f)	orquídea (f)	[or'kidʒja]
peonia (f)	peônia (f)	[pi'onia]
viola (f)	violeta (f)	[vjo'leta]

viola (f) del pensiero	amor-perfeito (m)	[a'mor per'fejtu]
nontiscordardimé (m)	não-me-esqueças (m)	['nãw mi is'kesas]
margherita (f)	margarida (f)	[marga'rida]
papavero (m)	papoula (f)	[pa'pola]
canapa (f)	cânhamo (m)	['kaɲamu]

menta (f)	hortelã, menta (f)	[orte'lã], ['mẽta]
mughetto (m)	lírio-do-vale (m)	['lirju du 'vali]
bucaneve (m)	campânula-branca (f)	[kã'panula-'brãka]

ortica (f)	urtiga (f)	[ur'tʃiga]
acetosa (f)	azedinha (f)	[aze'dʒinha]
ninfea (f)	nenúfar (m)	[ne'nufar]
felce (f)	samambaia (f)	[samã'baja]
lichene (m)	líquen (m)	['likẽ]

serra (f)	estufa (f)	[is'tufa]
prato (m) erboso	gramado (m)	[gra'madu]
aiuola (f)	canteiro (m) de flores	[kã'tejru de 'floris]

pianta (f)	planta (f)	['plãta]
erba (f)	grama (f)	['grama]
filo (m) d'erba	folha (f) de grama	['foʎa de 'grama]

foglia (f)	folha (f)	['foʎa]
petalo (m)	pétala (f)	['pɛtala]
stelo (m)	talo (m)	['talu]
tubero (m)	tubérculo (m)	[tu'berkulu]

| germoglio (m) | broto, rebento (m) | ['brotu], [he'bẽtu] |
| spina (f) | espinho (m) | [is'piɲu] |

fiorire (vi)	florescer (vi)	[flore'ser]
appassire (vi)	murchar (vi)	[mur'ʃar]
odore (m), profumo (m)	cheiro (m)	['ʃejru]
tagliare (~ i fiori)	cortar (vt)	[kor'tar]
cogliere (vt)	colher (vt)	[ko'ʎer]

191. Cereali, granaglie

grano (m)	grão (m)	['grãw]
cereali (m pl)	cereais (m pl)	[se'rjajs]
spiga (f)	espiga (f)	[is'piga]

frumento (m)	trigo (m)	['trigu]
segale (f)	centeio (m)	[sẽ'teju]
avena (f)	aveia (f)	[a'veja]

| miglio (m) | painço (m) | [pa'ĩsu] |
| orzo (m) | cevada (f) | [se'vada] |

mais (m)	milho (m)	['miʎu]
riso (m)	arroz (m)	[a'hoz]
grano (m) saraceno	trigo-sarraceno (m)	['trigu-saha'sẽnu]

pisello (m)	ervilha (f)	[er'viʎa]
fagiolo (m)	feijão (m) roxo	[fej'ʒãw 'hoʃu]
soia (f)	soja (f)	['sɔʒa]
lenticchie (f pl)	lentilha (f)	[lẽ'tʃiʎa]
fave (f pl)	feijão (m)	[fej'ʒãw]

GEOGRAFIA REGIONALE

Paesi. Nazionalità

192. Politica. Governo. Parte 1

politica (f)	**política** (f)	[po'litʃika]
politico (agg)	**político**	[po'litʃiku]
politico (m)	**político** (m)	[po'litʃiku]
stato (m) (nazione, paese)	**estado** (m)	[i'stadu]
cittadino (m)	**cidadão** (m)	[sida'dãw]
cittadinanza (f)	**cidadania** (f)	[sidada'nia]
emblema (m) nazionale	**brasão** (m) **de armas**	[bra'zãw de 'armas]
inno (m) nazionale	**hino** (m) **nacional**	['inu nasjo'naw]
governo (m)	**governo** (m)	[go'vernu]
capo (m) di Stato	**Chefe** (m) **de Estado**	['ʃɛfi de i'stadu]
parlamento (m)	**parlamento** (m)	[parla'mẽtu]
partito (m)	**partido** (m)	[par'tʃidu]
capitalismo (m)	**capitalismo** (m)	[kapita'lizmu]
capitalistico (agg)	**capitalista**	[kapita'lista]
socialismo (m)	**socialismo** (m)	[sosja'lizmu]
socialista (agg)	**socialista**	[sosja'lista]
comunismo (m)	**comunismo** (m)	[komu'nizmu]
comunista (agg)	**comunista**	[komu'nista]
comunista (m)	**comunista** (m)	[komu'nista]
democrazia (f)	**democracia** (f)	[demokra'sia]
democratico (m)	**democrata** (m)	[demo'krata]
democratico (agg)	**democrático**	[demo'kratʃiku]
partito (m) democratico	**Partido** (m) **Democrático**	[par'tʃidu demo'kratʃiku]
liberale (m)	**liberal** (m)	[libe'raw]
liberale (agg)	**liberal**	[libe'raw]
conservatore (m)	**conservador** (m)	[kõserva'dor]
conservatore (agg)	**conservador**	[kõserva'dor]
repubblica (f)	**república** (f)	[he'publika]
repubblicano (m)	**republicano** (m)	hepubli'kanu]
partito (m) repubblicano	**Partido** (m) **Republicano**	[par'tʃidu hepubli'kanu]
elezioni (f pl)	**eleições** (f pl)	[elej'sõjs]
eleggere (vt)	**eleger** (vt)	[ele'ʒer]

elettore (m)	eleitor (m)	[elej'tor]
campagna (f) elettorale	campanha (f) eleitoral	[kã'paɲa elejto'raw]
votazione (f)	votação (f)	[vota'sãw]
votare (vi)	votar (vi)	[vo'tar]
diritto (m) di voto	sufrágio (m)	[su'fraʒu]
candidato (m)	candidato (m)	[kãdʒi'datu]
candidarsi (vr)	candidatar-se (vi)	[kãdʒida'tarsi]
campagna (f)	campanha (f)	[kã'paɲa]
d'opposizione (agg)	da oposição	[da opozi'sãw]
opposizione (f)	oposição (f)	[opozi'sãw]
visita (f)	visita (f)	[vi'zita]
visita (f) ufficiale	visita (f) oficial	[vi'zita ofi'sjaw]
internazionale (agg)	internacional	[ĩternasjo'naw]
trattative (f pl)	negociações (f pl)	[negosja'sõjs]
negoziare (vi)	negociar (vi)	[nego'sjar]

193. Politica. Governo. Parte 2

società (f)	sociedade (f)	[sosje'dadʒi]
costituzione (f)	constituição (f)	[kõstʃitwi'sãw]
potere (m) (~ politico)	poder (m)	[po'der]
corruzione (f)	corrupção (f)	[kohup'sãw]
legge (f)	lei (f)	[lej]
legittimo (agg)	legal	[le'gaw]
giustizia (f)	justeza (f)	[ʒus'teza]
giusto (imparziale)	justo	['ʒustu]
comitato (m)	comitê (m)	[komi'te]
disegno (m) di legge	projeto-lei (m)	[pro'ʒɛtu-'lej]
bilancio (m)	orçamento (m)	[orsa'mẽtu]
politica (f)	política (f)	[po'litʃika]
riforma (f)	reforma (f)	[he'forma]
radicale (agg)	radical	[hadʒi'kaw]
forza (f) (potenza)	força (f)	['forsa]
potente (agg)	poderoso	[pode'rozu]
sostenitore (m)	partidário (m)	[partʃi'darju]
influenza (f)	influência (f)	[ĩ'flwẽsja]
regime (m) (~ militare)	regime (m)	[he'ʒimi]
conflitto (m)	conflito (m)	[kõ'flitu]
complotto (m)	conspiração (f)	[kõspira'sãw]
provocazione (f)	provocação (f)	[provoka'sãw]
rovesciare (~ un regime)	derrubar (vt)	[dehu'bar]
rovesciamento (m)	derrube (m), queda (f)	[de'rube], ['kɛda]
rivoluzione (f)	revolução (f)	[hevolu'sãw]

| colpo (m) di Stato | golpe (m) de Estado | ['gɔwpi de i'stadu] |
| golpe (m) militare | golpe (m) militar | ['gɔwpi mili'tar] |

crisi (f)	crise (f)	['krizi]
recessione (f) economica	recessão (f) econômica	[hesep'sãw eko'nomika]
manifestante (m)	manifestante (m)	[manifes'tãtʃi]
manifestazione (f)	manifestação (f)	[manifesta'sãw]
legge (f) marziale	lei (f) marcial	[lej mar'sjaw]
base (f) militare	base (f) militar	['bazi mili'tar]

| stabilità (f) | estabilidade (f) | [istabili'dadʒi] |
| stabile (agg) | estável | [is'tavew] |

| sfruttamento (m) | exploração (f) | [isplora'sãw] |
| sfruttare (~ i lavoratori) | explorar (vt) | [isplo'rar] |

razzismo (m)	racismo (m)	[ha'sizmu]
razzista (m)	racista (m)	[ha'sista]
fascismo (m)	fascismo (m)	[fa'sizmu]
fascista (m)	fascista (m)	[fa'sista]

194. Paesi. Varie

straniero (m)	estrangeiro (m)	[istrã'ʒejru]
straniero (agg)	estrangeiro	[istrã'ʒejru]
all'estero	no estrangeiro	[no istrã'ʒejru]

emigrato (m)	emigrante (m)	[emi'grãtʃi]
emigrazione (f)	emigração (f)	[emigra'sãw]
emigrare (vi)	emigrar (vi)	[emi'grar]

Ovest (m)	Ocidente (m)	[osi'dẽtʃi]
Est (m)	Oriente (m)	[o'rjẽtʃi]
Estremo Oriente (m)	Extremo Oriente (m)	[is'trɛmu o'rjẽtʃi]

civiltà (f)	civilização (f)	[siviliza'sãw]
umanità (f)	humanidade (f)	[umani'dadʒi]
mondo (m)	mundo (m)	['mũdu]
pace (f)	paz (f)	[pajz]
mondiale (agg)	mundial	[mũ'dʒjaw]

patria (f)	pátria (f)	['patrja]
popolo (m)	povo (m)	['povu]
popolazione (f)	população (f)	[popula'sãw]
gente (f)	gente (f)	['ʒẽtʃi]
nazione (f)	nação (f)	[na'sãw]
generazione (f)	geração (f)	[ʒera'sãw]

territorio (m)	território (m)	[tehi'tɔrju]
regione (f)	região (f)	[he'ʒjãw]
stato (m)	estado (m)	[i'stadu]

| tradizione (f) | tradição (f) | [tradʒi'sãw] |
| costume (m) | costume (m) | [kos'tumi] |

ecologia (f)	ecologia (f)	[ekolo'ʒia]
indiano (m)	índio (m)	['ĩdʒju]
zingaro (m)	cigano (m)	[si'ganu]
zingara (f)	cigana (f)	[si'gana]
di zingaro	cigano	[si'ganu]

impero (m)	império (m)	[ĩ'pɛrju]
colonia (f)	colônia (f)	[ko'lonja]
schiavitù (f)	escravidão (f)	[iskravi'dãw]
invasione (f)	invasão (f)	[ĩva'zãw]
carestia (f)	fome (f)	['fɔmi]

195. Principali gruppi religiosi. Credi religiosi

| religione (f) | religião (f) | [heli'ʒãw] |
| religioso (agg) | religioso | [heli'ʒozu] |

fede (f)	crença (f)	['krẽsa]
credere (vi)	crer (vt)	[krer]
credente (m)	crente (m)	['krẽtʃi]

| ateismo (m) | ateísmo (m) | [ate'izmu] |
| ateo (m) | ateu (m) | [a'tew] |

cristianesimo (m)	cristianismo (m)	[kristʃja'nizmu]
cristiano (m)	cristão (m)	[kris'tãw]
cristiano (agg)	cristão	[kris'tãw]

cattolicesimo (m)	catolicismo (m)	[katoli'sizmu]
cattolico (m)	católico (m)	[ka'tɔliku]
cattolico (agg)	católico	[ka'tɔliku]

Protestantesimo (m)	protestantismo (m)	[protestã'tʃizmu]
Chiesa (f) protestante	Igreja (f) Protestante	[i'greʒa protes'tãtʃi]
protestante (m)	protestante (m)	[protes'tãtʃi]

Ortodossia (f)	ortodoxia (f)	[ortodok'sia]
Chiesa (f) ortodossa	Igreja (f) Ortodoxa	[i'greʒa orto'dɔksa]
ortodosso (m)	ortodoxo (m)	[orto'dɔksu]

Presbiterianesimo (m)	presbiterianismo (m)	[prezbiterja'nizmu]
Chiesa (f) presbiteriana	Igreja (f) Presbiteriana	[i'greʒa prezbite'rjana]
presbiteriano (m)	presbiteriano (m)	[prezbite'rjanu]

| Luteranesimo (m) | luteranismo (m) | [lutera'nizmu] |
| luterano (m) | luterano (m) | [lute'ranu] |

| confessione (f) battista | Igreja (f) Batista | [i'greʒa ba'tʃista] |
| battista (m) | batista (m) | [ba'tʃista] |

Chiesa (f) anglicana	Igreja (f) Anglicana	[i'greʒa ãgli'kana]
anglicano (m)	anglicano (m)	[ãgli'kanu]
mormonismo (m)	mormonismo (m)	[mormo'nizmu]
mormone (m)	mórmon (m)	['mɔrmõ]

| giudaismo (m) | Judaísmo (m) | [ʒuda'izmu] |
| ebreo (m) | judeu (m) | [ʒu'dew] |

| buddismo (m) | budismo (m) | [bu'dʒizmu] |
| buddista (m) | budista (m) | [bu'dʒista] |

| Induismo (m) | hinduísmo (m) | [ĩ'dwizmu] |
| induista (m) | hindu (m) | [ĩ'du] |

Islam (m)	Islã (m)	[iz'lã]
musulmano (m)	muçulmano (m)	[musuw'manu]
musulmano (agg)	muçulmano	[musuw'manu]

| sciismo (m) | xiismo (m) | [ʃi'iʒmu] |
| sciita (m) | xiita (m) | [ʃi'ita] |

| sunnismo (m) | sunismo (m) | [su'nismu] |
| sunnita (m) | sunita (m) | [su'nita] |

196. Religioni. Sacerdoti

| prete (m) | padre (m) | ['padri] |
| Papa (m) | Papa (m) | ['papa] |

monaco (m)	monge (m)	['mõʒi]
monaca (f)	freira (f)	['frejra]
pastore (m)	pastor (m)	[pas'tor]

abate (m)	abade (m)	[a'badʒi]
vicario (m)	vigário (m)	[vi'garju]
vescovo (m)	bispo (m)	['bispu]
cardinale (m)	cardeal (m)	[kar'dʒjaw]

predicatore (m)	pregador (m)	[prega'dor]
predica (f)	sermão (m)	[ser'mãw]
parrocchiani (m)	paroquianos (pl)	[paro'kjanus]

| credente (m) | crente (m) | ['krẽtʃi] |
| ateo (m) | ateu (m) | [a'tew] |

197. Fede. Cristianesimo. Islam

| Adamo | Adão | [a'dãw] |
| Eva | Eva | ['ɛva] |

Dio (m)	Deus (m)	['dews]
Signore (m)	Senhor (m)	[se'ɲor]
Onnipotente (m)	Todo Poderoso (m)	['todu pode'rozu]

peccato (m)	pecado (m)	[pe'kadu]
peccare (vi)	pecar (vi)	[pe'kar]
peccatore (m)	pecador (m)	[peka'dor]

peccatrice (f)	**pecadora** (f)	[peka'dora]
inferno (m)	**inferno** (m)	[ĩ'fɛrnu]
paradiso (m)	**paraíso** (m)	[para'izu]
Gesù	**Jesus**	[ʒe'zus]
Gesù Cristo	**Jesus Cristo**	[ʒe'zus 'kristu]
Spirito (m) Santo	**Espírito** (m) **Santo**	[is'piritu 'sãtu]
Salvatore (m)	**Salvador** (m)	[sawva'dor]
Madonna	**Virgem Maria** (f)	['virʒẽ ma'ria]
Diavolo (m)	**Diabo** (m)	['dʒjabu]
del diavolo	**diabólico**	[dʒja'bɔliku]
Satana (m)	**Satanás** (m)	[sata'nas]
satanico (agg)	**satânico**	[sa'taniku]
angelo (m)	**anjo** (m)	['ãʒu]
angelo (m) custode	**anjo** (m) **da guarda**	['ãʒu da 'gwarda]
angelico (agg)	**angelical**	[ãʒeli'kaw]
apostolo (m)	**apóstolo** (m)	[a'pɔstolu]
arcangelo (m)	**arcanjo** (m)	[ar'kãʒu]
Anticristo (m)	**anticristo** (m)	[ãtʃi'kristu]
Chiesa (f)	**Igreja** (f)	[i'greʒa]
Bibbia (f)	**Bíblia** (f)	['biblja]
biblico (agg)	**bíblico**	['bibliku]
Vecchio Testamento (m)	**Velho Testamento** (m)	['vɛʎu testa'mẽtu]
Nuovo Testamento (m)	**Novo Testamento** (m)	['novu testa'mẽtu]
Vangelo (m)	**Evangelho** (m)	[evã'ʒɛʎu]
Sacra Scrittura (f)	**Sagradas Escrituras** (f pl)	[sa'gradas iskri'turas]
Il Regno dei Cieli	**Céu** (m)	[sɛw]
comandamento (m)	**mandamento** (m)	[mãda'mẽtu]
profeta (m)	**profeta** (m)	[pro'fɛta]
profezia (f)	**profecia** (f)	[profe'sia]
Allah	**Alá** (m)	[a'la]
Maometto	**Maomé** (m)	[mao'mɛ]
Corano (m)	**Alcorão** (m)	[awko'rãw]
moschea (f)	**mesquita** (f)	[mes'kita]
mullah (m)	**mulá** (m)	[mu'la]
preghiera (f)	**oração** (f)	[ora'sãw]
pregare (vi, vt)	**rezar, orar** (vi)	[he'zar], [o'rar]
pellegrinaggio (m)	**peregrinação** (f)	[peregrina'sãw]
pellegrino (m)	**peregrino** (m)	[pere'grinu]
La Mecca (f)	**Meca** (f)	['mɛka]
chiesa (f)	**igreja** (f)	[i'greʒa]
tempio (m)	**templo** (m)	['tẽplu]
cattedrale (f)	**catedral** (f)	[kate'draw]
gotico (agg)	**gótico**	['gɔtʃiku]
sinagoga (f)	**sinagoga** (f)	[sina'gɔga]

moschea (f)	mesquita (f)	[mes'kita]
cappella (f)	capela (f)	[ka'pɛla]
abbazia (f)	abadia (f)	[aba'dʒia]
convento (m) di suore	convento (m)	[kõ'vẽtu]
monastero (m)	mosteiro, monastério (m)	[mos'tejru], [monas'tɛrju]
campana (f)	sino (m)	['sinu]
campanile (m)	campanário (m)	[kãpa'narju]
suonare (campane)	repicar (vi)	[hepi'kar]
croce (f)	cruz (f)	[kruz]
cupola (f)	cúpula (f)	['kupula]
icona (f)	ícone (m)	['ikoni]
anima (f)	alma (f)	['awma]
destino (m), sorte (f)	destino (m)	[des'tʃinu]
male (m)	mal (m)	[maw]
bene (m)	bem (m)	[bẽj]
vampiro (m)	vampiro (m)	[vã'piru]
strega (f)	bruxa (f)	['bruʃa]
demone (m)	demônio (m)	[de'monju]
spirito (m)	espírito (m)	[is'piritu]
redenzione (f)	redenção (f)	[hedẽ'sãw]
redimere (vt)	redimir (vt)	[hedʒi'mir]
messa (f)	missa (f)	['misa]
dire la messa	celebrar a missa	[sele'brar a 'misa]
confessione (f)	confissão (f)	[kõfi'sãw]
confessarsi (vr)	confessar-se (vr)	[kõfe'sarsi]
santo (m)	santo (m)	['sãtu]
sacro (agg)	sagrado	[sa'gradu]
acqua (f) santa	água (f) benta	['agwa 'bẽta]
rito (m)	ritual (m)	[hi'twaw]
rituale (agg)	ritual	[hi'twaw]
sacrificio (m) (offerta)	sacrifício (m)	[sakri'fisju]
superstizione (f)	superstição (f)	[superstʃi'sãw]
superstizioso (agg)	supersticioso	[superstʃi'sjozu]
vita (f) dell'oltretomba	vida (f) após a morte	['vida a'pɔjs a 'mortʃi]
vita (f) eterna	vida (f) eterna	['vida e'terna]

VARIE

198. Varie parole utili

aiuto (m)	ajuda (f)	[a'ʒuda]
barriera (f) (ostacolo)	barreira (f)	[ba'hejra]
base (f)	base (f)	['bazi]
bilancio (m) (equilibrio)	equilíbrio (m)	[eki'librju]
categoria (f)	categoria (f)	[katego'ria]
causa (f) (ragione)	causa (f)	['kawza]
coincidenza (f)	coincidência (f)	[koĩsi'dẽsja]
comodo (agg)	cômodo	['komodu]
compenso (m)	compensação (f)	[kõpẽsa'sãw]
confronto (m)	comparação (f)	[kõpara'sãw]
cosa (f) (oggetto, articolo)	coisa (f)	['kojza]
crescita (f)	crescimento (m)	[kresi'mẽtu]
differenza (f)	diferença (f)	[dʒife'rẽsa]
effetto (m)	efeito (m)	[e'fejtu]
elemento (m)	elemento (m)	[ele'mẽtu]
errore (m)	erro (m)	['ehu]
esempio (m)	exemplo (m)	[e'zẽplu]
fatto (m)	fato (m)	['fatu]
forma (f) (aspetto)	forma (f)	['forma]
frequente (agg)	frequente	[fre'kwẽtʃi]
genere (m) (tipo, sorta)	tipo (m)	['tʃipu]
grado (m) (livello)	grau (m)	[graw]
ideale (m)	ideal (m)	[ide'jaw]
inizio (m)	começo, início (m)	[ko'mesu], [i'nisju]
labirinto (m)	labirinto (m)	[labi'rĩtu]
modo (m) (maniera)	modo (m)	['mɔdu]
momento (m)	momento (m)	[mo'mẽtu]
oggetto (m) (cosa)	objeto (m)	[ɔb'ʒɛtu]
originale (m) (non è una copia)	original (m)	[oriʒi'naw]
ostacolo (m)	obstáculo (m)	[ob'stakulu]
parte (f) (~ di qc)	parte (f)	['partʃi]
particella (f)	partícula (f)	[par'tʃikula]
pausa (f)	paragem (f)	[pa'raʒẽ]
pausa (f) (sosta)	pausa (f)	['pawza]
posizione (f)	posição (f)	[pozi'sãw]
principio (m)	princípio (m)	[prĩ'sipju]
problema (m)	problema (m)	[prob'lɛma]
processo (m)	processo (m)	[pru'sɛsu]
progresso (m)	progresso (m)	[pro'grɛsu]

proprietà (f) (qualità)	**propriedade** (f)	[proprje'dadʒi]
reazione (f)	**reação** (f)	[hea'sãw]
rischio (m)	**risco** (m)	['hisku]
ritmo (m)	**ritmo** (m)	['hitʃmu]
scelta (f)	**variedade** (f)	[varje'dadʒi]
segreto (m)	**segredo** (m)	[se'gredu]
serie (f)	**série** (f)	['sɛri]
sfondo (m)	**fundo** (m)	['fũdu]
sforzo (m) (fatica)	**esforço** (m)	[is'forsu]
sistema (m)	**sistema** (m)	[sis'tɛma]
situazione (f)	**situação** (f)	[sitwa'sãw]
soluzione (f)	**solução** (f)	[solu'sãw]
standard (agg)	**padrão**	[pa'drãw]
standard (m)	**padrão** (m)	[pa'drãw]
stile (m)	**estilo** (m)	[is'tʃilu]
sviluppo (m)	**desenvolvimento** (m)	[dʒizẽvowvi'mẽtu]
tabella (f) (delle calorie, ecc.)	**tabela** (f)	[ta'bɛla]
termine (m)	**fim** (m)	[fĩ]
termine (m) (parola)	**termo** (m)	['termu]
tipo (m)	**tipo** (m)	['tʃipu]
turno (m)	**vez** (f)	[vez]
(aspettare il proprio ~)		
urgente (agg)	**urgente**	[ur'ʒẽtʃi]
urgentemente	**urgentemente**	[urʒẽte'mẽtʃi]
utilità (f)	**utilidade** (f)	[utʃili'dadʒi]
variante (f)	**variante** (f)	[va'rjãtʃi]
verità (f)	**verdade** (f)	[ver'dadʒi]
zona (f)	**zona** (f)	['zɔna]

www.ingramcontent.com/pod-product-compliance
Lightning Source LLC
LaVergne TN
LVHW022316080426
835509LV00037B/3162